传播大视野丛书

融合·重构·创新

——新闻学研究的现实与未来

刘　昶　赵如涵 / 主编

中国传媒大学出版社
·北京·

序　一

数字时代的新闻业在信息与传播技术的飞跃式发展中，不断受到巨大的挑战。新闻业界如何面对重构并坚持专业态度、积极因应媒体融合的兴盛态势，以及新闻学界如何研判传媒生态变革与社会转型之间的关联，从而进一步在理论上引领新闻实践，成为传播全球化语境下中国新闻学教育和研究的学术前沿问题。我们应廓清社会对新兴媒体等的认识误区，积极探索新的教学方式方法。

中国的新闻学研究曾备受“无学”的诟病，后又受到西方理论的浸染。传播学主张的引入，固然令学科分野呈现开放融合的景象，但中国的新闻学理论研究的发展却一直恪守自身的学理逻辑，在关注新闻实践独特的适用性的同时，努力突破学术壁垒，不断深化理论思考，勇敢面对数字时代的现实博弈。

以上述理念统摄的中国传媒大学的新闻学教育，始终以“双一流”建设为努力方向，在与业界的长期互动中，一批又一批优秀的新闻人脱颖而出。拥抱新闻学的未来显然离不开正在求学的年青一代的勠力同心和锐意进取。尽管当下学界的传播学论坛日益增多，但我们依然相信“传播”并不等于“新闻”，二者也无法相互取代。基于这一认知，也基于为各地的青年新闻学子提供充分的知识探讨和深入的学术交流机会的考量，我们主办了首届全国新闻学博士生学术年会。

本届新闻学年会吸引了来自全国近二十所高校和国外知名学府的数十名博士生，青年学子们围绕“融合·重构·创新——新闻学研究的现实与未来”这一主题畅所欲言，共同探讨新时代、新语境、新业态背景下新闻学研究的理念演进与范式革新。大家分别从作为技术的媒介、数据新闻报道以及“一带一路”倡议与媒体互动等认识维度展开充分的思辨。博士生们极大的学术热情不仅表现出他们学术创新的活力，而且还彰显了年青一代新闻学子对相关理论的全球观照与本土实践并举的向往。

我们十分欣慰地看到，在本届年会热烈的讨论中，中国新闻学子的学术思路敏捷而包容，从“去西方化”到马克思主义新闻观与中国实际相结合，从开拓研究视野与探寻研究方法，到试图建构新的研究范式，大家齐心协力，将人文关怀与社会反思植入深层推演，共同构建新闻学研究的青年学术共同体。

新闻学研究的客观价值在于积极践行社会责任——在新闻生产市场化和专业主义精神之间探寻创新路径。参加本届学术年会的博士生们对新闻学未来的发展作出的多元而丰富的学术贡献，既是新一代新闻学人的思想历练，也不失为推进中国新闻学前行的动力，而年会论文集的正式出版则是最好的学术记录和对社会期望的回应。

期待中国新闻学子的努力一如既往，期待新的研究成果不断涌现。

是为序。

刘　昶

中国传媒大学教授、博士生导师

新闻学院院长

序 二

在全球数字浪潮的席卷下，新闻业恰如新媒体技术下的时空问题，改变着社会的各个方面。一方面，新闻从业者在苦苦探寻创新点，在媒介融合的冲击下不断进行着自适应实践；另一方面，在新概念、新词汇和新话语的交汇点上，新闻学研究范式正经历着内涵与外延的变迁，新闻学研究者正试图在传统研究范式中寻求突破的全新路径。

得益于中欧两地的求学经历，我曾对欧洲新闻业者闯出的一条兼顾传承与创新的网生新闻发展之路进行了深入研究，[①]也对中国新闻业转型的改革思路进行了畅想。博士期间，我求知若渴，现在仍对那时学术探讨的快乐和纯粹的时光记忆犹新。因而，在组织首届全国新闻学博士生学术年会的过程中，我一方面深感新闻研究和教育的紧迫，另一方面，也十分羡慕那些前来参会的各地学子——他们是未来新闻业的推动者，身处变革的时代，把握着这个时代所创造的难得的研究机遇。

我国的新闻教育作为职业教育，力图培养卓越的新闻人才，我们不仅要注重理论的传承，也要关注实践技能的训练。在马克思主义新闻观的指导下，将正确的政治方向和出色的新闻故事传播出去是我们的使命。在一个"人人皆记者"的媒介融合时代，这些青年学子肩负着重任。会议上，他们审慎思考新闻业的历史与现实问题，遵循专业主义精神和学术标准，发表了扎实的研究成果，展开了精彩的讨论。我为他们的人文关怀而感动，为他们追求知识的热情而鼓掌，同时也对未来新闻业的发展和新闻研究的创新信心满满。

在媒介环境的快速更新中，新闻的内涵不断变化，外延也正在不断向外辐射。在

① 赵如涵.网生新闻网站与高品质报道——来自欧洲的实践与经验[M].北京：中国传媒大学出版社，2016.

跨学科与跨领域的学术潮流中，新闻学研究者应尽力避免"内卷化"①，从社会结构互动、数据与新闻生产、技术的哲学思辨等角度开展创新实践；与此同时，要拓展国际视野，与不同文化背景下的学者进行跨文化对话。值得一提的是，我们在首届年会中专门设置了国际博士生分论坛，来自英国、泰国、巴基斯坦等国家的博士生共同探讨了互联网时代新闻业的发展问题。他们立足中国的社会文化语境，思考了全球与区域媒体、人文与社会的互动关系，独具创新特质。

在首届全国新闻学博士生学术年会上，我们成功地展现了国内外众多博士生的优秀研究成果，但需要特别指出的是，作者们尚缺乏业界经验，这使其研究多难以落地，局限性明显。因此，我们必须进一步提升问题意识，增加跨学科与跨领域的勇气，加深学理性与实践性的互动。我们也计划在下一届年会中，带领博士生们与中央电视台、《人民日报》等央媒进行零距离接触，为他们创造实践学习机会，使其感受业界新闻生产的实际环境，加深青年学子对互联网时代新闻业创新发展的认识与理解，从而反哺理论研究。

赵如涵
中国传媒大学新闻传播学部讲师
比利时布鲁塞尔自由大学信息传播科学博士
中国传媒大学传播学博士

① 李金铨.传播研究的典范与认同[J].书城，2014(2).

目 录

第一部分 马克思主义新闻观与新闻史研究

第二部分 融媒语境中的新闻实践

第三部分 社会舆论、社会事件与社会治理

第四部分 全媒体时代的公共传播与政治传播

第五部分 跨文化传播新视野

第一部分

马克思主义新闻观与新闻史研究

"党性"原则与"自由"理念

——马克思主义新闻思想的内在张力及生成逻辑*

◇ 褚金勇

在阐释马克思主义新闻思想时,研究者往往将其"党性"原则浓墨重染,并武断地认为其对新闻自由思想持排斥态度。客观地说,对马克思主义新闻思想"党性"原则的重视有其合理性,但断面式的引证无法描绘一个完整的新闻思想,标签式的简单定位也很容易遗漏马克思主义新闻思想的动态与复杂。其实,当我们全面研读马克思主义新闻论著时,便不难发现其话语表述中有着"党性"原则和"自由"理念两种明显矛盾的思想导向,而且这两种思想导向在马克思、恩格斯、列宁、斯大林、毛泽东等马克思主义者的新闻论述中皆有交融,无法分割;抛却了哪一方,都不能准确地把握马克思主义新闻思想的真谛。鉴于此,本文试就马克思主义新闻思想的"党性"原则与"自由"理念两个方向进行深入解读,并挖掘这两种理念相互依存的深层原因,以呈现马克思主义新闻思想的真实与复杂。

一、"党性"原则与马克思主义新闻思想的建构

想要探讨马克思主义新闻思想的内涵,就无法绕开"党性"原则这一重要概念。依据大家耳熟能详的"党媒姓党"的说法,媒体发声首先要遵守"党性"原则。马克思主义政党创办党报,主要目的就是将新闻媒体作为自己的"喉舌",党报只有全面准确地表达、宣传、贯彻党的政治立场、政治主张和政治观点,才能发挥自己最大的作用和影响,完成自己最重要、最崇高的职责和使命。依据马克思主义的新闻思想,党报的工作并

* 本文是郑州大学"新媒体公共传播"学科方向招标课题"新媒体环境下中国共产党形象传播研究"(项目批号:XMTGGCBJSQ20)之阶段性成果。

非单纯的信息传播、文字编辑等新闻业务工作，而是党的一项不可或缺的政治思想工作。新闻工作者倘若在从事新闻工作时"党性"薄弱或"党性"原则动摇，就会思想模糊，分不清那些反党的观点，党报的喉舌作用就不可避免地会被瓦解。确定党的观点和反党观点的依据就是党纲、党的策略决议和党章。倘若新闻工作者不能做到宣传贯彻党的路线、方针、政策，甚至错误地理解、歪曲党的路线、方针、政策，那么，必然要给党、国家和人民带来重大的损失，甚至灾难。

从名词概念的原创性而言，"党性"原则最早是由列宁提出的。但需要指出的是，虽然马克思、恩格斯没有明确提出这一原则，但在他们的理论著作中，此种思想时有出现。譬如马克思和恩格斯很早就指出"党需要的首先是一个政治性机关报"①。而这个政治性机关报必须是一个能够代表党的纲领、打着党的旗帜前进的报纸。他们在党报工作中非常强调党报、党刊必须遵守和阐述党的纲领和党的策略的原则，并要求其严格按照党的精神进行编辑工作。马克思和恩格斯特别关心党报编辑队伍的建设。他们认为，党报与党的纲领保持一致，忠实地阐述党的纲领，最关键的是"党的机关报必须由站在党的中心和斗争的中心的人来编辑"。1848 年，马克思、恩格斯向全世界发表了共产党人的第一个政治纲领《共产党宣言》。他们认为，党的纲领"是一面公开树立起来的旗帜"，是党报的灵魂，党报的首要任务就是忠实地阐述党的政治纲领，"高举旗帜前进"。他们对党报编辑人员提出过如下严格要求：必须参加实际斗争，在实际斗争中培养"善于从适当的方面迅速抓住问题""迅速做出决定"的能力；必须严守党的纪律。马克思曾经批评拉萨尔到处"以党的名义讲话"，认为这是一个"十分严重的错误"。他要求党报编辑人员"必须绝对保持党的纪律，否则将一事无成"。② 与马克思、恩格斯著作中"党性"原则隐而不彰的特点相比，列宁对新闻的"党性"原则浓墨重染，并将其放在马克思主义新闻思想的重要位置。作为列宁党报思想的核心概念，"党性"原则的对立概念便是非党的小组习气和派别性。列宁在俄国社会民主工党"三大"后讲，"党的一切报刊，不论是地方的或中央的，都必须服从党的代表大会，服从相应的中央和地方党组织，凡是不同党保持组织关系的党的报刊，一律不得存在"。"党的出版物的这个原则是什么呢？这不只是说，对于社会主义无产阶级，写作事业不能是个人或集团的赚钱工具，而且根本不能是与无产阶级整个事业无关的个人事业。无党性的写作者滚开！超人的写作者滚开！写作事业应当成为无产阶级整个事业的一部分，成为由整个工人阶级的整个觉悟的先锋队所开动的一部巨大的社会民主主义机器的'齿

---

① 马克思，恩格斯.马克思恩格斯全集：第 34 卷[M].中共中央马克思恩格斯列宁斯大林作译局，编译.北京：人民出版社，1972：360.

② 同①：179-180.

轮和螺丝钉’。写作事业应当成为社会民主党有组织的、有计划的、统一的党的工作的一个组成部分。”①

通过对马克思主义代表人物新闻言论的梳理，我们不难看出，“党性”原则在马克思主义新闻思想中占有举足轻重的位置。在马克思主义者看来，新闻事业的主要功能是推广领导的政策，协助控制社会。新闻媒介应该结合为统一的社会主义新闻事业，传播媒介为国有而非私有，在协助政府统治中发挥积极作用。无产阶级办报只有坚持“党性”原则、始终保持本色，才能保持正确的政治方向；离开了“党性”原则，党报便丧失了本色，就会偏离正确方向，失去生命力。正是基于这样的认识，马克思主义者在论及新闻、出版等问题时，无不强调“党性”原则，将“党性”原则作为马克思主义新闻思想的核心问题来对待。

二、“自由”理念与马克思主义新闻思想的构成

正是由于以上对“党性”原则的强调，西方很多自由主义者都认为马克思主义党报思想，甚至整个马克思主义的新闻传播思想都是与自由背道而驰的。依据马克思主义新闻思想中的“党性”原则，办报纸、做新闻所关注的不是事实问题而是立场问题，不是时效问题而是路线问题。譬如在《传媒的思想中理论》中，施拉姆将以苏联为代表的马克思主义传媒理论与威权主义制度相提并论。他引用了一位苏联报刊编辑的话来突显马克思主义“党性”原则的特点与问题：“这是一种令人满意而且的确是幸福的处境。一旦你掌握了这项技术，你就不再会被事实困扰。它们会自动呈现出适当的色彩，找到自己合适的位置。党在道德上和逻辑上都是绝对正确的，因为在道德上，党的目标是正确的，即符合历史辩证唯物主义，而且这些目标使达到目标所需要的一切手段都具有了正当性。逻辑上，党是无产阶级的先锋队，而无产阶级是正在起作用的历史规律的体现者。”②

无论是马克思主义者的反复强调，还是西方社会不怀好意的浓墨重染，都让我们认识到了马克思主义新闻思想中“党性”原则对“自由”理念的排斥、对舆论一律的崇尚。然而需要指出的是，我们看到的并非全部的思想。倘若阅读马克思主义新闻思想的经典作品，我们会发现“党性”原则中也有深层的“自由”理念。客观地说，与“党性”原则一样，“自由”理念也是马克思主义新闻思想的重要组成部分。马克思曾详尽论述

① 列宁.列宁全集：第12卷[M].中共中央马克思恩格斯列宁斯大林作译局，编译.北京：人民出版社，1987：93.

② 施拉姆，等.传媒的四种理论[M].戴鑫，等，译.北京：中国人民大学出版社，2008：120.

了近代出版自由思想的起源，认为自由观念的原始起点是简单商品交换，出版自由在法律上的确立，是商品经济占统治地位之后对社会主导意识形态的反映。马克思说："资产阶级为了达到它的目的，就必然要取得自由讨论自身利益、观点以及政府的行动的可能。它把这叫做'出版自由权'。……这是自由竞争的必然后果。"[①]恩格斯接着马克思的论述指出，出版自由"就是每个人都可以不经国家事先许可，自由无阻地发表自己的意见"[②]。马克思在政论文章《评普鲁士最近的书报检查令》中指出，"治疗书报检查制度真正而根本的方法，就是废除书报检查制度，因为这种制度本身是腐败的，可是制度却比人更有权势"[③]。马克思认为，"在新闻出版法中，自由是惩罚者；在书报检查法中，自由却是被惩罚者。书报检查法是对自由表示怀疑的法律，新闻出版法却是自由对自己投的信任票。新闻出版法惩罚的是滥用自由，书报检查法却把自由看成一种滥用而加以惩罚。它把自由当作罪犯；对任何一个领域来说，难道处于警察监视之下不是一种有损名誉的惩罚吗？书报检查法只具有法律的形式。新闻出版法才是真正的法律"[④]。

列宁虽然强调党报必须听从党的指挥，但他在强调党的新闻出版事业是党的事业的一部分时，并没有把它和其他部分"刻板地等同起来"，当有人对其"齿轮和螺丝钉"的机械比喻提出意见时，他紧接着给出了补充解释，进而论证了个人精神自由的特征、党的活动特征的道理，以及如何协调党内精神活动的问题。他写道："德国俗话说'任何比喻都有缺陷'。我把写作事业比作螺丝钉，把生气勃勃的运动比作机器也是有缺陷的。……无可争论，写作事业最不能作机械划一，强求一律，少数服从多数。无可争论，在这个事业中，绝对必须保证有个人创造性和个人爱好的广阔天地，有思想和幻想、形式和内容的广阔天地。"[⑤]列宁此处的论述说明从事党的新闻出版工作是享有充分自由的，即使对思想、理论、政策问题，报刊也同样有批评自由。

三、"党性"原则与"自由"理念：马克思主义新闻思想的生成逻辑

承上所述，我们看到马克思主义新闻思想一方面强调办报的"党性"原则，一方面又内蕴着新闻的"自由"理念。马克思主义者并非新闻自由的反对者，在舆论一律的

---

① 马克思，恩格斯.马克思恩格斯全集：第6卷[M].中共中央马克思恩格斯列宁斯大林作译局，编译.北京：人民出版社，1961：12.

② 同①：695.

③ 同①：31.

④ 同①：71.

⑤ 列宁.列宁全集：第12卷[M].中共中央马克思恩格斯列宁斯大林作译局，编译.北京：人民出版社，1987：93-94.

"党性"原则背后深藏着一种对自由的积极追求。那么如何理解这种矛盾呢？讨论这样一个问题，站在纯学理的角度是没有意义的，很多时候逻辑的正确性正好掩盖了历史的复杂性。我们不能将追求自由简单地看作"自由"，要看追求自由时的外部语境。作为一种流行的新闻理论，西方自由主义理论不仅隐含着简单的线性历史逻辑和机械二元对立的框架性错误，而且还企图把西方新闻自由发展的迷思内化为后发展国家现实的历史性误解。倘若简单地认同资产阶级的自由，那么如何争取无产阶级的自由呢？自由应该建立在什么基础之上？在资产阶级不给无产阶级自由机会的时候盲目地谈自由会不会自取灭亡？置于彼时彼刻的历史语境，更容易理解马克思主义者话语言说的复杂指向。

历史的沉重与冷酷，毕竟比单纯铺陈概念更能揭露事实。当时标榜自由的资本主义者对无产阶级进行剩余价值的压榨和自由话语权的压制，使得无产阶级虽处"自由社会"，但无论在财力上还是精力上，都无从获得接近和使用媒体的权利。面对"有自由，没机会"[①]的资产阶级新闻自由，无产阶级想要争取话语权和自己的新闻自由，只有先放下分歧、团结起来，形成足够力量，才能与资产阶级的"自由"霸权抗衡。这时需要以对抗求生存，如果此时还天真地接受资产阶级的新闻自由而不加怀疑，那么自己的话语权永难获得。因为时代没有造就可以从容实行"自由"理念的社会环境，"自由"理念应该在多方达成共识后才能实行，在达成共识之前，"党性"原则下的舆论一律是不得不为的。在《共产党宣言》中，马克思、恩格斯针对德国"真正的"社会主义者反对资本主义民主的论调尖锐地批驳道："'真正的'社会主义……把社会主义的要求同政治运动对立起来，用诅咒异端邪说的传统办法诅咒自由主义，诅咒代议制国家，诅咒资产阶级的竞争、资产阶级的新闻出版自由、资产阶级的法、资产阶级的自由和平等，并且向人民群众大肆宣扬，说什么在这个资产阶级运动中，人民群众非但一无所得，反而会失去一切。德国的社会主义恰好忘记了，法国的批判是以现代的资产阶级社会以及相应的物质生活条件和相当的政治制度为前提的，而这一切前提当时在德国正是尚待争取的。"在马克思看来，"真正的报刊即人民报刊""真正的报刊，即自由的报刊"。

只有"党性"原则下的舆论一律赢得与资产阶级平等的话语地位，才能有谈论"自由"的资格，并与资产阶级达成共识，从容经营崇尚"新闻自由"的理想社会。马克思曾经指出，"在大国里，报纸都反映自己党派的观点，它永远也不会违反自己党派的利益；而这种情况也不会破坏论战的自由，因为每一个派别，甚至是最进步的派别，都有自己

---

① 梅琼林，褚金勇.自由与权力：解读美国媒介政治的"转换生成语法"[J].现代传播，2011(7)：31-34.

的机关报”[①]。施拉姆在论述以苏联为代表的马克思主义新闻规制时提到,“在苏联,大众传媒本质上是受到普罗米修斯式领导的指示”的,是“被圈养”和“被奴役”的,是“为了达成预定结果而被利用的工具”。[②] 施拉姆此言只道出了马克思主义新闻思想的部分事实,并不全面、客观。不必讳言,在社会主义国家,大众传媒是工具,但它是争取新闻自由和人类终极自由的工具。细致解析马克思主义新闻思想便会发现,尽管它强调舆论一律的“党性”原则,但其本质是为了积聚力量来对抗资产阶级,对抗一切反自由、反民主的力量,其“党性”原则只不过是争取最终自由的工具或者说策略。这并非笔者的主观臆测,历史上诸多马克思主义者的言论都能够证实此论。连对社会主义有敌视情绪的乔治·凯南也强调“列宁－斯大林”集团“主观上也许并不是为专制主义而专制主义。他们无疑是相信——看来也是轻信——只有他们才知道什么对社会有好处,一旦他们所掌握的权力确保无虞,他们就会做成那桩好事”[③]。当然,正如凯南所暗示的,马克思主义新闻思想中的“党性”原则,虽然有着极其高尚的目的,但倘若失去合理的制衡力量,也容易走向话语专制。因为“党性”原则、书报检查制度已经成为公开的事实。失去制衡,社会主义新闻报刊很容易回避现实、粉饰太平,或为小市民提供一些无聊的谈资,或转移民众对自身苦难的关注。

置于历史语境之中来审视马克思主义新闻思想,在以“党性”原则的舆论一律赢得对抗之力的时候,需要看到妄谈舆论一律理念背后的隐患;在以自由展现谦让之德的时候,也需要体察到盲目倡导自由的危险。因此,马克思主义新闻思想时而谈舆论一律,时而谈新闻自由,时而标榜“党性”原则,时而强调“自由”理念,两种思想相辅相依、对抗冲突。但正是在这种由思想理念的对抗冲突所营造的价值紧张中,我们才能够窥测马克思主义新闻思想的动态与复杂。换言之,马克思新闻思想的真正性质,从它的最纯粹、最鲜明的形式上是不容易看清楚的,因为在这种话语表述中,新闻思想被归纳为种种特殊的观点、学说或定理。只有着眼于它的发展过程,着眼于它的怀疑和追求、破坏和建设,才能看清它的真正性质。探讨马克思主义新闻思想的逻辑构成,“党性”原则固然是无法绕开的问题,但若要全面窥探新闻思想的逻辑构成,对其“自由”理念也必须予以挖掘与把握。在这里,笔者想引用陈力丹的言论来说明自己的观点:“报刊并不是政治本身,如同说音乐是阶级斗争的工具、音乐在斗争中所起的鼓舞作用等不等于音乐理论一样,马克思关于报刊在对敌斗争中的性质、任务、斗争策略的论述也并

---

① 马克思,恩格斯.马克思恩格斯全集:第6卷[M].中共中央马克思恩格斯列宁斯大林作译局,编译.北京:人民出版社,1961:209.

② 施拉姆,等.传媒的四种理论[M].戴鑫,等,译.北京:中国人民大学出版社,2008:131.

③ 凯南.美国外交[M].葵阳,等,译.北京:世界知识出版社,1989:88.

不是报刊理论本身。应当恢复马克思报刊思想的本来面目。它不是报刊作为阶级斗争和党的工具在对敌斗争中的使用方法，而是对报刊本身规律的认识。”[①]诚哉斯言！马克思主义新闻思想持续不断的生命力，来自信念与宽容之间的紧张关系，一言以蔽之：自由生于对抗，成于谦让。无对抗之力，则无自由；无谦让之德，亦无自由。因此，我们不应局限于比较“党性”原则与“自由”理念二者孰优孰劣，而应把它们放在新闻自由追求的动态实践过程中，只有这样，才能体悟到两种理念在紧张对抗中所生成的价值与意义。

（作者系郑州大学新闻与传播学院讲师、博士后，chujy1982@126.com）

① 陈力丹.新闻观念：从传统到现代——陈力丹自选集[M].上海：复旦大学出版社，2004：21.

“他者”的想象与清末女权意识的媒介镜像

——以《女子世界》为例

◈ 殷润国

中国两千多年的封建社会呈现出一种家国同构的表征，在宗法制度下，政权、神权、族权一直是统治阶级进行权力支配与阶级压迫的工具，而对于广大女性来说，不仅仅要受到这三种压迫，夫权也作为一道枷锁，紧紧地束缚着她们。传统观念上的“君为臣纲、父为子纲、夫为妻纲”，是一种封建伦理意义上的权力隶属关系，虽然存在家国之分，但都是维护封建皇权的愚民话语，而父子、夫妻之间的教条本质上是政治视域下的威权制度在家庭领域内的延伸。清末，在内忧外患的环境下，救亡图存成为时代的主题，资产阶级维新派崛起，他们主张妇女解放，要求变革专制政体、建立西式国家。在这种政治重构的语境下，推翻以三纲五常为代表的封建伦理道德、重新确立新的社会秩序与社会结构日益成为舆论中心，并得到越来越多的认同。本文以分析清末《女子世界》的女权话语为中心，意在呈现清末女性报刊的舆论表述，揭示近代女权思想的媒介传播以及当时条件下女权观点的实质。

一、《女子世界》基本概况

中国近代新闻史上出现过两份以“女子世界”命名的期刊，分别由丁初我在1904年创办、天虚我生陈蝶仙在1914年创办。由于陈蝶仙为鸳鸯蝴蝶派代表人物，其主办的《女子世界》消闲娱乐色彩浓厚。而1904年创刊的《女子世界》，是资产阶级知识分子宣传女权思想的刊物，力图通过办刊办报积极营造女性解放的舆论氛围，因此本文讨论的是1904年的《女子世界》，以更好地探讨资产革命视域下的女性解放思潮。

1904年1月17日，《女子世界》在上海创刊。创刊号封面的右下角印有“每月一回，朔日发行”的字样，可知该刊为月刊，到1906年停刊时共出17期，1907年续出1

期，总共发行18期。《女子世界》第1期编辑所注明的是"常熟女子世界社"，发行所为上海大同印书局，第9期以后编辑所加注了"寺前海虞图书馆"，发行所变成了位于四马路望平街的上海小说林。杂志设置的比较固定的栏目有记事、译林、文苑、专件、社说、传记、女学文丛、演坛、小说，此外还有科学、实业、卫生、教育等栏目不定期出现。《女子世界》虽然在上海出版发行，但其流通范围很广。从其刊登的"分售处"可知，其在江苏、山东、浙江、江西、湖北、湖南、安徽、四川、广东、北京等省市均有代售点。

《女子世界》以反对封建礼教、主张男女平等、调动女性救国热情为主旨，但由于其撰稿人多为男性，所以研究其话语表述颇具意义。

二、"他者"的想象：《女子世界》的女权论述

想象是形成群体认同不可或缺的认知过程，对他者的想象在辨识共同体的特性、强化共同利益与塑造共同命运中扮演着至关重要的角色。① 《女子世界》的撰稿人群体从一开始就试图构建出"他者"的女性形象，为理想中的女性提供参照物式的想象。

（一）传统作为"他者"：对旧式女性形象的批判

传统的中国女子给人的印象大多为深居闺阁、裹布缠足、侍奉男人或者是相夫教子，《女子世界》对女性主体身份的重构首先建立在对这种传统女子形象的颠覆上。《告全国女子》一文指出，由于没有知识，女性只能料理家事，"我中国女子，识字的极少……诸不过是梳梳头、裹裹脚、洗洗衣服、抱抱小官"②。缠足作为亟须废除的封建陋习之一，在女性传统思想中根深蒂固，《女子世界》引进西方进化理论对其进行批判，文中写道："生理学者有言曰，人类者兽类之进化也，进化愈早者，足愈大，而发达愈强。今我同胞之嗜好，乃反是焉，而崇拜此蹄迹时代之旧影，诚不可思议之怪现象矣。"③

他们虽然提出女性乃国民之母，认为女权兴则国家兴，但是也同时指出正是由于女子在品德、资质上的种种缺陷，才造成如今国家之积贫积弱，这在刊物中被刻意放大。第6期所刊登的《哀女种》指出，中国面临亡国灭种危机，病重的国民负有不可推卸的责任，而承担繁衍生息重任的女性则更甚。文章认为，导致女性病重的原因包括三个先天遗传的因素，即"非爱种""非侠种""非军人种"，此外，亦包含后

---

① 王立新.在龙的映衬下：对中国的想象与美国国家身份的建构[J].中国社会科学，2008(3).

② 佚名.女学文丛：告全国女子（录十一月初五日俄事警闻）[J].女子世界，1904(1).

③ 佚名.黎里不缠足会缘起[J].女子世界，1904(3).

天养成的“不知养育之弱种”“不运动之病种”“缠足之害种”。[①] 这种论调既让人心生哀怜，又不免产生痛恨之情。在分期刊载的系列社说《女魂篇》中，作者痛心疾首地指出旧式女性的几大恶德，即“柔顺”“悲抑”“愚鲁”，并提出唯有将其彻底铲除破坏，并大力弘扬新道德、普及新知识，才能培养新女性之魂，女性才具备成为新国民之资格。

可见，无论是对封建陋习的批判，还是针对女性传统性格的痛斥，《女子世界》提供了一种对旧式女性的想象，将它作为一个整体性概念置于当下的“我们”的对立面，认为“我们”必须与之完全决裂。这也表现出一种对塑造新女性形象的诉求。

（二）现代性的“他者”：对新式女性形象的提倡

伴随着西学东渐，国人逐渐睁眼看世界，在思索与规划新的社会结构的同时，“社会开始对性别角色和性别关系进行重新定位，知识分子和民族国家对现代性的追求抑或说对现代中国的想象和设计，伴随的是对新女性的塑造和倡导”[②]。针对女性同胞被各种封建伦理制度压迫的现状，精英知识分子力图寻求一条破除的路径、描绘出一幅女性解放的蓝图，一种新式的“他者”便在报章中出现了。在《女子世界》发刊词中，“复敛衽屏气以告我女子曰，自今以后，其无自轻视，无缠其足，奴其颜，蓬其心，轻其躯，委身任化卑之”[③]等话语明确表示，女性应该摒除陋习，做自己的主人。其“记事”部分刊登了大量关于各省兴女学的消息，“各自努力于学问，以成救国之女豪杰，夫而后中国或可有望也”[④]，鼓励女性入学堂，学习新知识，成为有助于国家之人。既然将女性作为新国民的一分子，就需要强调其职责，刊物编辑通过古今中外优秀女性的爱国事迹来建构新式女性形象。《中国第一女豪杰女军人家花木兰传》[⑤]通过讲述花木兰替父从军的故事，传递报国不分男女、守土皆有责任的义侠爱国精神。诗歌《读孟广得韩女士平卿为义女之作和其原韵》中的“篏凤囚莺剧可怜，沉沉女界黯千年……献身应作苏菲亚，夺取民权与自由”[⑥]，暗示女性已经沉寂千年，不能再默默无闻，应该学习俄国虚无党领袖苏菲亚为争取权利与自由而不怕牺牲的大无畏精神。

---

① 初我.哀女种[J].女子世界，1907(6).

② 张素玲.被建构的女性：晚清至五四时期民族主义话语中的性别表述及其社会文化意蕴[C]//上海市社会科学界第四届学术年会青年文集.上海：上海人民出版社，2006：19-30.

③ 金一.女子世界发刊词[J].女子世界，1904(1).

④ 竹庄.论中国女学不兴之害[J].女子世界，1904(3).

⑤ 亚卢.中国第一女豪杰女军人家花木兰传[J].女子世界，1904(3).

⑥ 亚卢.读孟广得韩女士平卿为义女之作和其原韵[J].女子世界，1904(11).

《女子世界》的作者群体都是受过新式教育的知识分子，他们接受过西学的熏陶，思想开明，乐于接受新式事物。他们在清末这个特殊的时代下，一致要求女性解放，通过塑造新旧两种"他者"的形象，为女性提供身份认同上的参照系，从而实现改造传统的社会秩序的目标。

三、"才""名"之争——《女子世界》办刊取向的分野

在刊物编辑看来，新式女性形象必然具备两个特性，即才学与权利；针对孰先孰后的问题，刊物内部在经过长期的论争后，观点发生了转变。

刊物创办之初，就着手宣扬女性解放思想，以争取"女权"为主基调，"欲新中国，必新女子，欲强中国，必强女子，欲文明中国，必先文明我女子，欲普救中国，必先普救我女子"①。他们虽然将女权与国家强盛相联系，但是也认识到了当时的女性毫无权利可言，没有丝毫争权意识，国家富强遥遥无期。"吾之所以悲从中来，而不自觉也，夫女子者，强国之元素，文明之母，自由之母，国民之母，使弃其权利而不知天职之当，尽黑暗无学术，并不知权力之为何。"②《女子世界》的女权言论对于女性解放、女权伸张的确有推动作用，但是，在言语表达上，言辞颇为激烈，"论家国革命之先后，并无秩序之可言，论男女革命之重轻，则女子实急于男子万倍"③。可见，这一时期的《女子世界》是倡导女权的重要阵地。

倡导女权，必然要女子亲力为之，但是鉴于当时女子社会教化未开，大多数女子尚不懂得女权概念，何谈付诸实践。在这种背景下，有人对这种急于求成的做法进行了反思。"吁我中国数千年来之女子，柔弱不振，庸昧戆愚，何以故，谓无女学，故女学不兴，则女权不振。"④这就明确表示，要兴女权，就必须祛除数千年来女子身上的愚昧之习，兴女学就显得尤为必要，这种观点得到了许多人的认同。关于中国女性一直处于被压迫奴役的境地的原因，《论女学不兴之害》这样说："故文明之国，男女并重，教化日以进，国力日以强，独我中国女子五千年来沉沦于柔脆怯懦黑暗惨酷之世界，是何故哉？吾一言蔽之曰，女学不兴之害也。"文章同时提出女子教育事关国家下一代，"我国女子无学则家庭无教育，童蒙所习，见习闻者，非佞佛茹素之类，即谗谮诟詈之事，其害

---

① 佚名.女子世界发刊词[J].女子世界，1904(1).

② 常熟十三龄女子曾竞雄.女权为强国之元素[J].女子世界，1904(3).

③ 初我.女子家庭革命说[J].女子世界，1904(4).

④ 十六龄女子张肩任.欲倡平等先兴女学论[J].女子世界，1904(2).

至大影响及于全国”。[①] 此外，针对那种对于现实认识不清，对于实现女权“种种天赋完全之权利，得一鼓而光复之”[②]的盲目乐观态度，部分知识分子提出了异议，他们认为急于提倡女权的流弊已尽显，“妄谈女权而不先养成女子之学识，之道德，徒以结婚自由之说，便于肆意妄行者灌输之，其流弊之所至，吾甚惧焉”[③]。《论复女权必以教育为预备》一文，可以说为长期以来的“女学女权孰为先”的论争画上了一个句号。文章认为女学是前提，女学若兴，不愁女权的实现——“中国女子不患无权，患无驭权之资格，不患无驭权之资格，患无驭权之预备，维何？曰，教育而已。”[④]这也代表了刊物旨趣的最终转变，即由前期的注重“提倡女权”转为了后期的偏向“振兴女学”，对待女权的态度由鼓励倡导变为了谨言慎行。

四、《女子世界》女权观点的实质：家国观念下的男性道德评判

根深蒂固的男尊女卑观念，使女性早已习惯了依附和顺从，同时成就了男性在话语上的绝对优越感。《女子世界》虽然致力于女性解放事业，但是，其一开始的话语建构也不可避免地打上了男权的烙印。

中国最先意识到女性问题的不是女性本身，而是作为他者的男性。相比于男性知识分子的政治实践，女性自己的实践活动少之又少。由于多数女性慑于传统观念，以及受到知识水平的限制，本应作为女性追求自由、解放的舆论阵地的报刊，倒成了男性的舆论自由市场。《女子世界》虽然是一份女性报刊，但是其主要撰稿人都是男性，女性新形象的塑造多是出自男性之手，甚至许多署名为女性作者的文章也是由男性以女性笔名发表的。舆论话语根据男性的想象与要求建构，例如，其主要撰稿人之一是周作人，“从现存的日记中，可约略知晓其为《女子世界》公告的情形，自第8期起，先后刊出了译作《侠女奴》与《女娲传》，又有创作的短篇小说《好花枝》与《女猎人》并《题〈侠女奴〉原本》诗10首”[⑤]。从女性声音的缺席中可以窥见这一时期的启蒙声音是由男性施加的，女性只是被动接受。

在救亡图存的语境之下，女性被卷入政治革命的体系，作为一个亟须改变的群体，具有革命象征性色彩。女性的自由、平等往往被绑在国家独立、民族解放的框

① 竹庄.论中国女学不兴之害[J].女子世界，1904(3).
② 初我.女子家庭革命说[J].女子世界，1904(4).
③ 竹庄.女权说[J].女子世界，1904(5).
④ 丹忱.论复女权必以教育为预备[J].女子世界，1904(15).
⑤ 夏晓虹.晚清女报的性别观照——《女子世界》研究[M]//夏晓虹.晚清女性与近代中国.北京：北京大学出版社，2004：73.

架下,"大抵女权不昌之国,其邻于亡也近矣""今日欲复女权,又曰女学不兴不能有权,则女界其终无自由独立之一日矣,欲光复中国于已亡,以后不能不言女学,而女权不昌则种种压制,种种束缚,必不能达其求学之目的"。[①] 正是这种家国一体的语境,解构了女性解放的最初含义,即男女平等,女性挣脱数千年封建陋习的束缚,成为真正的国民。

在纯粹的男性话语体系之下,对女性的表述完全取决于男性的主观感受。《女子世界》的言论是摇摆不定的,一方面对女子大肆赞扬,将其形容为"国民之母",甚至不惜贬低男性来成就女性的崇高地位,"其天性良于男子者万倍,其脑力胜于男子者万倍,其服从之性质,污贱之恶风,浅薄于男子者且万亿倍"[②];另一方面,也对其进行了猛烈的抨击,将亡国灭种的危机归咎于女性品德上的不足,例如在《说女魔》一文中,女性的形象变得不堪——"呜呼,我女子真世界魔王哉!"作者指出女子患有几大魔病,包括"情魔""病魔""神鬼魔""金钱魔"。[③] 在撰稿者看来,女性身上有值得赞赏的地方,也不乏弊病,但这并没有一个客观的标准,而完全出于男性的判定,取决于作者的主观动机,服从于家国一体下的救亡事业。

简言之,《女子世界》的言论有着鲜明的男性化印记,服务于"家""国"的民族主义话语,忽视了女性作为独立个体的存在。可以看出,《女子世界》的女权实质上是一种由男性建构的家国框架内的道德评判。

五、结语

清末,报刊作为最主要的传播媒介,对于研究当时的社会思潮及女权思想的传播具有重要参考价值。探讨近代女权思想的发展,需要将其置于时代大背景之中。近代语境下,传统的女性话语面临重构。鸦片战争以后,西方自由、平等思想传入中国,传统的男女性别关系面临西方思潮的冲击,平权思想逐渐为知识分子所率先接受,他们通过报刊、书籍来传播新女性观,承担起破冰者的角色。《女子世界》在这种舆论氛围下诞生,一批男性精英大声疾呼男女平等、兴女权、办女学。在家国框架内,近代女子世界的建构一开始便烙下了男性的印记,女性新形象的塑造往往由男子主导,女性作为独立个体的主体意识被遗忘,在男性话语体系内依然鲜有真正的发言权;而男性对于女性的态度,也是随着形势的需要而改变的,男性充当着

---

① 亚卢.哀女界[J].女子世界,1904(9).

② 初我.女子世界颂词[J].女子世界,1904(1).

③ 佚名.说女魔[J].女子世界,1904(2).

道德评判者的角色。

通过探究媒介镜像下清末女权运动话语表述可知,在一种政治重构的语境下,女性主体意识是一种男性权力下的话语建构。时至今日,女性媒介依然是女性身份建构的重要渠道,但媒介背后的权力与性别的关系仍然值得深思。

(作者系安徽大学新闻传播学院硕士研究生,742513736@qq.com)

人的回归与典型意义发散*

——基于1990—2015年中国新闻奖典型人物报道的内容分析

◇ 孙志鹏

一、选题目的与意义

典型报道是对一定时期内产生的同类事物中最突出或最具代表性的事物进行的重点报道，是我国报刊常用的报道形式。典型人物报道是我国新闻传播活动中比较常见的一种新闻报道形式，自从出现于我国以来，经历了多个发展阶段，逐渐走向多元化。

本文拟以新闻框架分析为理论基础，考察我国主流报道中有关典型人物的媒介形象，揭示其意识形态意蕴。在我们的视野中，"新闻框架"与特定群体的"媒介形象"具有相似之处，通过分析新闻文本采纳了何种框架，其实也就能够预料到受众能感知到何种形象。此外，记者、编辑和传媒对该社会群体预设的刻板印象，亦成为塑造媒介中该群体形象的有力变项。本研究拟采用内容分析的方法，对以下问题展开讨论：

(1)在1990—2015年的26年间，我国最高新闻奖——中国新闻奖的获奖作品中有关典型人物的报道呈现什么特点？典型人物的媒介形象是什么样的？

(2)在1990—2015年的26年间，我国典型人物报道的模式发生了怎样的变化？这种嬗变的宏观特征是什么？

* 本文已发表在《新闻与写作》2016年第8期，经作者本人同意，收录于此论文集。

二、研究设计

本文结合框架理论，采用内容分析法以及文本分析法对典型人物报道进行分析。本文总体研究思路是对1990年到2015年的26年间所有获得中国新闻奖（1990年开始评选第一届中国新闻奖）的典型人物报道进行统计，并通过文本分析，构建类目框架，得出有关典型人物的媒介形象；通过分析26年间报道的详细数据，探寻获得中国新闻奖的典型人物报道中发生的嬗变。

为了提高本研究的信度和效度，笔者结合样本内容及研究问题对318篇样本新闻设置了以下指标，用于分析和编码。

（1）数量的变化：指的是1990年到2015年间，每年获得中国新闻奖的典型人物报道数量的变化。

（2）媒体报道的典型人物的职业与身份：根据新闻主角的社会身份，划分样本新闻中的新闻主角。

（3）典型人物以什么样的面貌出现：根据典型人物在新闻中的出现情况，将典型人物划分为个人形象和群体形象。

（4）典型人物在报道时的情况：根据新闻分析，将典型人物划分为“被报道时在世”和“被报道时已经逝世”两种情况。

（5）是否报道了典型人物的外貌特征和基本情况：媒体在进行典型人物报道时，是否描绘了典型人物的一些基本情况和外貌特征。

（6）涉及典型人物报道时的主题：构建新闻框架最重要的一步就是选择报道主题。

（7）典型人物的荣誉说明：被报道人物在新闻中成为典型人物的原因。

三、研究结果分析与讨论

（一）报道数量

自1990年起，每年都有大批典型人物报道获得中国新闻奖，根据对样本的分析，我们首先得出了这26年间各年度典型人物报道的数量变化情况。从整体趋势图来看，典型人物报道的数量呈上升趋势（见图1）。

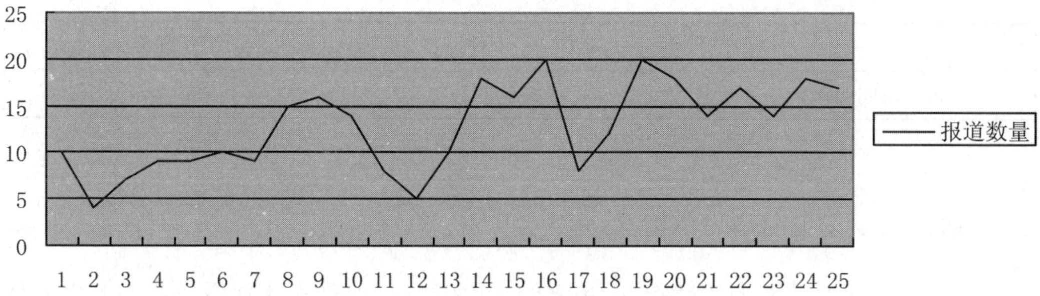

图 1　典型人物报道数量趋势图

(二)典型人物的职业与身份

在新闻报道中,作为 5W 要素中的重要一环,新闻主人公(Who)非常重要。如图 2 所示,通过类目构建以及对 318 篇样本新闻的分析可以发现,典型人物报道中普通人占 94 篇(31%),所占比例最大;官员占 65 篇(22%),居第二位。

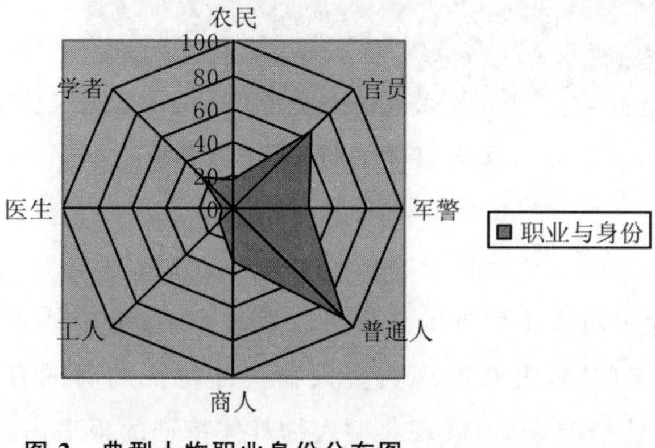

图 2　典型人物职业身份分布图

(三)典型人物出现的面貌

从宏观角度来看,典型人物被报道时主要有两种面貌:一是以个体形象出现,二是以群体形象出现。如表 1 所示,通过编码以及数据分析可以发现,获得中国新闻奖的典型人物报道中,以个人为报道对象的典型人物新闻有 236 篇(74%),以群体为报道对象的典型人物新闻有 92 篇(26%)。

表 1　典型人物出现的面貌

	个体	群体
新闻篇数	236(74%)	82(26%)

(四)典型人物被报道时的情况

我国早期塑造的典型人物存在“逝者为大”的倾向,即经媒体塑造的典型人物大多已经牺牲或者已经去世,换句话说,也就是只有已经逝世,才更有可能成为典型人物。但是根据数据统计,如图 3 所示,可以发现有 224 篇报道中的典型人物在被报道时仍然在世,只有 94 篇报道中的典型人物在被报道时已经去世。

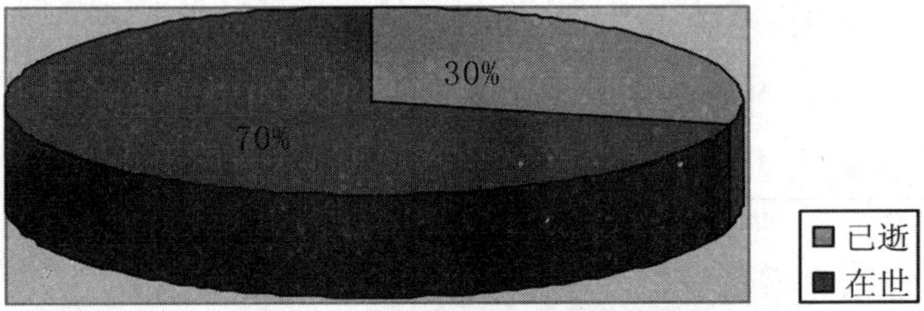

图 3　典型人物被报道时情况

(五)典型人物的外貌描写

如表 2 所示,通过对样本数据的分析可以发现,在报道中体现了典型人物具体特征的新闻有 195 篇(61%),没有展现典型人物具体特征的新闻有 123 篇(39%)。从 1990—2015 年间整体情况来看,展现典型人物具体特征的报道占了大多数。

表 2　典型人物报道的外貌描写情况

	报道了典型人物的外貌和基本情况	没有报道典型人物的外貌和基本情况	总计
1990—1999	27(30%)	62(70%)	89(100%)
2000—2007	61(61%)	38(39%)	99(100%)
2008—2015	91(70%)	39(30%)	130(100%)

(六)报道主题

本文主要探讨媒介所塑造的典型人物的形象及其嬗变。通过对报道主题的分析可以间接发现，从报道所塑造的典型人物的形象中可以探寻报道的主旨。① 如表 3 所示，通过对数据的分析可以发现，从宏观来看，以描写典型人物的个人精神为主题的报道数量最多，占样本总数的 23%。

表 3 报道主题分布

	政治	经济	文化	军事	科教	民生	个人精神	总计
1990—1999	26	17	2	10	5	14	15	89
2000—2007	17	13	2	10	13	19	25	99
2008—2015	22	21	6	12	13	24	32	130
总计	65(20%)	51(16%)	10(3%)	32(10%)	31(10%)	57(18%)	72(23%)	318(100%)

(七)典型人物的荣誉说明

在对样本新闻进行类目构建后，由表 4 可知，在获得中国新闻奖的典型人物报道中，由于工作出色而获得荣誉的典型人物的报道所占比例最大，为 31%(100 篇)。在媒体的刻画下，具备"工作出色"荣誉的典型人物往往在工作中鞠躬尽瘁。

表 4 典型人物的荣誉说明

	工作出色	乐于助人	坚忍不拔	刻苦求学	勇于牺牲	甘于奉献	总计
1990—1999	29	11	13	10	12	14	89
2000—2007	30	13	20	10	7	19	99
2008—2015	41	19	23	11	16	20	130
总计	100(31%)	43(14%)	56(18%)	31(10%)	35(11%)	53(17%)	318(100%)

四、典型人物媒介形象的嬗变

对于框架理论的解析和发展，台湾知名传播学者臧国仁将框架内在结构划分为高层次、中层次、低层次三个层次，每一种既成的框架都是分别由高层、中层以及低层环节组成的。

结合前文的类目构建以及数据分析，本文旨在从框架理论出发，在高、中、低三个

① 陈勇，张昆.美国国家利益和意识形态主导下的"中国形象"塑造——探析《时代》周刊(1949—2008 年)的中国报道[J].当代亚太，2012(3)：147-160.

层次对典型人物进行剖析,从宏观角度探寻典型人物的总体形象和26年间的嬗变;从中观角度看待媒介塑造的典型人物形象;从微观角度探寻具体某一新闻文本的表达方式,包括字词、语气、修辞等在报道中的呈现。

(一)高层次结构:从“神”到“人”的转变

新闻的框架要素呈现都是具体而微观的,但是报道的规律性却总是在一定程度上由媒体的思想倾向和价值倾向所反映。① 在典型人物报道中,媒体对典型人物的报道存在着不同的模式,但是透过这些不同的模式,我们还是可以发现隐藏在文字之下的“框架”,以及在不同的时间段内,这个“框架”是不同的。

长期以来,“中国式典型人物”的形象一直存在于国人的脑海中,他们多表现出“专门利人、毫不利己”“舍小家、顾大家”等特征,因而媒介所构建的榜样人物也大多被“神化”成非常优秀的典型以区别于普通人。②

自1990年以来,这种对典型人物的“神化”情况有所改变。媒体构建中的典型人物开始走下“神坛”,摆脱原来高高在上的“刻板印象”,成为可以接近、可以模仿、可以向他们看齐的形象。在报道主题上,通过数据分析可以发现,个人事迹所占比例最高,达到了23%,且这一比例在三个阶段中一直呈上升趋势,说明媒介对于典型人物的塑造越来越关注个人的生活,同时在新闻叙事手法上也更加注重细节。从叙事策略上看,同样表现在典型人物跳出了“高大全”式的传统宣传语境,相比于以往直接的口号性号召,如今的典型人物报道增加了许多心理性的描写以及对话式的描绘,通过这种方式展现出典型人物在自我价值实现与社会、家庭和事业发生冲突时的困惑、挣扎和犹豫,再现一个普通人的生活世界。③

因而,在高层次结构上进行解读可以发现,从宏观来看,中国新闻奖评选出的典型人物在26年间发生了一个总体性变化:从“神”到“人”。通过分析,我们可以发现,自1990年以来的典型人物报道,较之高不可攀的“神像”,更多着重于塑造“普通人”的形象,人们对“榜样”的学习也更具可行性。④

---

① 石林.《人民日报》和《南方都市报》对雅安地震报道的比较研究[J].浙江传媒学院学报,2014(1):31-36.

② 王秀丽,韩纲.“中国制造”与国家形象传播——美国主流媒体报道30年内容分析[J].国际新闻界,2010(9):49-55.

③ 夏倩芳,景义新.社会转型与工人群体的媒介表达——《工人日报》1979—2008年工人议题报道之分析[J].新闻传播与评,2007:174-182.

④ 孙彩芹.框架理论发展35年文献综述——兼述框架理论发展11年的问题和建议[J].国际新闻界,2010(9):18-24.

(二)中层次结构:从“高大上”到“接地气”的转变

如同从宏观角度解析典型人物26年来的嬗变一样,中层次对典型人物报道的解读也有着类似的情况,典型人物报道的新闻框架对报道对象具体的身份特征等信息进行了构建。

从20世纪90年代开始,随着改革开放的深入和经济社会大环境的转变,新闻媒体的思维模式也得到了进一步解放。“以民为本”的概念渐渐取代了传统革命话语体系中“人民”的概念,“共产党”“阶级斗争”“阶级性”之类带有鲜明倾向性色彩的词语在典型报道中出现的频率大大下降。具体到典型人物报道,媒介塑造的典型人物大多都由原来非常抽象的“人民”还原为具体的、有个性的、有血有肉的个体。而在这些表面性的报道之下,典型人物也表现出根植于“民为贵”的传统文化的丰厚底蕴,而在外延上则具有覆盖社会生活各个层面的广度和宽度。①

通过之前的样本数据分析我们可以发现,在报道典型人物的媒体中,中央级媒体的报道数量逐渐下降,而省级报纸和都市报、晚报的报道数量在逐渐增加。相比于中央级党报而言,都市报和晚报在报道典型人物时无疑会采取更加接地气的方式进行报道。而通过对报道对象的职业和报道主题的分布状况进行分析,我们可以发现,在1990年到2015年的26年间,典型人物遍布于各行各业,报道主题则随着时间的发展逐渐转移到个人精神和经济民生等与人们生活贴近的内容上来。这样的报道思维无疑使典型人物报道更加接地气。

同样,1990年以来的典型人物报道摒弃了以往“逝者为大”的选择倾向,在所取样本中,有70%的报道对象在被报道时仍然奋斗在工作一线。相较于我国以往长期强调的“集体主义”,有关典型人物的报道越来越关注个性的发展和个人的追求,通过个性化的表达和对个人的细腻描写,让典型人物报道更加生动。

吉特林认为,媒介框架是认知、解释和表达的连贯模式,是筛选、强调和排除新闻报道的过程,同时也是事件操纵者组织言论的过程。② 在1990年到2015年间,我国媒体所构建出的典型人物形象越来越鲜活,越来越接地气,这样一种新型的媒介框架无疑使受众对社会的认知也发生了改变,促使受众身体力行地去学习典型人物。

---

① 梁译尹.对《纽约时报》网站关于三鹿事件报道框架的分析[J].青海师范大学学报,2009(6):119-123.

② 李明.定量内容分析法在中国大陆新闻传播研究中的运用——以2003-2012年CSSCI收录的新闻传播类来源期刊论文为例[J].新闻与传播研究,2013(9):50-64.

(三)低层次结构:人物形象从"单薄"到"丰满"的转变

传媒社会学认为,由于社会事实以及报道对象的复杂性,媒体的报道都是精心选择的结果,[①]在某个特定的环境和话语体系里,媒体通过将其所关注和报道的问题与事件放置于其中,为受众提供理解客观存在事件所应具备的基本框架。

与高层次和中层次相似,即使是在新闻文本非常具体的低层次,也有筛选机制的存在,例如具体到新闻文本中某一字、词、句的选择,都可以看出框架的存在,这也是新闻框架重要的体现形式之一。相比于宏观与中观维度、高层次与中层次视角,低层次视野下的框架可以被解释为一系列特定语言所表达的镜像。长期以来,典型人物作为一个被大众媒介报道的对象,其媒介形象在新闻中往往被塑造成一个具有代表性的"符号"。典型人物的个人行为和个体特征往往会被集体意志绑架,导致典型人物生活中的细节很少被关注,我们在新闻中只看到他们工作的一面,而看不到生活的一面。

样本数据的分析结果显示,随着时间向前推进,媒体对典型人物形象的呈现越来越具体和立体,主要表现为新闻报道中直接引语出现次数不断增加,具体细节的描绘不断增多,以及对典型人物的动作、神态、表情的描述增多等。[②] 在是否对典型人物进行了外貌和基本情况的描述方面,第一阶段只有30%的报道涉及了报道对象的外貌等情况,而到了第三阶段,也就是2008年之后,这个比例达到了70%。

在获得第二十二届中国新闻奖的《司令当上村支书 ——原长春军分区副司令员李守发退休还乡带领乡亲致富事迹追踪》一文中,记者采用了更加贴近人性的话语体系,对于人物形象的塑造也更加细腻具体。下面一段文字节选自《前进报》刊登的《司令当上村支书》一文:

> 1月11日早晨7点,我提着箱子走出屋门。身后,李司令的鼾声起起伏伏。头天晚上,我接着采访李司令。我一边提问题一边低着头记,李司令盘着腿坐在床上滔滔不绝地说着。到了9点多钟时,我又提出一个问题,可是李司令没有回答。我抬头看他,发现他闭着眼睛,好像睡着了。我问,司令,困了吧?他没有吱声。过了大约5分钟,他哼了一声,睁开了眼睛,说对不起,我睡着了。我太累了,太困了,我都快70啦!我说,那你赶紧睡觉吧!司令长叹一口气,说岁月不饶人啊,我的肩上扛着400来口人呐,我真希望长出

① 罗以澄,陈刚.论新闻媒体对争议性事件的报道框架——以"华南虎照片"事件为研究对象[J].当代传播,2008(4):12-15.

② 尹韵公.从"高、大、全"到片面完美——兼论典型人物报道的时代内涵[J].电视研究,2007(11):8-9.

三头六臂来啊！说完站起身，使劲儿晃了几下脑袋，走了。不一会儿，东屋传来打雷似的鼾声……①

这样一篇报道颇有小说或者报告文学的感染力，通过记者与李司令间的简单对话，以及记者对李司令的观察，将主人公退休后仍然投身于农村建设的奉献精神展现得淋漓尽致。“鼾声起起伏伏”“长叹一口气”“他哼了一声，睁开了眼睛 ”，通过这些细腻的行为描写，报道将读者带到李司令身边，让读者更深切地体会到这位老人忧国忧民的情感。

在对典型人物的荣誉说明方面，我们可以发现，工作出色、乐于助人、坚韧不拔、刻苦求学、勇于牺牲、甘于奉献，这些都成为对于典型人物非常细致的描写，在这些关键词的刻画下，典型人物的形象饱满起来。新闻报道采用以受众为核心的报道方式，使个性化、客观化、人性化成为典型人物报道的选择标准和价值追求。在这些典型人物报道中，记者以平等视角报道活跃在各行各业的优秀典型人物，发掘普通人物的不平凡精神，通过客观真实又“有情怀”的新闻报道还原人物，给人以真实而客观的感受。

五、结语

典型人物作为一个被媒体挖掘出来、为受众广泛接受的特殊群体，其媒介形象的建构是国家宣传工作的重要组成部分。我国主流媒体在呈现典型人物时，主要基于树立典型的考虑，所选取的典型人物往往是各行各业中的优秀代表，是人们学习的楷模和行动的指南。本文收集了 318 篇样本新闻，运用框架理论，结合内容分析法，构建出典型人物报道的主体形象，并且分析了 26 年间典型人物形象的嬗变。从样本情况看，我国典型人物报道数量呈上升趋势；典型人物的职业分布广泛；典型人物出现的面貌以个体为主；大多数典型人物在被报道时还健在；媒体在塑造典型人物形象时，越来越注重对其外貌和基本生活情况进行描绘；报道主题上，涉及人物情感的描述越来越普遍；而有关典型人物的荣誉说明则越来越细致。通过具体的文本分析可知，我国新闻报道中的典型人物发生了从“神”到“人”的转变、从“高大上”到“接地气”的转变、从“单薄”到“丰满”的转变。

（作者系华中师范大学新闻传播学院硕士研究生，563808173@qq.com）

① 本新闻摘自《前进报》2011 年 9 月 16 日第一版。

白色恐怖下的“黄金时代”

——浅论1927年的《中国青年》杂志与中国青年运动

◇ 薛相峰

《中国青年》是我国现存历史最悠久的杂志，1923年10月20日创刊于上海，是中国共产主义青年团的机关刊物。在国民革命时期，对宣传共产主义思想、引导青年参加革命运动发挥着重要作用。

图1 《中国青年》封面

一、百年的回望:研究缘起与综述

1927 年是中国革命由盛转衰,又由危转安、绝处逢生的一年。笔者通过检索关于《中国青年》杂志的已有研究成果,对相关文献进行了梳理。王鹏程的《〈中国青年周刊〉研究(1923—1927)》一书,主要对 1923 年到 1927 年的《中国青年》杂志做了综合性的专题研究,总结了它的创办经验及其与宣传家群体的关系;姜涛的《革命动员中的文学与青年——从 1920 年代〈中国青年〉的文学批判谈起》一文从文学史角度对杂志刊发的文章进行了批判分析;赵杰的《延安时期中国共产党对青年的思想政治教育——以〈中国青年〉为中心的考察》一文则对延安时期中共对青年群体的教育方式和成果进行了探讨;而王晓焘在《青年媒体形象的特征与变迁——基于〈中国青年〉杂志的内容分析》中,对 30 年间《中国青年》杂志中的青年报道进行了文本分析,展示了不同年代青年形象的变迁。

通过对已有研究成果的梳理可以发现四个问题:其一,《中国青年》杂志从 1923 年创刊至今已有近百年历史,研究文章多针对不同年代展开,但针对 1927 年第一次国共合作破裂时期的研究却屈指可数,即使有,也是一笔带过,这与那个年代《中国青年》杂志至关重要的地位形成鲜明反差。其二,从研究角度上看,现有文献主要从该杂志的宣传家群体、党团文化、政治思想建设、文学革命等角度入手,对青年运动却少有涉及,即使有,也更多地局限于文本分析角度,按照“原因—过程—结果”的逻辑公式来考虑,着重原因与结果而轻视过程,仿佛中共、青年团体与《中国青年》配合发出号召,革命群众就闻风而动,全身心投入社会运动;但在 1927 年复杂的历史环境中,对中间环节的探究必不可少,唯有如此,才能完整展示一个历史事件的全貌,也才能真正解释一个历史事件发生、发展的内在逻辑。[①] 其三,历史上的《中国青年》杂志能够发起规模如此巨大的青年运动,它的革命精神和宣传技巧值得我们探讨。其四,以共青团为主导的青年团体在利用《中国青年》杂志进行革命宣传与动员时,当时的政治环境如何?从哪里看到成功的希望?中国青年的宣传动员有没有让 1927 年的共产主义青年运动进入高潮阶段?在宣传过程中,对中国的青年产生了什么影响,他们又在复杂的社会环境中形成了怎样的世界观?这些疑问令人十分困扰。因此,本文将使用文献研究与历史研究相结合的方式,对《中国青年》和中国青年两大主角进行分析,还原当时风云诡谲的社会环境。

---

① 侯松涛.全能政治:抗美援朝运动中的社会动员[M].北京:中央文献出版社,2012:20.

二、《中国青年》的革命书写与中国的历史进程

一个时期社会上发生的重大事件往往会在当时的媒体上有一定的反映，这就是历史事件的媒介呈现。通过对《中国青年》内容的解读，可以从一个角度来透视当时的历史情况，同时还可以通过《大公报》《申报》《民国日报》等其他媒体对史实进行考证。

1927 年 5 月 30 日，第一百六十一期《中国青年》在“五卅惨案”事发两周年之际连发纪实性文章，历数帝国主义的暴行和青年运动的进展。其中《五卅以来帝国主义对华的武装干涉》一文将两年间帝国主义对中国的武装干涉分为三个时期：第一个时期是从“五卅”起到北伐出兵止，目标主要是反赤，即清理“工农小资产阶级、大资产阶级、左派军人等一切反直反奉势力”，这一时期在南方有英帝国主义阴谋颠覆国民政府，在北方有日本武装干涉反奉战争；第二个阶段从北伐起到蒋介石叛逆止，也就是从 1926 年 5 月到 1927 年 4 月，当时在华境外势力想通过武装干涉扶持直奉势力，阻止革命军的进攻，并在革命阵线中“挖墙脚”，寻找叛变者；第三个阶段则从蒋介石叛变、资产阶级反动开始，在华境外势力一方面欲消灭武汉的革命武装，另一方面在中国争取资产阶级为自己所用。他们以自身利益为出发点，对中国的资产阶级从镇压变为收买。而这两年的青年运动较为热烈，这其中包括青年学生运动、青年工人运动以及中国妇女运动，青年运动中既有中国“CY”[①]和国民党左派人士的活动，也有与右派、醒狮派和基督教派[②]等的对抗。但 CY 成员数量在“五卅”以后增加了近 20 倍，青年农民、工人、店员占 75%以上，说明成分亦有进步。

北伐战争期间，上海工人配合国民革命军进军，从 1926 年 10 月到 1927 年 3 月，共发动过 3 次武装起义，意图夺取上海政权，推翻军阀统治。前两次起义都以失败告终，第三次武装起义发生在 1927 年 3 月 21 日到 23 日之间，在周恩来的指挥下，上海 80 万工人罢工并及时转为武装起义，取得成功后，上海特别市临时政府成立。《中国青年》和上海各大报纸一样，成为此次起义全过程的见证者。“上海，夺下了！”“上海，属于我们的了！”——在这篇名为《红色上海的“十月革命”第一天》的上海通信中可以看到，“张宗昌军队退却，上海此刻落入暴动者之手”。文章讲述了暴动开始到组建市

① Communist Youth，共青团，《中国青年》杂志在文章中多用此简称代替中国共产主义青年团。

② 三者均为反共反赤的反动势力。醒狮派是一部分有东方封建士大夫思想，同时又接受了一点西方帝国主义思想的反动学生所发起的青年组织，成分主要是留学生及国内思想落后且带有封建英雄色彩的知识分子，主张“外抗强权，内除国贼”，行动上表现为反共反俄反革命；基督教派主要利用各地教会学校、青年会吸收青年，为资产阶级服务，宣扬帝国主义文化。详见五卅后两年来的青年运动[J].中国青年，1927(161).

民政府,再到上海工人、学生等青年群众游行庆祝起义胜利的盛况,不仅如此,苏联、英国等国的共产党和工会都向中国此次革命的胜利表示祝贺,而关于此次暴动的新闻同样也登上了国内外各大报纸的头条。

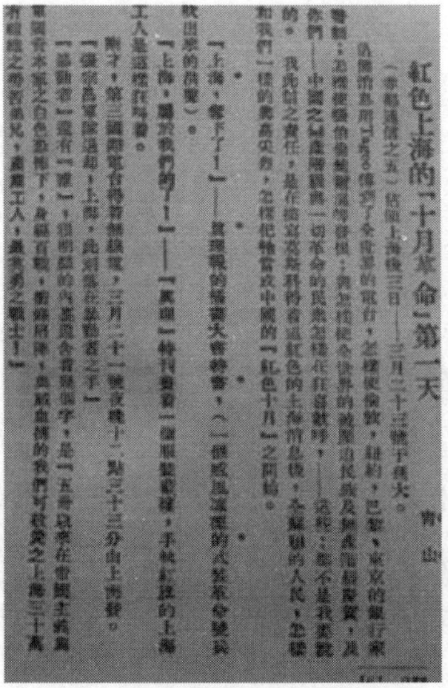
紅色上海的「十月革命」第一天

图 2 《中国青年》上《红色上海的"十月革命"第一天》

本埠工界之潮聲

▲南路工會正式提出條件　滬甯滬杭甬路自上禮拜發生罷工以來、已逾旬餘、罷工日趨擴大、滬杭甬站亦全部加入罷工、總共人數已達三千以上、罷工委員會於昨日上午八時開會、到會委員共三十六人、當場議決、(一)成立滬甯路滬杭分會、舉出執行委員十七人、候補委員四人、已經大會正式通過、(二)提出兩路全體工友之總要求二十一條、組織糾察者傳交通隊各一百餘人、對糾察隊並施以軍事之訓練、茲將要求條件錄下、滬甯滬杭甬路工人要求條件、(一)承認工會有代表工人之權、並須撥給會所、(二)開除添補工人、須得工會同意、(三)工資十五元以下者加四成、二十五元以下者加三成、五十元以下者加二成、六十元以下者加一成半、九十元以下者加一成、且每年每月須加工資六元、(四)每月房費須津貼若干、否則須建造工房、給工人住宿、(五)此次罷工期內、工資照給、並須發給賞工一月、(六)寬放並補、照原有定額寬放三十元、(七)制服、凡在路局服務者、一律發給制服、(八)時間每日工作八小時、加點則工資加倍、禮拜日工作者、須加給雙工、(九)路局須設立工人子弟學校、工人補習學校、學生一律免費、並職員須由工會聘請、(十)路局須撥款設立工人俱樂部

图 3 上海《申报》关于第三次工人起义之报道其中一则《本埠工界之潮声》①

纵然上海红色革命如火如荼,资产阶级与无产阶级的分裂让革命进入寒冬,蒋介石成为推动分裂的代表。"四一二"反革命政变发生以后,中国的革命事业遭受重创,但是青年运动并未消沉下去。长江中下游领域进入"白色恐怖"时期,但在武汉聚集了60多位国内外少年共产主义者,他们总结过去的经验并制定了未来的计划方针,这就是1927年5月10日到16日召开的"中国共青团第四次全国代表大会"。在《中国青年》上,杨善南以较为热烈的笔触报道了此次会议。这次会议共有39名代表参加,代表全国约3.8万名共青团员,除此之外,还有共产国际代表、苏英法美等国共青团代表以及武汉国民政府代表。大会规定了未来共青团和青年运动的任务,主要包括"领导青年工农争取革命领导权,反对军阀和背叛革命的资产阶级","青年要深入到群众中去,到军队中去"等。大会还选举任弼时担任团中央书记,任弼时、李求实、杨善南组成新的共青团中央委员会,他们同时也是《中国青年》杂志的主要撰稿人。

1927年7月15日,汪精卫在武汉宣布国民党内实行"清共"政策,与共产党决裂。

① 本埠工界之潮声[N].申报,1927-03-21(3).

《中国青年》虽未对汪精卫政府的叛变全过程做细致的描述，但从 6 月 30 日出刊以后，7 月、8 月、9 月均未再出刊，这是最真实的证明，说明共青团的宣传机构已遭受打击。1927 年 10 月 10 日，《中国青年》出版了该年度最后一期，同样也是转入地下之前的最后一号，即第八卷第三号。此时，八一南昌起义已经过去两个月，中共决定走一条独立领导工农武装革命的道路，与此同时，湖北、江西、湖南的青年工农暴动也在进行。10 月 10 日的这份《中国青年》连发武汉通讯、咸宁通讯、长沙通讯三篇报道介绍武汉、鄂南、湘东三地的暴动情况，三次暴动都发生在 9 月份。这些城乡的暴动和中共在湖南、江西建立井冈山革命根据地相辅相成，共同组成了 1927 年工农群众暴动的高潮。在最后一期中，《中国青年》还对宁汉合流的标志性事件——南京会议进行了报道。

“用事实说话”是当今新闻工作者较为认同的宣传方式。《中国青年》作为中国共青团的机关刊物，在 1927 年或朴实、或热烈地记录了青年运动的发展轨迹，反映了中国革命的进程。同样，这些文字被共产党和共青团领导下的青年革命者们所看到、所见证，对于他们同样起到了鼓舞作用。共青团的主要带头人都是杂志文章重要的供稿者，他们在领导青年运动时将“笔墨用作兵”，将《中国青年》当作宣传工具。一年之内，尽管革命遭遇两次重大挫折，但从《中国青年》中可以看出，革命运动持续高涨，革命热情不减反增，革命事业“起死回生”。

三、《中国青年》的宣传群体与中国的青年组织

所谓的青年团体，当然不仅限于共青团，这一年的革命人群也并无明显的年龄特征。在 1927 年的中国，活跃在国内无产阶级革命舞台上的青年团体主导力量是共产党领导下的共产主义青年团，以及聚集在其周围的工会、农会组织，而国外参与者、关注者主要为少年共产国际和各国的共产党、共青团等政治团体。这些团体在一定程度上为中国的青年运动提供了支持。

事实上，在“四一二”政变之前，中共就对蒋介石的政治倾向有所警觉，从 3 月 19 日的《中国共产党致中国国民党书》一文中即可看出。该文是中共致国民党的一封公开信，同样也是提倡国共合作、继续革命的宣言，故以信函的形式呈现。在文章中，中共首先回顾了国民革命已取得的成果，指出在华境外势力已对国民革命军有所让步，直系军阀吴佩孚、孙传芳相继覆灭，奉鲁军阀也在革命军的包围下龟缩，按理说，统一的目标应该近于现实了，但在这种情况下，革命阵线中却出现了不同的声音。一方面，奉天军阀在日本的影响下，用“南北妥协”“南北合作”“祛除赤化分子”“共同反赤”等言论拉拢南方所谓的稳健派，对于此种流言，蒋介石并未有所辩解，反而要制裁左派和共

产党。"此事若系介石同志个人行动，一经贵党最高权力机关明白制裁，则介石同志当未便一意孤行，倘系贵党多数之意思，则事态便十分严重了，本党为革命前途成败计，不得不具函请教于贵党者一也。"另一方面，中共对于蒋介石所谓"纠正和制裁共产党"的说法难以接受，作为无产阶级的独立组织，受到另一党派的制裁不符合常理，蒋之制裁理由是革命阵线中共产党员压迫和排挤国民党员，但事实是各省的中央委员中共派数量不断遭到削减，《宣言》质疑"是否有碍合作之精神？本党为两党共同进行革命工作计，不得不具函请教贵党者又一也"。此问题对于团结革命势力有重大意义，"故敢坦率直陈，希却一一赐教是幸"。中共在此宣言中的愤怒和质问态度不言而喻，但语气不卑不亢且颇为克制，表现出了一定的容忍。这篇文章同样被刊登在 3 月 18 日的《向导》周刊上，而此刊也是中共中央委员会第一份机关报。①

然而帝国主义、大资产阶级与无产阶级的根本利益存在冲突，所以即便有提醒、不安或不满，依然无法阻止国内外反动势力的联合。而共产党人和共青团同样在扩大自己的革命阵线，并与其他无产阶级组织有着密切的联系。1927 年 6 月 19 日到 28 日，第四次全国劳动代表大会在汉口召开，《中国青年》在 6 月 30 日第一百六十七期上刊登了《致第四次全国劳动代表大会书》，代表广大团员和劳苦青年表示诚恳的革命敬意，预祝会议成功，并准备领导全国劳动青年执行大会中的一切决议，但也在大会召开之前提供了一些建议，如"禁止使用十四岁以下的男女童工""青年工人与童工的工作时间不得超过八小时""青年工人与童工加入工会，与成年工人享有同等权利"等。"青年"是一个范畴，侧重于年龄，"工人"同样是一个范畴，侧重于生产力。而从共青团和工人团体的互动中可以看出其为青年工人谋福祉的初衷，这种初衷同样也为共青团动员青年参与革命提供了动力。青年与共青团和《中国青年》杂志的互动也经常在杂志上体现出来。1927 年 6 月 20 日，第一百六十五期《中国青年》上的《告读者》一文虽只有短短二百余字，但可以看出《中国青年》与青年群众共生共存的关系，以及青年对杂志的期许。这篇公告告诉我们，《中国青年》的出版在 1927 年一直处于惊涛骇浪之中，反革命的镇压使其苦心经营的出版规模被全盘破坏，后从上海迁至武汉，中间经历了共产党与共青团的大会等一系列事件。《中国青年》曾发文写道："许多读者都写信来要求赶早出版，我们竟自愧不能应命！"

《中国青年》杂志往往用最简单的方法告诉青年接下来要做的事，而在 1927 年中国的进步青年们也响应号召一步步地进行反抗压迫的革命活动。与此同时，以共青团

---

① 中国共产党中央委员会.中国共产党致中国国民党书——为肃清军阀势力及团结革命势力问题[J].向导，1927(192).

图 4 第四次全国劳动大会决议案

为代表发布的公开信和革命宣言也反映出了时代青年的声音和中国革命的未来之路。正是因为有这种信仰的不断激励，年轻人才敢于革命，不怕流血牺牲，一步步地从死亡的阴霾中走过来，走出一条正确的革命道路。

四、结语与启发——参与、沟通、记录时代

1927 年是大革命的结束，也是十年内战的开始，是第一次国内革命战争时期和第二次国内革命战争时期的交界点，这一时期共产党面临着反革命势力极其残酷的镇压，并遭受了巨大的挫折，故称为“白色恐怖”时期。但这一时期又是青年思想爆发并开始对无产阶级革命产生大规模认同的“黄金时代”，正是青年的思想认同和政治认同，为共产党人无产阶级革命的胜利提供了后备力量。我们需要注意的是，《中国青年》的革命动员并非喊几句口号、发几篇政论就草草了事，而是编者和广大青年群体共同参与到革命事业中去，做革命的亲历者，实现“坐而言”和“起而行”的结合。在此期间，诞生了一批英勇与智慧兼具的宣传家——恽代英、萧楚女、任弼时、林育南、李善南等，他们都是共产主义青年团的骨干，其中，主编恽代英、萧楚女为革命事业英勇就义。萧楚女在蒋介石发动政变之后的 1927 年 4 月被捕并遇害，时年 36 岁；恽代英于 1930 年 5 月奋战在上海的革命前线时被捕，1931 年被杀害于南京，时年 36 岁。《中国青

年》曾发文征集萧楚女遗著："谁不知道有个大麻子萧楚女，他是本刊的创始者之一，他是青年群众的明星，是刻苦忠实的革命家。"①恽代英、萧楚女等人既是《中国青年》宣传家群体的代表，也是为心中的信仰献出了生命的青年革命家。

如今很多官方媒体视"参与、沟通、记录时代"为宗旨，《人民日报》更是将它作为宣传口号。1927年的《中国青年》给今天从事新闻工作、党宣工作的青年提供了很好的借鉴，它在历史上具有崇高的地位，在革命动员方面有着优秀的宣传技巧，更重要的是，其宣传家群体的新闻人的专业精神和革命家精神都值得和平时期的青年们深思。在当今以建设为主的时期，如何做好青年的思想教育工作、引领青年的社会风尚，是整个社会都在关注的问题。青年是国家的未来，也是有待雕琢的璞玉，社会如何建构他们的思维空间，他们就会在实践中给予怎样的反馈，社会给他们更多的信心，他们就有机会贡献出更大的力量。

参考文献

恽代英，萧楚女，等.中国青年[J].中国共产主义青年团中央委员会，1927.

方汉奇.中国新闻传播史[M].北京：中国人民大学出版社，2004.

亨廷顿.变化社会中的政治秩序[M].上海：上海人民出版社，2008.

王鹏程.中国青年周刊研究(1923—1927)[M].北京：人民出版社，2013.

姜涛.革命动员中的文学与青年——从1920年代《中国青年》的文学批判谈起[J].中国现代文学研究丛刊，2009(4)：1-19.

王晓焘.青年媒体形象的特征与变迁——基于《中国青年》杂志的内容分析[J].中国青年研究，2011(4)：54-60.

侯松涛.全能政治：抗美援朝运动中的社会动员[M].北京：中央文献出版社，2012.

柯文.历史三调：作为事件、经历和神话的义和团[M].北京：社会科学文献出版社，2015.

姜平，罗克祥.李济深传[M].北京：档案出版社，1993.

中共党史人物研究会.中共党史人物传：第一卷[M].西安：陕西人民出版社，1980.

李良明，钟德涛.恽代英年谱[M].武汉：华中师范大学出版社，2006.

KARL W，DEUTSCH K W. Social mobilization and political development[J].The American political science review，1961，55(3)：493-514.

（作者系安徽大学新闻传播学院硕士研究生，ahxuexf@qq.com）

① 佚名.征求萧楚女先生遗著[J].中国青年，1927(167).

媒介融合视域下电视生态的现实困境与哲学重构*

◇ 高玉炜

2014年是中国接入国际互联网20周年，同时也是媒介融合发展的元年，“多屏看剧”已成为全民收视的新常态。特别是进入web2.0时代以来，即时交互性极强的新媒体迅速在信息产品市场中占据一席之地且大有囊括半壁江山之势。传统电视媒体为应对产业生存危机，纷纷加快媒介融合进程。以智能互联网电视的点播功能为例，电视融媒后最显著的特点是出现两大观看模式分而并立的结构，即传统的滚动直播模式与脱胎于新媒体的平面点播模式。与互联网共生的平面点播模式具有传统直播模式不可比拟的优势，它有效地解决了信息社会处理庞杂信息，筛选有价值的个性化内容的成本收益最大化问题。在滚动直播模式下，人们为了收看自己喜爱的电视节目，需要等待其他节目播放完毕，而点播模式则大大缩减甚至消解了由于等待而耗费的时间成本。在这种背景下，不是生产决定了消费，而是消费决定了生产。在传播学者曼纽尔·卡斯特看来，网络社会是一个由“无时间之时间”与“无地点之空间”所建构起来的“流动的空间”。在这里，事件发生的先后顺序的维度——时间——被瓦解了，取而代之的是在场/缺席的二元逻辑，喜爱的节目可以借由点播永远在场，而不感兴趣的内容则会永远缺席。生产—消费过程越来越倾向于基于个体需求的定制消费思维，这实质上也是集约化经济导向在信息传播视域中的集中体现。

* 该论文已发表在《科技传播》2016年7月上期(总第166期)。经作者本人同意收录于此论文集。

一、媒介融合视域下电视生态的现实困境

(一)产品定位模糊,电视传统发展模式难以为继

电视在借鉴新媒体定制消费这一理念的过程中,也凸显出了结构性缺陷。考察当前电视融媒发展态势,电视研发的设计者始终着眼于抽取新媒体在市场测试中较为成功的运营模式,全盘拿来或将其“肢解”成碎片化的功能元素,急于把未经系统整合和市场测试的外来功能附加在自己的产品之上,从而使其相对独立于电视的内生性结构。事实上,电视在目前媒介融合的过程中已经陷入了机械原子主义的误区,过分追求功能的多样化而使整个电视的融合理念显示出平面化和简单化的弊端。存在偏差的融合理念必然体现为电视结构升级实际操作层面的重重困难。例如智能电视上的应用平台开放后,出现了一系列的“鸡肋应用”,电视厂商将那些在手机或平板电脑上极其流行的应用不加选择地移入智能电视中,结果导致了十分糟糕的用户体验,这说明了目前 Android App 兼容问题确实还存在漏洞。

智能互联网电视不仅在内生性结构与吸收自新媒体元素方面存在兼容问题,而且电视框架与其他媒体同质化的思路,使其在产品功能定位与价值存在意义等根本性问题上饱受质疑。智能互联网电视搭载的操作系统大多与手机等移动互联终端基于同一技术架构——Android Pro,而推送信息的数据源也以互联网资源为主,而不是模拟电视时代的有线电视网络。这就造成了电视厂商在电视硬件销售之后很难再获取用户后期使用应用软件和资源服务的收益,电视不得不直面与强大的互联网生态(如腾讯、百度、奇虎 360 等)竞争和分利的局面。尽管如此,电视运营仍然在技术支持、结构框架以及节目资源上竭尽所能地与新媒体同步。客观看来,在融合趋势下,不同媒体之间的界限不断被打破是互联网时代的正常现象,但与此同时,电视区别于其他媒体的特质逐渐淡化。既然电视能做到的,其他媒体也能做到,那么电视缘何还有存在的必要性?电视与新媒体的区别仅仅在于屏幕的尺寸不同所带来的观影体验差异吗?事实显然远非如此。

(二)维系家庭文化的影响式微,特质功能退化不容忽视

电视在其产生之初就是家庭文化的重要载体,承担着家庭成员社会化、内化社会规范体系、塑造家庭关系和家庭结构等诸多任务。在某个特定时期,家庭的核心功能与该时期社会所特有的生产方式相适应。在现代城市社会中,消费已经取代生产,成

为社会的主要表现形态，而在一般情况下，家庭也不再是组织生产的单位，因而家庭的生产功能已经消解，家庭成了由姻缘关系组织起来的文化场域。由此，社会学家杨善华认为，“与现代城市社会相适应的是夫妻平权的家庭制度，家庭的核心功能是感情满足的功能”①。为实现感情满足功能，家庭文化衍生出许多家庭成员共同参与的社会活动，如共进晚餐、购物、家庭旅行等；而成员共同看电视显然也是维系家庭功能的重要手段，成员对电视节目发表评论并进行观点互动，借助节目内容传达个人论点，增进彼此间讨论的深度和意见表达的准确性。对于社会影响家庭的机制，学者杨善华又提出了“功能中介”假设，即把家庭功能看作社会影响家庭的突破口。因此，电视实际上成了社会影响家庭生活的通道，电视节目逻辑的准确性恰好弥补了家庭成员互动中索引性表达的随意性。反过来，家庭结构和家庭关系的变迁也会影响家庭功能（共同在场的电视收看）的执行情况。

在当前我国家庭结构趋于核心化的前提下，家庭关系主要是姻缘关系（夫妻关系）与血缘关系（亲子关系），电视节目在内容设计上主要围绕这两大家庭关系进行。以各大卫视播映的综艺节目为例，面向亲子关系的电视节目以真人秀为典型，如湖南卫视的《变形记》《爸爸去哪儿》，深圳卫视的《饭没了秀》；面向夫妻关系的电视节目以演播室节目为代表，如《爱情保卫战》（天津卫视）、《金牌调解》（江西卫视）、《非诚勿扰》（江苏卫视）。这些综艺节目的共同特点是基于家庭受众群体的姻缘、血缘两大家庭关系而设计，一方面，准确把握了受众主体的心理需求，获得了较为理想的收视效果（2015年6月20日，湖南卫视《爸爸去哪儿》第二季全国网收视率和收视份额分别为2.43%和14.24%，同时段排名第一）；另一方面，也对维系家庭关系、促进社会和谐稳定产生了积极作用。而在新媒体的强烈冲击下，晚餐后家庭成员围坐在电视前其乐融融的景象已经越来越少。“多屏看剧”不仅冲击着传统电视“一屏看剧”的格局，同时也在冲击着家庭有机团结的整体，点对点的传播模式虽然满足了受众的个性化需求，但也剥夺了人们分享情感、交流观赏体验的欢乐。综上所述，在家庭成员共同看电视的预设难以实现的情况下，电视的维系功能显然也不可同日而语了，电视的另一大主要功能面临着日益萎缩的风险。

二、信息垄断：对大众媒介的批判

英国广播公司于1936年建立电视发射台，成为世界上最早定时播出电视节目的

① 杨善华.家庭社会学[M].北京：高等教育出版社，2006：61.

机构。由此，电视经历近八十年的不断发展，不仅在节目制作水平上有了极大的提高，而且各国新闻媒体管控机构对节目内容的审核和筛选也是越来越严格。电视早已成为继无线电广播以来，对于利益集团和相关行政部门最重要的信息传播工具。而电视与新媒体的一个难以同化之处在于电视具有鲜明的阶级属性，权威发布媒体的合法性地位也使其能够实现新媒体难以企及的宣传效果。

(一)信息垄断的作用机制

媒介组织不需要制造假象和谎言，只需控制部分真相的发布，就能达到操纵民意的目的或造成流言传播的后果。电视对信息的垄断集中体现在对传播内容、媒介语言规范和传播方式三个方面的控制上。关于媒介控制的思想，法兰克福学派的霍克海默、阿多诺和马尔库塞曾分别作出了详细的论述。他们认为，国家通过政治权力将主流意识形态以大众媒介的声音传递给受众，媒介充当权力的工具实现与国家控制的合谋。这种观点体现了电视信息垄断的动因和途径。

作为垄断过程中最易被察觉的部分，对传播内容的控制，就是传播媒介和权力保留统治者希望宣扬的信息，而封锁对统治者不利的信息，淡化难以给媒介组织带来收益的信息。作为社会化大生产的一部分，电视剧制作遵循市场竞争原则，一方面对个人制造虚假需求，这种欺骗行为在消费社会中尤为奏效；另一方面，竭力迎合低俗化的虚假需求，批量生产粗制滥造的文化产品，获取竞争优势。例如江苏省网、南京市网统计的 2011 年强势类型电视剧数据显示，反映现代情感的作品在两网前 20 名中共有 15 部(次)，占比 37.5%，就数量而言，是最强势的类型。诸如此类，大量作品按市场需求来生产并被过度商业化和娱乐化了。近年来，表现小资阶层生活的现代情感作品急剧升温，人们除了欣赏其中的唯美剧情之外，更羡慕和幻想着剧中人物享受的奢靡生活。总之，大众媒介不仅在供给上形成了垄断，同时通过幻化现实，使人们在其建构的虚拟消费社会的“丰盛”假象中难以自拔，从而在个人的需求上实现了垄断。

电视语言的规范化同样在信息垄断中起着重要作用，勒温(K.Lewin)将媒介比喻成“守门人”，强调了它对信息的检查和加工功能。电视剧作品无一不是在高度统一的规范化程式下生产的工业产品。广电总局曾发布了一系列通知，要求加强对电视剧的审查和播出管理力度，比如提出，“黄金时段播出的电视剧要坚持‘二为’方向和‘双百’方针，弘扬主旋律，提倡多样化，贴近现实、贴近生活、贴近群众。在题材选择上大力弘扬民族精神和时代精神，坚持现实题材主旋律为主的原则”①。对于不符合语言规范

① 《广电总局关于进一步做好黄金时段电视剧播出管理工作的通知》，明电〔2007〕1 号文件。

的文本，"守门人"可以选择按自己的意志对其进行加工后予以传播，也可以选择终止这一传播过程。这种具有较高权限的"守门行为"使垄断的形成无可避免。

隐蔽且行之有效的传播方式为以上两种垄断行为的实现提供了可能。法兰克福学派认为，"西方媒介的虚假性和欺骗性不是以粗暴方式呈现出来的，而是以一种更微妙、更缓和也更为有效的形式表现的"[①]。大众媒介利用在信息通道上的优势对个人和社会进行"信息轰炸"，将大量重复信息源源不断地灌输给受众。而这种琳琅满目的文化生活让人有一种在形式上自由选择的错觉，但这种选择往往是"单向度"的，最终人们在同一性空间下的不同选择又会趋同，追求个性的心理和行为寓于潜意识的机械认同。

（二）信息垄断的实质

受众关于信息处理的行动存在双向终端的性质，即被动地承接信息和主动地获取信息。社会学家拉扎斯菲尔德(Paul F. Lazarsfeld)在1944年进行的著名的伊里调查中提出了两级传播的理论，他认为大众媒介并不能直接产生作用从而影响受众，真实情况是大众媒介凭借舆论中意见领袖的导向作用完成传播活动。基于拉扎斯菲尔德的理论，笔者认为，受众在接受媒介信息导入的同时，也在不断地积极获取着他们想要获得的信息，从而进一步提出大众媒介的漏斗型信息垄断模型：真实、全面、动态的信息流由于零散和转瞬即逝的特点，不能直接为信息终端（信宿）所获取，大众传播便充当了信息漏斗的角色，它对信息流的筛选作用首先体现在对信息流中的有效信息进行编码，将事物符号转化为新闻语言，也就是对信息进行赋义的过程；然后为了和信宿进行接触并便于其解读，又对这些信息进行解码，也就是对信息进行释义的过程。筛选的两个阶段恰恰是大众传播文化产品的生产和消费全过程。其本质一方面是信息处理，即将信息流转化成信宿可接受的形式；另一方面则是信息拦截，大众传播往往为了操纵民意（舆论）而控制部分真相的发布。随着受众开始掌握传播活动的主动权，媒介作用的效果也变得十分有限。为了达到更好的劝服效果，电视第二大功能，即新闻功能讲求新闻修辞便显得尤为重要。"新闻修辞作为一种策略性的手段，在新闻制作中必须遵循一定的原则。首先在形式即语体方面，应该准确具体，新鲜生动，简洁明了，通俗易懂。其次在内容方面还应遵循事实、平衡、中立的原则。""为了获得传播的最大效应，可以针对不同受众的心理特点，消除在修辞方面的隔阂，也可塑造和唤起修辞幻

① 邵培仁.传播学[M].北京：高等教育出版社，2007：121.

象，制造认同感。”[①]以上特点也就决定了无论是承接信息，还是获取信息，受众都无法摆脱信息的间接习得，结果是受众可获取的信息越丰富，越容易出现视野窄化的现象，这体现了大众传播信息垄断的实质。

(三)信息垄断的后果

1.信息拟象

自20世纪中期美国社会学兴起以来，关于符号研究的思考就成了实证和经验社会学的新传统。符号是信息发生作用的关键载体，现代科技的发展，尤其是人工智能与自动化的广泛应用，使符号化在现实社会的理解行动中全面占据优势地位。与此同时，现代性的社会机制使越来越多的学者意识到，我们正在进入一个“风险社会”(risk society)，我们的每一个行动都不得不考虑承担风险的成本，于是为了最大限度降低行动可能带来的风险，人们往往以牺牲效率作为保证决策正确的代价，例如代议制政府的形成。然而担心风险并没有使人们畏缩不前，作为脱域系统的发生机制，“信任体现在具有风险的环境中，凭此人们能够获得不同程度的安全(防范危险)”[②]。吉登斯将信任作为象征标志和专家系统得以建立的基础，使人们可以自觉地或者不自觉地支配自己的行动而不必担心风险。因为信任早已内化在现代性的运行机制之中，时刻提醒着行动者其所在的情境并指导其行动。

然而，信任是如何形成的？信息传播机制把符号的概念图式展现给大众，却淡化了符号形成的过程。现实世界是由“时—空”的二重性构成的。在这里，有现存，也有历史，因而现代性是流动的(fluidity)。而在信息垄断下，现实的流动性正在被消解，符号意义逐渐固化，人们只关心如何使用符号，而对符号的因果逻辑，对符号何以如此不感兴趣，以至于过分信任信息的作用机制，落入信息垄断的窠臼之中。信任不是与现代性同步进行的，而是在现代性逐渐取代之前的一切社会形态，取得自己合法性地位之后，才在社会关系中弥漫开来的。在这个过程中，信任机制形成的重要条件就是认同，正因为社会主体对现代性及其脱域机制合法性的足够认同，才导致了信任的出现，从而导致“脱域机制，通过将社会关系从它们所处的特殊的地域‘情境’中提取出来，使得这种时—空延伸成为可能”[③]。生活世界由时—空互构的流动性转而成为垄断形态下的信息拟象，认识现实世界变得越发困难。电视是现代性的产物，反过来，电视也是巩固现代性地位的强大阵地，电视能够完成这一任务的前提是专家系统的建

① 汪正文.论新闻制作中的修辞运用[D].南宁：广西大学，2007.

② 吉登斯.现代性的后果[M].田禾，译.北京：译林出版社，2011：112.

③ 同①：24.

立。电视媒体作为党和政府的喉舌，所播出的各类新闻资讯均受到审查部门的层层把关，代表了社会主流舆论，因而具有权威性和公信力。电视行动者对新闻的严格规范使电视新闻值得信任的印象逐渐固化，长此以往，电视新闻具有权威性便成为人们的思维定势，人们不会关注新闻制作背后一系列极为冗杂的程式和工序，电视新闻的专家系统由此形成。

2.机械认同

认同作为一个心理学概念，原意指观察者与行动者心理一致的互动实践活动。然而随着信息垄断通过操纵公众的认知范畴，利用符号脱域建构起信息拟象，认同的主体性特征变得越来越模糊，主客体的互动逐渐为单向度的刺激反应活动所代替。意大利社会活动家葛兰西(Antonio Gramsci)在《狱中笔记》中首先提出“霸权”一词来作为社会分析的重要概念。而以私有制为基础的大众传播制度则是维系意识形态霸权的有效工具。葛兰西在他的意识形态霸权理论中提到政府通过操作虚假的“社会合意”来维系它的民主社会。笔者进一步将这种单向度的“社会合意”概括为一种机械认同。机械认同是一种物化的认同，它忽视了人作为独立思考个体的批判反思活动，是一种客体性的主体的认同，是消极的认同。与机械认同的概念相似，美国政论家李普曼(Walter Lippmann)首次提出了“制造同意”的概念，他认为“在目前控制局势的这一代人中间，说服已经变成一种自觉的艺术和世俗政府的一个常规功能……如果熟知如何制造同意，那就可以改变每一项政治算计，修正每一个政治前提，这话并不是轻率的预言”①。

机械认同是信息垄断下一种非正常的认同形式，它产生的前提有两个。第一，信息拟象场域下受众的绝对无知。在当代媒体文化发展迅速的形势下，受众除了接受媒体信息传播之外，没有任何获取信息的渠道，同时意见领袖对于舆论的操纵和导向，使主流观点以压倒性的优势排斥不同意见的发声。第二，集体无意识与沉默的螺旋效应。少数不同意见受到群体压力和正确性模糊的影响而趋于沉默，这使舆论出现虚假的主流意见，并进一步引导受众的既有认知，从而促进认同的形成。

三、哲学重构:实现审美自觉,冲破信息垄断

了解了大众媒介信息垄断的机制，我们可以发现，传播流行文化是电视媒体最行之有效的手段。在文化工业统治的社会中，一个文化产品是否流行成为判断其好坏的

① 李普曼.公众舆论[M].阎克文，江红，译.上海：上海人民出版社，2006：182.

唯一标准。换句话说，一部最新上映的电视节目被贴上"流行"的标签，一时间万人空巷。但是"不管大众文化的形态如何花样翻新，它们都带有大工业'批量生产'的痕迹，同类产品缺乏明显差异，就像生产流水线上出来的东西，总是同一的、无差别的、缺乏个性的和千篇一律的"①。流行文化既不是大众创造的，也不是大众真正需要的，而是在文化工业流水线上生产、包装和传播的，它首先关心的是经济效益。在无休止的重复劳动后，人们不免视觉疲劳，审美能力退化，连评判美丑的能力都被流行文化剥夺了。借用美国《新标准》杂志主编希尔顿·克拉穆尔的话说，即"媒介有多种形式，但如果我们选择其中最强有力的一种即电视来谈，就会知道电视总的功能是把人们心灵引入歧途，去迷惑它、败坏它，使之成为一片荒原，而人们却还把电视当作娱乐消遣与获取信息的主要来源"。西方马克思主义学者马尔库塞在《单向度的人》中就描述了这样一种景象：人们失去了反思和批判的向度，唯电视媒体竭力推销的流行文化马首是瞻，人于是丧失了本体性特质，表现出卢卡奇称之为"物化"意识的特点。

艺术美学的原则是总体性原则，它以形象思维表达了个别的感性现象，在追求个性解放和本能欲望的满足时力求感性与理性、理想与现实、人与自然的和谐统一。原有的工具理性由于始终狭隘地专注于自然功利，崇尚控制社会，从而虚化了人的本体性解放，将人寻求超越的精神性悬搁起来，使之与人倚赖现存的自然性产生割裂。审美活动作为人把握客观世界的主观意识，是人在感性与理性的统一中，按照美的规律来把握现实的一种自由的创造性实践。审美意识为客观存在的美所决定，但却不是被动地接受客观存在的美，人的精神性赋予了客观存在的美以感知、表象、判断、思维、想象、情感活动、意识活动等一系列复杂的心理基础。由于人的实践既有差异性又有共同性，自然性与精神性相统一的人对同一客观的美的事物的审美倾向既可能趋同，也可能迥异。因此，人的本体性决定每个人都应有独立判断美丑好恶的心理机制而不受制于环境的可能性，也就是达到审美自觉。面对电视发展的诸多困境，实现对电视内在价值的重构，就是要重新实现人的审美自觉。这对电视的产业行动者和受众都提出了相应的要求。作为电视的产业行动者，要有把握正确审美观的操守，从人们真正需要的美的体验出发，感悟人生超越的意义。例如 2014 年热播的民国反腐题材电视剧《北平无战事》，编剧刘和平七年磨一剑。观众对剧中人物的命运、情绪、态度和思想经常感同身受，剧中较多展现的行政体制中上下级的互动关系，一定程度上反映了现代人在职场中的生活状态，使观众产生了强烈的情感共鸣和自我观照，达到了作者和受众在审美上的一致。作为电视的受众，一方面要有所坚持，运用艺术理性抵御流行文

① 李彬.传播学引论[M].北京：高等教育出版社，2013：303.

化的裹挟;另一方面要勇敢地进行抗拒性认同。所谓抗拒性认同,就是"由那些其地位和环境被支配性逻辑所贬低或诬蔑的行动者所拥有。这些行动者筑起了抵抗的战壕,并在不同于或相反于既有社会体制的原则基础上生存下来"[①]。观众也许不能选择电视上播放的内容,但可以选择收看或者不收看,不做沉默的螺旋底部的悬浮物,而发出自己真实的声音。

电视毕竟是提供观看服务的设备。近年来,曲面电视、量子点技术、4K 超清、ULED 动态背光、体感操控等概念不一而足,搭载这些先进技术的电视符合人体工程学设计,观看舒适,能够营造影院式的沉浸感,这是智能手机、平板电脑等新媒体终端难以做到的。人们对于电视的需求并没有消失,而是多元化了。其实早在 70 年前,电视诞生后不久,就有人预言报纸、杂志、广播、电影将随着电视的普及而消亡。事实证明,传统媒体并没有因为新媒体的冲击而退出历史舞台,电视和其他媒体在各自的领域继续发挥着自己的作用。综上所述,无论是画质表现、观看体验还是智能操控,都是电视所具有的、其他媒体无法比拟的优势。因此,电视在直面和解决现实困境的前提下仍然有极大的发展前景和空间。

(作者系内蒙古师范大学在读本科生,782834870@qq.com)

① 卡斯特.认同的力量[M].曹荣湘,译.北京:社会科学文献出版社,2006:7.

第二部分

融媒语境中的新闻实践

"选择性失明"下的媒体狂欢

——论标签化报道中的媒体失责

◇ 邢　祥

2016年3月23日，一篇名为《碰瓷新高度　老人被玩具车撞后坐地不起》的新闻引爆网络，文章称"一小女孩的玩具车刮到了78岁的老人，老人坐地不起"。该新闻被搜狐、中国青年网等多家媒体转载，有网友评论"碰瓷新高度"。然而3月24日，新闻发生大反转，《成都商报》刊发《大妈被玩具车撞后坐地不起后续：大妈确诊骨折 没有碰瓷》一文，称"老人确诊桡骨骨折。老人没有敲诈勒索，还婉拒了女孩家人更多赔偿的提议，称可以自己照顾就好。目前老人正在医院接受治疗"。

南宋王十朋在《次韵万先之读〈庄子〉》中说："王何佐其高，遗害今犹存。"今天，借用此话来点评"彭宇案"的发生与影响颇为恰当。10年前的"彭宇案"并未在古都南京的秦淮河两岸画上一个完美的句号，它留给南京乃至全国挥之不去的伤痛记忆。一次次的"彭宇案"让公众生活在"农夫与蛇的现代传说"的社会现象中。原本应是弱势群体的老人被污名化甚至妖魔化，并被冠以"无良""欺诈"之名，而越来越多的人开始思考救人成本的回馈问题，这最终升级发酵成了社会信任危机。本文试图以"彭宇案"被标签化为起点，分析标签化报道得以盛行的原因以及媒体在这一过程中存在的失责行为，并提出几点建议，探讨媒体在标签化报道中应有的自觉与担当。

一、各地"彭宇"："农夫与蛇"翻版层出不穷

2006年11月20日，南京老太徐寿兰在南京水西门广场一公交站台等车时被撞倒，摔成骨折，老太指认撞人者是刚下车的小伙彭宇。2007年9月4日，南京市鼓楼区法院判决彭宇给付骨折老人徐寿兰40%的损失，共计45876.36元。由此引发了一场震惊全国、备受争议的官司。

“彭宇案”的阴影还未消散，时隔一年多，相似案例重新被人们的目光锁定。2008年8月21日，郑州大学生李凯强扶起老太宋某，被老太指认撞伤腰，法院以因不能判定双方责任各负担一半为由判李凯强赔偿老太7.9万元，此案也被冠以“郑州版彭宇案”之名。

无独有偶，2009年10月21日将近中午，许云鹤驾车沿天津市红桥区红旗路由南向北行驶，途遇王老太横穿马路并在跨越中间护栏时摔倒，被王老太指控撞伤了自己。2011年6月16日，一审法院判许云鹤担责40%，因与“彭宇案”的判决极为相似，被称为“天津版彭宇案”。

此外，各地版本的“彭宇案”层出不穷，“厦门版彭宇案”“潍坊版彭宇案”“衡阳版彭宇案”等不断通过各大媒体进入大众视野。各大媒体的标题更是花样百出——“济南上演女版‘彭宇案’：搀扶九旬老人反被诬”“天津版彭宇案：葫芦案不能‘葫芦评’”“郑州版彭宇案拷问社会公德：有老人摔倒你敢扶吗”“小伙扶起摔倒老人判赔7万元 揭秘金华‘彭宇案’”。各个版本的“彭宇案”在媒体看来内容似乎是大同小异的：扶人反被讹，好人没好报。

二、媒体现象：标签化报道蔚然成风

对某一群体中的个人的认知，忽略其个体差异，把群体特征加诸个体，形成群体的标签。[①] 标签理论认为，一个人被贴上标签，是与周围环境中的社会成员对他及其行为的定义或标定过程密切相关的。[②] 标签化既是基于社会成员的普遍共识，也是记者在新闻生产中简单化操作的表现。[③] 在多数媒体看来，“彭宇案”就是一种标签，指的是社会上好人救人反被讹的社会现象，代表着社会道德缺失的一部分，同时也加剧了公众救人的道德恐慌。在“彭宇案”上，媒体把彭宇定位为“做好事反被诬的好人”，很多新闻报道更是为其喊冤申诉。而在报道郑州李凯强案、天津许云鹤案、金华吴俊东案时，媒体因为相似性给它们贴上了“彭宇案”的标签，试图以最简单的语言把事件的重要性及可读性凸显出来。事实上，类似的标签化报道在媒体报道中并不少见，从山东又现“药家鑫”到宜黄“唐福珍式悲剧”，从“海宝一代”到“80后”“90后”，从“富二代”到“保时

---

① 夏倩芳，张明新．新闻框架与固定成见：1979—2005年中国大陆主流报纸新闻中的党员形象与精英形象[J]．新闻与传播研究，2007(2)：29-41.

② 祝建华．“富二代”的形成与群体特征分析[J]．中国青年研究，2009(9)：22-27.

③ 张潮，张洁．社会现实、集体记忆和标签化报道的互动：“官二代”媒介形象的建构及其成因(2009～2012)[J]．湖南师范大学社会科学学报，2013(6)：133-142.

捷少女"……不难发现,这种类似的标签语言充斥在媒体的各种报道中。

标签化的新闻操作可以提高新闻的生产速度,同时引发强烈的社会效应。给特定的人或物贴标签的最大优势是用最少的文字传递最大量的信息,这对于要在最短的时间和最有限的篇幅里播报新闻的媒体来说,无疑是一种最好的选择;此外,标签所包含的巨大信息量很容易引起受众的兴趣,达到引人联想甚至煽情的目的。例如,当《三轮车司机肇事捅死伤者将其分尸案告破》变成《撞人分尸　嘉兴版"药家鑫案"告破》时,两个标签内涵对比所产生的张力足以引起受众的好奇心。另外,一般而言,标签具有强烈的时代气息,有时能够与最新的人或事直接联系起来,因此,对于媒体而言,标签化报道的使用也能够在一定程度上代表媒体的时代性以及先进性,使其更好地发挥舆论引导的功能。同时,从新闻价值的角度来说,标签化的报道方式不仅能够迅速简洁地阐述新闻要点,同时能够让报道显得更为活泼、生动,增强报道的可读性及可听性。从另一层面来说,标签也意味着不寻常的内容,如"唐福珍"就代表着反对城管拆迁的自焚事件,这也就完全遵循了新闻价值的原则。而对于媒体来说,新闻价值的大小在一定程度上直接与收视率、销量以及广告源挂钩。因此,大量的标签化报道被运用到媒体的报道中。

三、价值判断:"选择性失明"的媒体失责和"刻板成见"加深的公众

当新闻事件发生时,媒体的介入往往会放大承载社会公众意志的舆论的声音;而当舆论的声音形成后,媒体的选择性报道又在无形中加大了公众舆论的威力。标签化的事件报道往往一出现就能够引起公众的强烈反响,引起公众的语言狂欢以及疯狂的新闻点击。然而,在一片狂欢及点击中,媒体扮演着什么样的角色?受众又能够从众多的标签信息中获得什么呢?

(一)媒介视角:"选择性失明"下的报道狂欢

在"彭宇案"中,媒体为了吸引受众的注意力,不惜放大新闻中的某些事实,把彭宇定位于与雷锋同等高度的角色上,因助人反被诬告,于是各大媒体开始口诛笔伐,为彭宇"申冤翻案",精心进行"媒介审判"。而在报道李凯强案、许云鹤案、吴俊东案时,媒体更是直接给它们贴上了"彭宇案"的标签,把"彭宇案"简单地模式化及符号化。

然而这几起案件之间明显的不同点则被媒体一笔带过。事实上,李凯强本人已经承认是自己驾驶摩托车与老人发生了碰撞,才产生了后续一系列的麻烦,并不是纯粹的助人为乐;许云鹤案的当事人本身就是一位媒体从业者,其可利用多方资源制造舆

论的优势被媒体忽略，部分报道更是仅采用当事人的片面陈述，而对不利于其的证据材料只字不提；在吴俊东案中，许多媒体在取得各方陈述之前就妄下判断，将其归为金华“彭宇案”。

媒体一次次对各地“彭宇案”的陈述，无疑给了这个社会两种暗示，一种是“以彭宇为戒”，一种是“向彭宇学习”——不管事实真相如何，只要自称“彭宇”，就立马占据了道德高地。[①] 人们心中的善念被一次次重复上演的“彭宇案”磨灭殆尽，其引发的“救人反被讹”的道德恐慌情绪弥漫民间，负面连锁反应也“立竿见影”——各地陆续发生了多起老人摔倒、无人帮扶事件，有人更是付出了血的代价。

从符号互动论的角度看，一旦被贴上了某种标签，这一群体往往内化标签所包含的行为规范，出现“自行应验的预言”。各地的“农夫与蛇”的事件被媒体贴上了“彭宇案”的标签之后，媒体会极尽所能地将受众的目光锁定在其希望受众关注的内容上，而忽略其他内容或者只是简单陈述。

在“自行应验的预言”下，媒体给各种人或事贴上标签，并通过自身的报道倾向来使报道内容符合标签所承载的内容，这样很容易造成媒体的“选择性失明”，从而影响社会舆论的发展态势。例如 2011 年 12 月 26 日，一位驾驶保时捷的少女救助了路边晕倒的妇人，有人称其为“保时捷少女”，之后媒体对其进行报道，并大量使用标签“保时捷少女”，引发了社会对其身份背景的热议，有些人甚至把其善举恶意化，认为其是“晒富”“做戏”而已，给这名少女的生活带来了极大的消极影响。其实，撕去“保时捷”的标签，救人少女就是一个善良的邻家孩子。然而媒体广泛使用这一承载了太多框架化元素的标签，注定会衍生出一波波分裂后的判词，这也是标签化报道的一种负面效应。标签化报道往往把事件中的一些成分无端放大，只是为了增强报道的显著性及重要性，而这样做的结果则导致社会负面舆论的泛滥及一些负面情绪的宣泄，让公众对整个社会产生怀疑甚至失去信心，这无疑是社会发展的阻碍力量。

（二）受众视角：加深公众的“刻板成见”

沃尔特·李普曼（Walter Lippman）在《公众舆论》中提出了“刻板成见”(stereotype)这一概念。他认为“刻板成见”，或者说是“刻板印象”，指的是“常以高度简单化和概括化的符号对特殊群体与人群所做的社会分类，或隐或显地体现着一系列关乎其行为、个性及历史的价值、判断与假定”[②]。意即人们对特定事物或人所持有的

① 翟春阳.慎拿“彭宇”二字当卖点[EB/OL].(2011-12-01)[2016-07-15].http://www.qnsb.com/fzepaper/site1/qnsb/html/2011－12/01/content_344023.htm.

② 费斯克，等.关键概念：传播与文化研究辞典[M].李彬，译.北京：新华出版社，2004：273.

固定化、简单化的观念和印象,通常伴随着对该事物或人的价值评价和态度判断。在一系列"彭宇案"中,媒体未经证实或者"选择性失明"地给郑州版、天津版等各地版本贴上了"彭宇案"的标签,就给受众输入了一种先入为主的观念:李凯强、许云鹤等各个版本中的"彭宇"都是无辜的,他们都是司法漏洞的"牺牲品"。正是因为有了这一"成见",在各地"彭宇"出现后,舆论几乎压倒性地倾向于各地"彭宇"这一方,而对另一方当事人予以批判,甚至上升到对整个社会道德及法制的批判,让社会陷入了救人风险的大讨论中,给公众筑就了一道冷漠的心墙。

事实上,人们在认识或判断事物好坏的时候,倾向于依赖先入为主的观念,而大众传媒正是这种观念的主要制造者,它给社会事件或社会群体贴上标签,使其形象化、典型化,甚至脸谱化,在一定程度上成为公众舆论的主导者,影响着受众对社会群体或事物的判断。例如,单从职业身份划分,"新生代农民工"意味着新潮却不切实际;"白领"代表着小资;"富二代"注定是为富不仁的纨绔子弟;"90后"标志着失去责任感……这样的"刻板成见"虽然可以为人们认识事物提供简单的参考标准,但也容易使人们对某一类人或事物产生比较固定、概括而笼统的看法,而忽视事物的特殊性。

因此,当大众传媒通过标签化报道对某一事物或某一群体做某一偏向的解读时,如果此解读与受众原本的情感偏见相符,那么,受众的"刻板成见"就被极大地加深了,他们离理性思考会越来越远。即使这种报道顺应了民意,实际上也为大众权益造了势,从长远看,这种煽情式报道,也容易造成"沉默的螺旋",引发"多数的暴政"。就目前来看,标签化报道充斥在多数媒体中,诚然,适当地使用标签能够提高报道效率,起到吸引眼球的作用,但如果过度或者不恰当地使用标签,则会使其过分强化,引发社会偏见,对相应人群造成极大的舆论不公。并且,滥用标签所形成的概念被受众接受后广泛使用,又反过来促进了媒体的使用,而媒体的传播效果又进一步强化了这一标签及其背后的偏见,如此的恶性循环将会极大地阻碍社会舆论的健康发展。

四、守土有责:标签化报道中的媒体自觉和担当

新闻媒体如今已经接近于一个社会的神经中枢和力量的聚合之地,它不仅以其特有的视角和特定的方式对社会进行报道、解释和分析,还以其价值观影响和引导社会及舆论。因此,媒体在承担政治责任、道德责任的同时,更应该承担社会责任。而在许多标签化的报道中,很多媒体不但没有顾全自身所担负的社会责任,反而以其公信力为代价换取新闻的点击率及市场份额,给社会带来了一系列的负面影响。面对标签化报道与媒体社会责任的矛盾,笔者提出以下几点建议:

（一）认清责任，正确判断方向

标签化报道容易出现的问题之一是在公众中形成不利于社会发展的舆论倾向，例如关于"彭宇案"的大量标签化报道让全社会陷入了行善恐慌，"富二代"的标签化激起了许多受众的"仇富"心理，"唐福珍"的标签化加深了公众对政府作为，尤其是相关部门的不满情绪。而这一切的源头都在于媒体在使用标签时没有深入考虑可能造成的后果，没有认清自身作为正确引导公众舆论的喉舌的责任，在做价值判断时选错了方向，引发了一系列的负面效应。因此，媒体在选择运用标签化报道时，一定要谨慎处理，要认清自身所担负的社会责任，并考虑可能产生的社会影响，正确判断被标签化的社会群体或社会事件，避免引发不良的社会反应。

（二）全面报道，警惕以偏概全

标签使用不当是标签化报道中经常出现的问题。有些媒体为了吸引受众眼球，在还未了解事情真相时就简单地给其贴上标签，并"选择性失明"地报道内容，使公众受其报道影响，形成不恰当的社会舆论。标签化的报道虽然引人瞩目，但不恰当的标签使用明显偏离了新闻伦理，有悖媒体应承担的社会责任。因此，在进行标签化报道前，一定要对事实进行判断，注重全面报道，警惕以偏概全、断章取义的报道方式，只有这样，才能体现新闻媒体报道的客观、公正、全面的原则。

（三）端正视角，注重人文关怀

在标签化报道的过程中，媒体应该注重人文关怀，以开阔的胸襟去体会及描写社会百态，少一些极端，多一些温暖，善于发现生活或事件中的美，并通过报道把积极态度传递给受众，让受众在获取信息的同时，能够感受到社会中的真善美，并落实于具体行动中，这样，最美妈妈"吴菊萍"这样的身影才能够不断涌现，促进社会整体道德伦理的发展。

因此，媒体需慎用标签化报道。须知，世界上很少有两个完全相同的事件或群体，一味懒惰地使用标签，只能在坚守社会责任的道路上越行越远，最终失去自身的媒介市场，自食恶果。

（作者系中国传媒大学新闻学院博士研究生，630982468@qq.com）

论数据新闻在中国的发展现状及改良建议[①]

◎宋宣谕　徐　征

2013年，牛津大学教授维克托·迈尔-舍恩伯格（Viktor Mayer-Schönberger）和《经济学人》数据新闻编辑肯尼斯·库克耶（Kenneth Cukier）合作出版了畅销书《大数据时代》，书中介绍了很多当前大数据技术的应用，并系统地预言了大数据必将引发未来人们生活、工作和思维的大变革；媒体惊呼，继承移动互联网时代的大数据时代到来了。[②] 其实来到21世纪，传媒业早就不得不面对"人人时代"的挑战了，即所有人都可以通过社交媒体等网络技术应用自助制作和传播信息，表层信息传播已经变得"非专业化"，这让媒体经常丧失一些新闻的"第一落点"。而随着技术的进步，谷歌眼镜、谷歌小型无人机、街拍车，甚至机器人记者相继出现，简单的表层新闻在不久的未来很可能实现"去人工化"。面对时代环境的挑战，很多媒体为了追求自身发展，为了在同业竞争中拔取头筹，已经把大数据的思维和技术运用到新闻制作中，生产了数据新闻。所谓的数据新闻，又被称为数据驱动新闻，是指将数据进行过滤和分析后，以一定的可视化形式表达出来，用数据讲述一个复杂的故事，反映人们和事件的关系，并让人们从数据中获得效用。在笔者看来，它是在精确新闻和计算机辅助新闻相互融合的基础上升华而来的，数据新闻的计算机技术应用已经比计算机辅助新闻的技术应用在概念基础上提高了一个等级，运用了能收集、容纳和处理更大数量级的数据库技术。相比精确新闻，数据新闻已经不只是把数据当作支撑观点和判断的论据，而是做到了数据在先、文字在后，使数据在精炼处理后产生了富有新闻价值的信息和认知盈余；[③]而数据新闻所提炼的数据的量，

---

① 该论文已发表在《青年记者》2016年第8期，经作者本人同意收录于此论文集。

② 舍恩伯格，库克耶.大数据时代[M].盛杨燕，周涛，译.杭州：浙江人民出版社，2013：77.

③ 史安斌，廖鲽尔."数据新闻学"的发展路径与前景[J].新闻与写作，2014(2)：17-20.

已远非精确新闻可以相比的了。2011年，全球编辑委员会举办了首届“数据新闻奖”，全球51个国家的286个媒体带着自己的数据新闻参加，那时，大数据时代元年2013年尚未到来，传媒界的大数据革命已然初见成果，表明数据新闻是具有很强生命力的，是未来媒介寻求改革发展的重要途径之一。

一、中国数据新闻的现状

在中国，数据新闻方兴未艾，得到了一定的关注。如一些对数据新闻在中国的未来发展抱有信心的媒体志愿者们，将自己编写的关于数据新闻的文章和国外优秀的数据新闻整合归纳到一起，建立了“数据新闻中文网”，给中国数据新闻爱好者展现了数据新闻的全貌和国际发展状况。国内的一些顶尖大学也开始注意数据新闻相关的教育，例如清华大学财经新闻硕士项目和彭博新闻社合作，开设了“财经新闻数据挖掘与分析”的课程；香港大学的传媒与新闻研究中心与路透社合作，开设了“数据新闻学”课程，清华大学和香港大学走到了国际数据新闻教育的前沿。在数据新闻的实践活动方面，腾讯、新浪、网易和搜狐这四大门户网站都有自己的数据新闻专门栏目，分别为《数据控》《图解天下》《数读》和《数字之道》。但数据新闻的实践活动依旧需要大规模的改进，因为这些数据新闻的尝试存在着两个致命硬伤。第一个问题，国内的这些数据新闻并不等同于国际意义上的数据新闻，它们更像是美国在20世纪60年代所提出的精确新闻的升级版，核心差距在于大数据技术和理念并没有得到应用，仅仅是对有限的数据进行处理而得到一个结果，将这个结果作为支持结论的依据，用图表或类比模式表现出来。因为没有大数据技术和思维的应用，从数据到结果的这个环节就已经没有足够的可信度了，且展现新闻的形式不具备交互性和大规模链接的特点。而外国一些顶尖媒体运用大数据思维制造标准的数据新闻，已经成为一种常态，例如2010年10月23日，英国的《卫报》基于维基解密的数据，运用Google Fusion软件制作了一幅散点地图，地图上的红色散点的位置严格运用LBS技术确定，每个红色散点都链接着一个条目，代表一次死伤事件，鼠标点击红点后弹出的窗口有详细说明：伤亡人数、时间及造成伤亡的具体原因，总共多达39.1万个条目。[①] 这一数据新闻直接加强了英国民众的反战情绪，推动英国军队在伊拉克全面撤军。再如美国《纽约时报》制作了针对2012年的“桑迪”飓风的数据新闻，在飓风正式抵达新泽西州和纽约州沿岸（2012年10月29日）

---

① 郎劲松，杨海.数据新闻：大数据时代新闻可视化传播的创新路径[J].现代传播，2014(3)：32-36.

之前,《纽约时报》已经根据国家气象服务中心的大量数据,将纽约市飓风疏散区地图和"桑迪"飓风路径预测图制作成为在线互动地图。读者可以根据自己所在位置的邮政编码确认受灾风险、受灾强度和最近的救助中心在哪里,而且地图是实时更新的,并且内容不断增加,不仅保证了新闻的时效性,还借助大数据技术实现了新闻的事件发布。这些才是真正的数据新闻。第二个问题,中国的数据新闻尝试基本从 2012 年初才开始起步,而欧美的尖端媒体此时已经经营数据新闻业务近 10 年,他们深刻认识到了数据新闻制作的一个前提,那就是新闻制作不能脱离新闻的时效性本质,要在保证时效性的基础上让数据新闻创造深度。中国媒体制作的数据新闻则忽略了新闻时效性,题材与现实发生的事件之间没有相互联系,更像是基于有限数据来说明某个问题的作品,而不是严格意义上的新闻,这种作品也只能三到四天制作出一个。造成这种局面的主要原因,归根到底是媒体对数据新闻的投入还不够大,负责制作数据新闻的往往是只有三到四个人的小团队,精力和能力都尚未达到数据新闻常规生产的水平。与其形成鲜明对比的是欧美顶尖媒体对数据新闻制作的大量投入,如美国的《纽约时报》在华盛顿分部有一个"数据新闻梦之队",成员都具有从事数据新闻制作数年的经历,其中包括计算机技术人员、专业的数据分析人员、社交媒体分析人员和统计学家等,可见我们的投入还远远不够。

二、中国数据新闻的改良建议

第一,政府必须尽可能多地公开数据,媒体也必须朝着数据来源多元化方向发展。如今世界很多国家的政府机构正在开展"开放数据"运动,把大量数据释放出来。中国政府也在加强信息公开强度,但与欧美国家相比,依旧有差距,美国的《纽约时报》、英国的《卫报》和德国的《明镜》之所以能把数据新闻做到世界一流,一个至关重要的原因在于国家的信息开放程度非常高,他们可以从政府网站上寻找到大量无成本或低成本的重要信息,在此基础上,外国媒体已经具备了多元化的获取数据的能力。我国正在尝试制作数据新闻的媒体不具备这种能力,政府的"开放数据"尚未彻底进行,我国媒体已经输在起跑线上了。政府的数据开放不会一蹴而就,所以媒体的当务之急是做到数据来源多元化。数据来源基本上可以分为四个部分,即来自政府的公开数据、来自机构的有偿数据、来自基于互联网技术的应用软件的有偿数据和自己挖掘的独家数据。政府每年公开的数据有一个先天优势,那就是可以保证数据的正确性,无偿又容易获得。来自机构的有偿数据又可以分为两个来源,一是智库,二是高校。能否获得这些机构数据,受制于媒体的人力和物力,来自智库的数据需要资金购买，来自高校的数据往往也需要资金，部分可以通过合作来进行交换，如数据交换。来自基于互联网技术的应用软件的有偿数据完全被中国媒体忽视了，而这些应用软件往往掌握大量可用数据，如搜索引擎百度和社交应用微信、微博，从它们的数据库中可以获得大量数据。媒体完全可以用“广告换数据”的模式来获得这些数据，实现互惠互利的双赢。媒体自己挖掘的独家数据则完全取决于媒体中是否有精通统计学和相关专长的统计分析师，精通数据收集、处理的计算机人才和能建造数学模型的数学人才也是至关重要的。

第二，中国的数据新闻应该寻找更人性化的表现形式。我国目前的数据新闻的表现形式以静态图表为主，只能形成一种单向传播，信息并没有构成回路，体现不出交互性。数据新闻没有交互式链接的加入，使得媒体在传播信息时需要取舍，不能提供大量信息让人们自主选择。欧美数据新闻常用的数据地图、时间线和交互式图表，都是值得学习的数据新闻传播模式。目前欧美数据新闻更偏重于数据地图的形式，前文提到的英国《卫报》关于英国士兵在伊拉克伤亡情况的报道和《纽约时报》关于“桑迪”飓风的灾害预测报道[①]都采用了数据地图的方式。后两种模式也得到了应用，当撒切尔夫人去世后，《卫报》做出了有时间线和交互式图表的新闻，把撒切尔夫人一生中的重要政治节点都予以标明，人们可以点击查看详细内容，并可以通过点击时间线上的链接查询其任期中的英国经济指标，这些经济指标以静态图表的形式展现，颇受好评。我们的媒体如果能学到这些表现形式，不仅有益于制作数据新闻，对其他新闻的制作也会有很多启发和帮助。

第三，媒体必须保证大数据思维和大数据技术的运用。网易的《数读》是中国数据新闻制作方面的佼佼者，可它仅仅把做新闻定位在“用数据说话，提供轻量化的阅读体验”上，数据新闻中没有大数据思维，它可以用以往的数据说明一个问题，但无法进行有效预测。网易可以将全国各省医疗福利水平进行排序，却不能像《纽约时报》那样高正确率地预测世界杯的结果。未来传媒业的竞争会越来越激烈，甚至会国际化，对相关事件的挖掘深度比表层新闻的信息延展度要重要得多，一个优秀的数据新闻的含金量要远远超过一则精确新闻。媒体必须运用大数据新闻的思维，把新闻做得更加精华化，每一个结果都是用大数量级的数据进行统计和精算的结果，媒体可以直接给受众结论，因为结论来源于最准确的运算结果。其实一旦用大数据来做新闻，往往会颠覆我们的刻板成见和主观臆断，例如美国学者艾伯特在研

---

① 杜怡.从《纽约时报》飓风报道看传统媒体灾难报道的演变［EB/OL］.(2013-07-13)［2016-10-22］.http://djchina.org/2014/07/13/disaster_reporting/.

究人与人之间的互动时，运用大数据技术意外地发现，一个社区中和本社区其他人相熟的人，没有一个社区中和其他社区里的人相熟的人重要，从社区中剔除前者无关紧要，如果剔除后者，社区稳定性就会受到影响。大数据就是这样创造出了认知盈余，这说明制作出数据新闻的媒体也许可以直截了当地告诉那些没有用大数据技术做新闻的媒体，“我们的结论才是正确的”，并在媒体竞争中取得完胜。中国数据新闻的大数据思维基本上就是零运用，而数据新闻的顶峰思维应该做到把数据废气回收、再利用，把受众的评论结果数字化之后，再用大数据技术处理生成新的结果和认知盈余。有些新闻能如此循环几轮而产生不同的“废气新闻”，在降低数据新闻制作成本的同时让数据新闻永动。就目前中国数据新闻的实践程度而言，这个想法还很遥远。

第四，做数据新闻应该认识到“时效性”的重要。中国的数据新闻仅仅还是为了说明某个问题而使用数据，用三到四天的时间做出一个作品，但与近期发生的所有新闻事件毫无相关性，这样的数据新闻丧失了新闻本该有的灵魂——与最近发生的现实事件相联系。数据新闻是用数据去交代新闻，新闻和公众注意力产生后才应该是制作新闻的黄金时期，数据新闻也应该是精确新闻的进化版，不应该为了提升数据使用量而丢弃新闻的灵魂，没有灵魂的新闻是没有办法帮助媒体树立媒体形象的，这也是中国媒体制作的数据新闻和欧美数据新闻有较大差距的重要原因，为中国的数据新闻寻回新闻灵魂是当前的第一要务。

第五，中国正在尝试制作数据新闻的媒体可以在合作中发展，中国的高校也应该开始重视数据新闻的相关教育。如果尝试制作数据新闻的媒体之间建立合作，实现数据互通有无，例如将四家门户网站的数据新闻专栏进行融合，把各自有限的资源进行重组，才有可能产生真正的数据新闻，蛋糕才会被做大，才有利润可分享。也许未来的某一天，媒体也可以和自媒体合作制作数据新闻，一些数据新闻的爱好者或相关专业人士将和媒体编辑一同制作一个数据新闻，数据新闻的一些业务可以实现众包。

目前中国已经在数据新闻制作的国际化竞争中处于弱势了，如果中国高校还不重视相关教育，中国在未来的竞争中依旧会缺少相关的人才和相应的资源，很难绝地反击、后来居上。在这种压力下，高校的新闻专业和传播专业应让学生们接触数据新闻制作理念，获得大数据思维，让学生有更强的使用先进应用软件的能力，也要让学生拥有统计学和其他多学科知识。只有培养出优秀的数据新闻人才，中国的数据新闻才可能在未来的竞争中生存下去。

在未来传媒业改革中，数据新闻一定会成为一种行之有效的改革途径。虽然中国目前的数据新闻尝试并没有取得理想的效果，但我们相信，只要政府、学界和相关媒体共同努力，一定会解决掉当前的问题，中国数据新闻的改革之路一定会越走越宽，中国的媒体一定会做出有大数据思维、高含金量的数据新闻。

（作者宋宣谕系吉林大学新闻与传播学院新闻学系学生，songxuanyu1993@163.com；徐征系吉林大学经济学院国际经济与贸易学系学生，1090791921@qq.com）

嬗变与突围:融媒语境下的中央电台与央广网

◇ 龚险峰

一、背景:融合之势与体制之觞

从延安走出的中国广播,自"工农武装割据"思想催生的"延安模式"开始,历经了半个世纪由行政力量主导媒介划分与资源配置的"四级办"广播模式的运作之后,终于走到了转型变革的世纪之交。

2014 年 8 月,中央全面深化改革领导小组审议通过的《关于推动传统媒体和新兴媒体融合发展的指导意见》表示,要推动传统媒体和新兴媒体融合发展……推动传统媒体和新兴媒体在内容、渠道、平台、经营、管理等方面的深度融合。2015 年,在十二届全国人大三次会议上,李克强总理在政府工作报告中提出了"互联网+"的国家战略。

由媒体终端技术变革引发的传统媒体与新兴媒体的融合思潮,将中国广播悄然拉到了与互联网深度融合的"轨道"上。伴随着这场"历史运动"的深入,广播传统体制与融合新思潮之间产生了撕裂与磨合的矛盾张力,这种张力必然辐射到广播媒体机构运行的各个层面以及新闻生产的各个环节。为强化"互联网+"的国家战略,我们以前所未有的力度推动着传统媒体革故鼎新。

以互联网进入中国为时间节点,观察中国广播与互联网融合发展引发的变化,我们可发现中国广播呈现出前所未有的发展图景。中国广播的发展路径与逻辑都发生了质变,由"四级办"的垂直模式演变为"互联网+广播"融合发展的闭环模式,弥补了传统广播的不足,拓展了广播的生存空间。中国广播长期受体制约束的惯性力量,受技术变革引发的外部力量驱动,找到了转型变革的突破口。

通过历史视角对中国广播体制进行历史检索与观照，探索中国广播变革发展的轨迹、矛盾与可行路径，中华人民共和国成立后的中国广播发展大致经历了两个阶段的演变：

(1) 依附于政治的意识形态工具阶段(1949—1978 年)。这一阶段，广播电视事业的国家体制建立，广播电视作为宣传意识形态的工具，由党和政府管控。新闻传播的政治化与意识形态化定性，使得这一时期的中国广播事业局限于政治传播工具的框架内，发展缓慢。"文革"时期，中国广播事业一度全面停滞、甚至倒退，这种情形直到1978 年改革开放才结束。

(2)广播业务改革与自觉性探索阶段(1978—1994 年)。这一阶段，中国进入了思想解放与改革开放的新的历史时期。历时十年的"文革"动乱结束，随着思想解放与"拨乱反正"的深入，在反思"极左"路线的基础上，国家开始了以经济建设为中心的战略转移。中国改革开放与媒介对话关系推动了中国广播进入业务改革与自觉性探索的"快车道"。党和国家对媒介的定位从单纯的意识形态传播工具转向政治与经济"二元属性"的身份确认，这成为中国广播业制度改革的重要历史契机。这一时期，中国广播业的学术话语长期充盈着广播要学会"自己走路"的期待。1979 年 5 月，在中央电台记者站负责人会议上，中央电台台长左漠野重新提出广播要"自己走路"，要求全台编辑、记者"一定要学会自己走路"，并将其作为宣传业务的指导方针。

在思想解放、国家战略转移、经济开放等多重力量驱动下，中国广播业开始了自觉的探索，并在 1983 年出台了最早的也是最重要的结构性与制度性调整文件——中央《37 号文件》。有学者认为，"中央《37 号文件》的最大意义是在广播电视行业内引入商业经营元素或成分，这一突破性变化在当时又集中地表现为中央和地方之间的财力博弈的结果"①。

通过梳理，笔者发现中国广播业以"四级办"、中央与地方分权与博弈、"事业单位企业化经营"等为架构与运行模式的广播体制基本定型，形成了制约中国广播发展的内在体制力量。与此同时，由社会转型与经济转轨引发的外部力量推动着中国广播业务不断改革，中国广播业进入"自觉"阶段。1978 年至 21 世纪初期，中国广播就由这内外两种张力驱动前进。

二、变奏：台网融合语境下的央广与央广网

以中央人民广播电台为观察对象，剖析由中央台母体延伸出来的央广网与中央台

① 邓炘炘.动力与困窘：中国广播体制改革研究[M].北京：中国经济出版社，2006：128.

的互动关系，是解读传统媒体与新兴媒体融合发展动力与矛盾的切入点。本文通过对中央台网络发展与转型历史的线性梳理，发现中央台与中国广播网的“台网关系”大致经历了四个阶段，可依时间次序描述各阶段的基本特征。

(1)1998—2004 年。这一阶段是由中央台母体延伸出中国广播网，“台为网铺路、网为台服务”的阶段。从台网互动关系来看，这一阶段可概括为“依托中央台，延伸网络”。这一阶段又可细分为前期“网络试水”和后期推出中国广播网且网站具备自我运行能力两个不同的运营阶段。

(2)2005—2006 年。这一阶段中央台音频资源上网完成，中国广播网由开路广播向网络广播延伸，开通网络“银河台”并尝试发展网络新媒体。这一阶段可概括为“依托网络，延伸广播”。

(3)2007—2010 年。这一阶段中央台与中国广播网加强了“台网互动”，形成了“1＋1＞2”的宣传合力。2009 年，中央台召开新媒体发展会议，台网关系被纳入“全台办网”“台网一体”发展战略，中央台与中国广播网进入平行发展、一体化发展阶段。这一阶段可概括为“互为延伸，形成合力”。

(4)2011—2013 年。这一阶段，中央台形成了全媒体报道格局。中央台与中国广播网进入了“融媒体”发展阶段。这一阶段可概括为“台网一体，融合发展”。以加强传统媒体与新兴媒体融合，打造融媒体平台为目标的新媒体战略应运而生。

中央台网络发展与转型是一个漫长、动态的发展过程。中央台与中国广播网的互动则是整个网络萌芽、诞生、发展与变迁的一部分，这种互动反映的是中国广播网真正脱胎于中央台母体、具备独立的新闻运行能力之后的状态。在中国广播网成型之前，只是中央台向互联网络的“单向延伸”。随着中国广播网发展、壮大，中央台与央广网的互动日益频密，这种台网互动的样态也变得复杂、生动。整个过程呈现出从平行、交叉到交融的状态。台网关系的变化折射出中央台网络发展与转型过程中台网重心的偏移、同步或平行发展的复杂情形。

三、智融：台网融合语境下的新闻生产

本文以央广网为观察对象，着重从历史和结构角度分析它的新闻生产机制的生成过程及特征。在新兴媒体与传统媒体融合的语境下，即台网互动的关系中，考察央广网新闻生产的基本逻辑、流程与结构，尤其是新闻生产过程中权力与利益的分配。本研究引入了一个重要的概念——场域，将观察重点放在网络新闻编辑部这一层面，着重考察编辑部组织内外的各种控制因素是如何影响新闻生产过程的。

布尔迪厄(1998:134)对“场域”作出如下定义:一个“场域”可以被定义为一个网络,或一个构型,其中的各种位置之间存在客观关系。正是由于这些位置的存在和它们强加在占据特定位置的行动者或机构之上的决定性因素,这些位置得到了客观的界定,其根据是占有这些权力就意味着掌握了这一场域中攸关利害的分配专门利润的得益权——结构中实际的和潜在的处境位置之间的客观关系(支配关系、屈从关系、结构上的对应关系,等等)。按照布尔迪厄(1998:133)的观点,“根据场域概念进行思考就是从关系的角度进行思考”。

回顾央广网诞生发展的不同历史阶段,尤其是从中央台与央广网融合发展历程来审视央广网新闻生产机制的生成过程与特点。本文从新闻生产的供应链“内容生产—渠道—受众需求”的视角出发,梳理央广网新闻生产的特征。具体来说,央广网的新闻生产主要涵盖三个层面:(1)内容生产端:意识形态管理+内容生产分离;(2)流程再造:一次采集+多种生成+多元传播;(3)受众端:用户意识+用户反馈机制。

(一)内容生产端:意识形态管理+内容生产分离

从内容生产端来看,央广网新闻生产的特点可以概括为“意识形态管理+内容生产分离”。一方面,从布尔迪厄“新闻场”的“控制/反控制”视点出发,考察中央台与央广网的依存关系。央广网是从中央台母体延伸出来的网站,作为中央台的网络部门存在,其新闻生产的自由度受到一定限制。再观察中央台,其作为国家“喉舌媒介”,承担着国家重大的宣传任务,在宣传管理上受中宣部的领导,同时又具有市场化的需求。这种承担宣传管理与市场经营等多重使命的矛盾张力,使得中央台在新闻生产上存在诸多转型压力。

另一方面,央广网作为中央台的网站,在内容生产上既受意识形态管理,又具有丰富性与自由度的“双重性”,这体现了广播媒体网站的一种矛盾张力,体现了“官办媒体”的共性。

(二)流程再造:一次采集+多种生成+多元传播

在新媒体时代,广播与互联网的融合无疑给广播发展带来了生机。从传播形式来看,广播是一种诉诸听觉的媒介,具有及时、快速、便捷等特点,但同样存在着转瞬即逝、呈现模式单一等短板;新媒体以图文视听相结合的传播方式,实现了多媒体传播和多终端落地,但却面临原创内容匮乏、深度报道不足的窘境。在中央人民广播电台与中国广播网的媒体融合实践中,一项重点就是广播内容的新媒体化,即让广播内容在互联网、移动互联网上呈现,得到二次甚至多次传播,扩大广播的传播领域,延长广播的生命力，进一步发挥中央台特色。在媒介融合的背景下，由于新技术迅速普及并被运用到新闻的日常生产之中，传统新闻节目生产的各个环节都在发生着变化，传统广播的流程再造使得原先线性传播的新闻生产模式变成了“一次采集、多种生成、多元传播”的聚合式生产模式。

从传统网络节目生产的采、编、播流程来看，其流程大致如图 1 和图 2：

图 1　网络新闻节目采编的基本流程

媒体融合背景下，网络媒体的新闻采编流程大致如下：

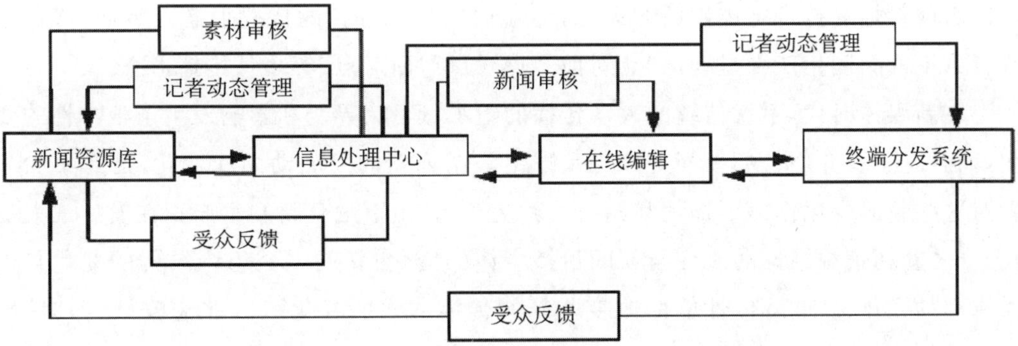

图 2　媒体融合背景下的新闻节目采编基本流程

从图 1、图 2 可以看出，在媒体融合背景下，广播与网站共享一个新闻资源库。

新闻资源库不但可以向中央台、央广网内部开放，而且可以向听众与网民开放。新闻资源库位于新闻生产流程的前端，这意味着它不但是已经播出的节目的原始素材库，更是组织新闻选题、新闻报道的原始素材库。然而，新媒体环境下的新闻生产流程与传统新闻生产流程有很大的不同。这种不同体现在以下几个方面。

1. 变“链式”采编流程为“网状”采编流程

传统新闻生产流程是以新闻资源库为传播原点，经由信息处理中心、新闻审核、在线编辑，最后到达终端分发系统的线性采编流程。媒体融合背景下的新闻采编流程增加了“受众反馈”与“记者动态管理”两个重要环节，即整个传播流程中有了听众与网民的即时参与，不仅使原先单向度的线性传播变成了一个“网状”结构的完整闭环，而且极大地丰富了新闻资源库，提升了节目品质。

2. 变封闭式内容生产为开放式共享平台

传统新闻生产模式生产的是封闭的、静态的新闻节目。由于增加了“受众反馈”环节，媒体融合背景下的新闻生产变成了一个具有公众开放视野，能及时满足受众需求的“融媒体”新闻产品共享平台。

3. 变“延时”新闻播报为“实时”新闻播报

新闻的“时效性”与媒体的终端技术变革密切相关，伴随着新技术变革，新闻报道的“时效性”被重新定义。由于增加了“受众反馈”与“记者动态管理”两个环节，受众能抢占新闻事件的“第一落点”并即时推送给共享平台，媒体融合背景下的新闻生产将过往的“延时”播报变为“实时”播报。

4. 受众端：实时互动的用户反馈机制

媒体融合背景下的新闻生产与传统新闻生产的一个重要区别是受众意识的变化。传统新闻传播受技术与体制的约束，始终呈现出“点对面”的传播形态。然而，媒体融合背景下的新闻生产则呈现出“点对面”“点对点”“面对点”等多种传播形态。

在新媒体时代，不仅传统的大众传播的组织、运作、界线和影响发生了根本性的变化，而且基于媒介融合的新闻生产也呈现出一系列新的发展动向和变化，已有不少学者对这些新的变化作出了描述和归纳。蔡雯认为，当下融合新闻生产正在发生三大变化——“新闻信源结构的改变与新闻传播主体的变化；新闻媒介组织结构的变化与工作流程的变化；新闻载体性能的改变与新闻传播方式的变化”[①]。张志安认为，“区别于传统新闻报道，融合报道具有三个典型特征：全时性、开放性和互动性”[②]。

央广网的新闻生产也体现出受众意识的变化。建立受众反馈机制并通过多种载体全面、即时、开放地与受众进行互动，这种反馈机制主要通过建立受众反馈平台——《受众信息》实现。《受众信息》源于中央台的传统，是由中央台总编室受众研究处主办的一档内部期刊，可用于听取听众、网民的声音。以央广网为例，《受众信息》其中一期收录的受众反馈信息如下：

> ◆山东青岛任世杰：3 月 31 日 19:55 新闻中心网页《地方新闻》栏目发布《山东章丘研发新型调味料 可清除亚硝酸盐利于防癌》，第 1 段中将“清除”写成“清楚”。
>
> 3 月 31 日 12:26 中国之声网页《全球华语广播网》栏目发布《乌克兰国

① 蔡雯.试论“融合新闻”的特点与运作[J].新闻战线，2007(1)：55-57.

② 龚瀛琦，张志安.融合报道的特征及生产机制[J].新闻界，2011(3)：11-14.

内局势动荡 美俄外长磋商4小时无果》,第4段中将“车内”写成“彻内”。

4月3日12:43中国之声网页《全球华语广播网》栏目发布《金正恩会见朝鲜军人强调“握紧枪杆”半岛局势紧张升级》,第2段中将“形式”写成“形势”。

◆河南郑州李广明:4月2日中国之声网页《新闻纵横》栏目登载《智利西部海域发生8.0级地震 多国发出海啸预警》新闻,第2段将“发出”写成了“发处”。

另外,央广网相关专题报道的内容选题设置也具有很强的用户意识,充分考虑用户的需求与网民的兴趣点。以央广网的《中国式创新》专题报道为例。时下,中国式创新成为社会各界热烈讨论的议题之一,以中华人民共和国成立65周年为契机,以备受世界瞩目、网民讨论的焦点议题“创新”为切入点,央广网选取“中国式创新”作为核心主题进行深度报道。

央广网的《中国式创新》专题报道,通过对纷繁芜杂的资料进行整理分类、对社会热点议题进行分析讨论,并与“中国政府创新奖”建立合作,针对“中国式创新”主题,从四个焦点话题切入,分别是扩大政治参与、行政效能革命、创新经济管理制度和创新社会管理制度。上述议题均是一段时间以来社会上、网络上热议的话题,融合了党的十八届三中全会以来的中国式创新成果,契合网友关注热点,是用户思维的直接体现。

四、结语

由媒体终端技术变革引发的传统媒体与新兴媒体融合思潮,将中国广播悄然拉到了与互联网深度融合的轨道上。与此同时,中国广播的发展受体制惯性力量的约束,呈现出新思潮与“旧”体制两种力量博弈与磨合的局面。

本文从中国广播传统体制与融合思潮的矛盾张力入手,以中央人民广播电台为例,将中央台与央广网的台网关系放置在同一个历史坐标中考察,发现台网关系的变化折射出中央台网络发展与转型历程中台网重心的偏移、同步或平行发展的复杂情形。

从历史视角出发,通过对中央台“网络之路”的历时性梳理,发现融合语境下中国广播发展的路径与逻辑发生了变迁。以往依据传播媒介形态界定媒体机构产业生态的思维方式已发生了深刻的变革,传统广播的转型因而聚焦于内容建设,并在传播产品层面找到了与新兴媒体对话与竞合的路径。① 中国广播逐渐摆脱了台网“单向延伸”的态势，即广播为新兴媒体输送内容或新兴媒体为广播开路的模式，朝着渠道、平台、经营、管理等方面深度融合发展。中央台对自己的内容产品打包分类，从整体战略层面强化广播内容集约化生产及传播营销的力量，以打造“轻量化”门户网站为核心目标，形成了以央广网为龙头，以企业化运作模式整合包括音频资源在内的所有内容资源，开发各种音视频产品，运营手机电视、互联网电视等多媒体业务。本文通过梳理融合语境下中央台与央广网融合发展的新闻生产机制，发现中央台“融媒体”新闻生产呈现出三个显著特征：1. 内容生产端：意识形态管理＋内容生产分离；2. 流程再造：一次采集＋多种生成＋多元传播；3. 受众端：实时互动的用户反馈机制。

本文以中央台为例，展开对象性观察，通过对中央台与央广网融合发展的轨迹、路径、互动关系、新闻生产机制等的经验性剖析，为中国广播业的可持续发展提供参照与反思的资源。

参考文献

邓炘炘.动力与困窘：中国广播体制改革研究[M].北京：中国经济出版社，2006.

杨波.中央台 2005 年工作报告(摘要)[J].中国广播，2005(2).

王求.推动中央电台事业产业发展，实现新跨越[J].中国广播，2012(2)：6-8.

王求.锐意进取 改革创新 推动中央台事业产业大发展大繁荣[J].中国广播，2013(2)：6-10.

蔡雯.试论“融合新闻”的特点与运作[J].新闻战线，2007(1)：55-57.

龚瀛琦，张志安.融合报道的特征及生产机制[J].新闻界，2011(3)：11-14.

姚丽亚.基于“中央厨房”模式的新闻生产理念创新[J].新闻界，2015(14)：63-67.

刘昶.融媒、竞合、稳增、向好——2016 中国广播发展关键词[J].中国广播，2016(2)：1.

(作者系中国传媒大学博士研究生，13439672688@163.com)

① 刘昶.融媒、竞合、稳增、向好——2016 中国广播发展关键词[J].中国广播，2016(2)：1.

场景:移动媒体传播的时空重塑的核心

◇ 别君华

一、引言

从媒介技术论的角度来看,刘易斯·芒福德早在《技术与文明》中就开始探讨技术变迁对于时间、空间的影响,从始生代、古生代和新生代三个不同的技术时期来讨论时间、空间的变化。在《帝国与传播》中,伊尼斯明确提出媒介具有时间和空间偏向,在伊尼斯看来,羊皮、黏土等媒介易于保存,具有时间偏向性,有利于维护古埃及和古巴比伦等帝国的集权化统治;而莎草纸等易于在空间中运输的媒介具有空间偏向,有利于扩大帝国的疆域。麦克卢汉继承了伊尼斯的思想,在新兴的广播、电视等电子媒介基础上提出了"地球村"的概念,借助电子媒介,信息可以在全球范围内瞬间到达目的地,在此意义上,时间真正消灭了空间。梅罗维茨进一步发展了麦克卢汉的理论,认为电子媒介最重要的影响在于重新组织了社会环境,并削弱了物理地点的重要程度,人们的行为和经验不再完全受制于身处的物理地点;梅罗维茨声称地域消失了,传播技术的进步完成了对物质空间的超越。

可见,媒介技术的进步史也是一部时空重塑史,随着媒介技术不断发展,继 PC 时代后,以智能手机为代表的移动终端成为移动互联时代使用最广泛的媒介。曼纽尔·卡斯特认为,我们的媒介是我们的隐喻,我们的隐喻创造了我们的文化。不同媒介的特性塑造不同媒介时代的文化。时间和空间作为文化的基本维度,必定会在移动媒体时代发生巨大改变。以"场景"为媒,联系移动媒体移动化、社交化、视频化三大特性,笔者提出与之对应的移动场景、社交场景、视频场景三种具体场景类型,分析时间、空间在三种不同场景中的重塑路径。场景作为移动文化的表征,是我们把握移动互联时代的个人行为、社交关系与社会文化的入口。

二、场景作为移动传播的核心

罗伯特·斯考伯和谢尔·伊斯雷尔所著的《即将到来的场景时代》一书指出，大数据、移动设备、社交媒体、传感器、定位系统是场景时代的五大要素，并称为“场景五力”。① 在“场景五力”中，社交媒体指向用户，大数据、传感器指向用户信息，定位系统指向空间，移动设备指向时间、空间两个维度。可见，场景作为移动传播的核心，是由时间、空间、用户三个元素共同组成的新环境。

微观来看，用户总是通过接入场景实现移动媒体的功能。人通过手指（触觉）与移动媒体界面的连接，使意识延伸并链接到新的场景之中，包括微信朋友圈的社交展示、网络视频、虚拟网游世界等不同场景。用户不仅可以与多个场景相连，还可以根据喜好切换场景。未来，人们甚至无需触觉（通过身体部位的点击），直接通过意识（与传感器连接）的控制就可以执行命令。在这个意义上，移动媒体真正实现了麦克卢汉所谓的“人中枢神经的延伸”。人中枢神经的延伸完全超越眼睛、耳朵等单个器官的延伸，具有整体性的特点，所以移动传播的核心——场景，作为整体性的虚拟现实，更能够吸引人的参与。场景使移动媒体和人体完成深度融合，可以夸张地说，手机甚至成了身体的一个器官，我们成了赛博格。

宏观来看，移动媒体连入场景使时空进一步延伸，改变了我们的时空认知和实践方式。物理现实时空与虚拟时空的交汇，实现了多元情境的并置，空洞的、抽象的垂直时空转换为异质的、充实的水平时空，体现出本雅明式的“一种过去和未来汇聚于瞬息即逝的现在的同时性”，“空间作为结晶化的时间（历史），其结构体现着社会实践的展开方式”。②

三、移动传播的场景生成模式与时空重塑路径

以智能终端为代表的移动媒体技术的发展，以场景生成为核心，重塑了人们的时空感。移动性作为移动传播的根本特性，是分析移动场景、社交场景和视频场景生成模式的基础，更是分析当前移动互联时代时间、空间重塑具体路径的关键。

（一）移动场景——流动空间与无限时间

1.流动空间为经

移动媒体摆脱了 PC 端的限制，使场景随时随地生成成为可能，空间不再是固定

① 斯考伯，伊斯雷尔.即将到来的场景时代[M].赵乾坤，周宝曜，译.北京：北京联合出版公司，2014：11.

② 卡斯特.网络社会的崛起[M].夏铸九，等，译.北京：社会科学文献出版社，2001：504.

位置的物理地点,而是“和通信网络的节点相联系的区域构造,流动空间的结构和意义并不和具体的地点相联系,但是却和处理特定通信信息流的通信网络之间建立密切联系”[①]。个人的位置被个性化,根据个人的特定活动形成场景网络。

移动场景将每一个参与移动传播的个人裹挟进通过流动而运作的社会实践中,个人通过流动空间的互动制造了新的空间事实。

2.无限时间为纬

移动场景的生成不仅改变了空间概念,而且使时间也不再是线性的机械时间,而是“按照时间密集排列或根据顺序的瞬间而即时排列的社会行为的先后顺序”[②]的无限时间。无限时间使时间概念软化,移动场景的持续生成能力(随着时间、地点的改变不断生成)将人们从必须提前约定好的时间、地点中解放出来,增强了人们日常生活的应变能力。无限时间的微观协调功能“顾及一种对日常活动十分精确的调节,主要被日程繁忙的人运用于即时安排或重新安排约会行程和日常生活中其他与后勤相关的细节琐事”[③]。无限时间使工作学习模式更具弹性,但长期同时应对不同场景,人会产生时空焦虑,移动媒体的收藏、暂停功能可以缓解时空紧张感,个人可根据需要进行调节。但必须承认的是,无限时间改变了人们的时间认知,使我们的生活周期日渐模糊。

3.基于“中间时空”的生产性移动场景

场景是web3.0时代重新激活内容和用户的入口,移动场景将PC时代闲置的碎片化的“中间时间”和“中间空间”投入社会生产,增加了人在单位时间内进行的社会活动,使时空具有超越以往的厚度。胡正荣教授认为,对用户和内容价值的深度挖掘需在场景中完成。“每个人的关系角色都是在特定的情境下完成的,这就需要用户为中心(UC),位置为基准(LBS),服务为价值(VA)的思路和做法,这个时代要有IT技术、大数据技术,还要有人工智能技术。”[④]在以上技术支持下,场景的实用性与服务性增强,以微博、微信为入口的社交媒体场景、城市服务等项目都是基于此类场景再现技术产生的。例如,人们可以在“中间时间”(赴约路上的时间)和“中间空间”(地铁)使用百度地图,百度地图即时生成移动场景,完成对“未来时空”的路径规划、餐厅选择、休闲选择。

国内学者彭兰曾说:“移动传播的本质是基于场景的服务,即对场景(情境)的感知及信息(服务)适配,场景成了继内容、形式、社交之后,媒体的另一种核心要素。”这意

① 卡斯特.移动通信与社会变迁:全球视角下的传播变革[M].北京:清华大学出版社,2014:145.

②③ 季念.手机传播中的时空重塑——2000年以来国外学者关于手机与时空关系研究述论[J].文艺研究,2008(12):62-72.

④ 胡正荣.移动互联时代传统媒体的融合战略[J].传媒评论,2015(4):47-50.

味着，在用户移动场景的基础上，可以通过大数据技术迅速并准确地推送与用户需求相关的内容，通过技术的开发不断提高场景中用户服务的适配水平。爱奇艺开发了“LBS＋视频＋社区服务＋电子商务”的场景模式，推出了“附近的人正在看”功能；基于空间参数的滴滴、Uber等打车软件完全实现了车辆位置和时间虚拟的可视化，更高程度地满足用户需求；大众点评、淘宝、支付宝等商业应用也已进入场景入口的开发。未来在电子商务、社交等领域，必然会有越来越多的以移动情境为基础的服务。

（二）社交场景——“数据在场”替换“身体在场”成为社交要素

移动传播生成社交场景的功能使PC时代的交往主体、交往环境、交往状态都发生改变。交往主体从人变成人与媒介绑定为一体的节点，个人数据替代传统的语言，非语言符号成为社交要素。而交往方式也不再是面对面的互动，场景使社交脱离相对稳定的社会情境中的交往，进入随时生成的松散联系中。“数据在场”而非“身体在场”使移动媒体时代的社会交往呈现出“在场的缺席”与“缺席的在场”两种形态。

个人数据并不总是移动用户发送的文字、表情、图片信息，私密的“身体数据”开始通过传感器成为进入社交场景的要素。以跑步软件NIKE＋RUNNING为例，它是一个自带社交系统的跑步软件，只要添加好友，就可以与好友互动，软件还可以显示好友间的跑步里程排名。用户无须佩戴额外的心率表、计步器等工具，软件就能够记录用户跑步的时间、路径轨迹、心率、速度、里程等数据，而且，用户每次跑完后可将自己的跑步记录链接发布到微博、微信朋友圈中，与好友分享。NIKE＋RUNNING跑步软件成为传播节点，使人体信息通过传感器与社交场景绑定，不论是里程排名还是好友互动，跑步软件上的社交行为并不需要用户在物理空间中“身体在场”，用户数据成为社交场景中的必备要素。不论是“在场的缺席”还是“缺席的在场”，数据始终存在于社交场景中。

移动传播使人们在身体所在的物理空间和与其更亲密的意识空间中拥有选择权，在必要的社交接触和主动选择的社交接触中相互切换。在现实的时空中相聚，个人虽然维持着物理意义的在场，但却随时通过手机投入到另一端的虚拟情境中。身体虽然在场，但意识已经分离，连接到了新的社交场景中。

在此意义上，人们不再受制于共享时间和固有身份，社交场景使社交时空与物理时空分离、虚拟身份和实际身份分离，个人成为液态虚拟社会中漂泊的个体，人际交往丧失了前现代社会乃至传统社会中相对稳定的社会结构。

(三)移动视频场景——时空压缩与时空凝固

戴维·哈维提出“时空压缩”,认为时间收缩为“现在就是全部”,空间收缩成远程通信的一个“地球村”。“大众电视所有权与卫星通信的结合使人有可能体验几乎同时从不同空间涌来的各种形象,把世界的各种空间打碎成电视屏幕上的一系列形象。”① 如今,移动传播使电视屏幕转变为一系列移动终端屏幕,异域时空在移动视频场景中可以随时随地瞬间连线。身在夜晚0点的北京的人可以和身在早上8点的美国的人即时共享情境,时空压缩使“地球村”在更短的时间和更广泛的空间内扩展。移动视频场景使人际活动压缩到时间短暂、空间虚拟的场景之中。视频场景并非消除了空间,而是形成了一种在同一时间触及本地与全球的新空间。

此外,媒介视频化使时空瞬时压缩成为可能,以秒拍为代表的短视频工具相较于传统视频工具更具有瞬时性,个人能够随手记录身边的场景,并上传至微博、微信等社交软件的个人主页与他人分享。4G技术的支持和人们对于直观性图像的亲近天性使得移动短视频成为当今移动媒体的流行趋势。短视频的随手录制、分享使时空瞬间凝固,人们通过进入视频场景回到过去的时间、空间,并允许他人进入自己的视频情境,共享时空。

四、移动传播的时空重塑与当今社会

移动媒体的介入使得人类的空间感由实境转向虚境,由亲身体验转向媒介体验。场景使以具体的时空和人际互动为基础的社会性走向“终结”,正如法国当代社会理论家鲍德里亚所指出的那样,“拟像”构成了一个全新的超现实世界,这个新世界正在创建新的社会组织形式、思想和经验。

首先,不断加速的生活节奏以及对快速生活节奏有意或无意的接受常常会扰乱人们原本的时间安排,人无法消化吸收超负荷的信息资源,现代技术引发的时空模式变化事实上已经冲击并改变了人们已确定的规范秩序。

其次,我们的现实生活世界逐步转变成为一个“体验”的世界,“体验”成为当代文化的一个核心概念。历史感消失,整个当代社会系统渐渐丧失保留自身过去的能力,开始生存在一个永恒的当下和永恒的转变之中,人们展开对当下的极致追求,等待的耐心变少,甚至不愿等待一个需要两秒钟打开的网页。

最后,现代社会生活中公共空间与私人空间界限的消融,打破了工作与学习场景

① 哈维.后现代的状况[M].北京:商务印书馆,2003:367.

中本应存在的“封闭性”与“专注性”，使得工作、学习与休息、娱乐之间的界限被模糊，“前台”和“后台”的不断变换使人不断寻找着自我认同的方式。

当然，不可否认的是，场景为传媒行业带来了新的机遇。在“互联网+”大时代背景下，场景思维的建立和场景时空的重塑为我国广播影视、新闻传播业带来了新发展。

五、结语

场景作为移动媒体时空重塑的核心，改变了人们的时空感知方式。前现代社会的时空感以人们的家庭生活劳作为标尺，现代社会的时空感围绕着工厂机械的律动和大机器的轰鸣，而在当下，手机成为人们时空感知的尺度。

以智能手机为代表的移动媒体通过不断生成场景来重塑时间与空间，流动空间造成了“空间感的丧失”，原有可感知的线性时间变为本雅明所说的“结构性星丛时间”。空间感的丧失并非指人或物体所处的物理空间的丧失，而是媒介技术的迅速发展使单位时间内的物理距离变大，甚至在一个极限内达到了所谓的“时间的消逝”，迅速完成对广大空间的征服。时间已经不是过去人们所认知的“一串念珠式”地不断向前发展的时间，而是充实的、空间性的时间。借助媒介技术，我们可以完成对于时间的安排，场景将时间割裂为一连串永恒的当下。正如詹明信所言，“从平淡感到某种新的永久的现在，后现代现象的最终的、最一般的特征，那就是，仿佛把一切都空间化了，把思维、存在的经验和文化的产品都空间化了”①。

“电子媒介最根本的不是通过其内容来影响我们，而是通过改变社会生活的场景地理来产生影响。”②我们正生活在一个由移动场景、社交场景、视频场景所构成的虚拟世界中，越来越多的信息系统和数据库通过移动媒体接入场景，实现互动。场景并非对现实的解构，而是建构现实的基本方式，接入场景成为社会组织的重要特征。在移动互联时代，场景成为理解个人与社会的钥匙。

“人不再生活在一个单纯的物理宇宙之中，而是生活在一个符号宇宙之中。在某种意义上说，人是在不断地与自身打交道，而不是在应付事物本身。除非凭借这些人为媒介物的中介，否则他就不可能看见或认识任何东西。”③卡西尔在《人论》中说的这番话，穿过历史，在移动互联网时代熠熠发光。

（作者系中国传媒大学传播研究院博士研究生，2591065114@qq.com）

① 詹明信.晚期资本主义的文化逻辑[M].北京：三联书店，1998：293.

② 梅罗维茨.消失的地域——电子媒介对社会行为的影响[M].北京：清华大学出版社，2002.

③ 卡西尔.人论[M].上海：上海译文出版社，1985：33.

微信新闻内容品质的实证分析

——以四家媒体微信公众账号为例

◇ 王继周

一、研究缘起

随着互联网的迅猛发展，互联网新媒体（例如 BBS 论坛、微博、微信等）塑造了全新的社会生活形态，被认为是一种重新构造社会的结构性力量，微信作为最新一代互联网新媒体为广大网民所熟知。微信不只是个体之间的联结，也不仅是为达成共识而进行的交流，而是随身携带的“移动场景”，呈现了群体的共同在场，在当前中国社会中构成了人们的“在世存有”。① 不仅如此，从微信的现实演进路径来看，它也成为新闻媒体的另一种存在方式。

就新闻传播的角度而言，在微信场域中存在着两种不同意义上的新闻生产：其一，传统大众传媒所主导的新闻生产，即报纸、广播、电视等通过微信公众号发布新闻；其二，网民或用户自发展开的新闻生产。例如，有研究者认为，微信群里的“新闻生产”和传统大众传媒的新闻生产有着根本性区别，微信群不是一个传统意义上的新闻发布机构，众多的微信使用者经常性地从群里获取关于真相的说法，而且自己也参与到这种活动中，这种新闻生产超越了传统大众媒介具有专业门槛的新闻生产机制与理念，这些新闻是属于“我们的”，与“我们的”日常生活互相嵌入、不可分割。②然而，就现阶段而言，大众传媒依然是制度化新闻传播最主要的渠道，因此，本文中的微信新闻是指，大众传媒通过微信公众号所实践的新闻传播新形态。

面对互联网新媒体的强势介入，有实证研究发现，报纸、电视的新闻传播功用正在

①② 孙玮.微信：中国人的“在世存有”[J].学术月刊，2015(12).

衰退,而微博与微信这样的社交媒体日益增强,已成为受众获取新闻的重要渠道。[①] 对此,乐观者认为,微信公众号是新闻传播变革的又一机遇,将在新闻内容的生产、推送、接收和反馈等各个环节带来变革。[②] 悲观者对传统媒体全盘接受新媒体的微博、微信策略提出质疑,[③]进而分析指出,传统媒体式微的真正原因是缺乏有价值的内容,而微博、微信的简讯与有价值的内容相距尚远,甚至有担忧者认为,"微信新闻缺乏深度与思考,以营销、炒作、谣言、恶搞等为目的的垃圾新闻泛滥"[④]。

主流媒体所传播的信息是否具有较高的品质是影响主流媒体竞争力的核心要素,尤其是在新媒体时代,高品质的内容对于提升主流媒体的传播力无疑具有决定性的意义,同时,高品质的传播内容更能获得受众的信任,从而使主流媒体获得较高的公信力。[⑤] 那么,微信新闻内容的品质状况便是一项亟须考察的时代课题。

二、研究方法

(一)指标体系

在国外,新闻的纵深分析、多媒体的使用、互动性、实用性[⑥]和社交性等成为"好新闻"的新标准;我国研究者亦有从新闻的题材类型、融合形态、专业性三个维度考察新闻网站的内容品质。[⑦] 在这些国内外已有研究成果的基础之上,我们尝试建立两级测量指标体系(详见表1)。

表1 微信新闻内容品质的测量指标体系

一级指标	二级指标
报道题材	硬新闻、软新闻
报道内容	政治新闻、经济新闻、文化教育新闻、民生新闻、娱乐新闻
融合形态	是否有配图、是否含有音视频
报道专业性	报道来源(原创、转载、综合多家报道)、报道煽情性、报道是否具有深度

① 张洪忠,朱蕗鋆.微博、微信对传统媒体内容使用的影响[J].新闻记者,2013(12):64-68.

② 蔡雯,翁之颢.微信公众平台:新闻传播变革的又一个机遇——以"央视新闻"微信公众账号为例[J].新闻记者,2013(7):40-44.

③ 张弘."试微"能否挽救"式微"? ——试析传统媒体的微博微信策略[J].新闻记者,2014(1):61-65.

④ 汪艳,李华英.微信新闻传播的现状与前景[J].新闻前哨,2015(1):78-80.

⑤ 强月新,刘莲莲.对主流媒体传播力公信力影响力关系的思考[J].新闻战线,2015(5):46-47.

⑥ GLADNEY, ALBERT G, SHAPIRO I, CASTALDO J. Online editors rate web news quality criteria[J]. Newspaper research journal, 2007, 28: 55-69.

⑦ 林功成,张志安,曾子瑾.中国新闻网站内容品质调查——以四家网站为例[J].新闻记者,2014(6):67-73.

(二)样本选取

本文选取《人民日报》、《南方都市报》、“中国之声”、“央视新闻”四家媒体官方微信公号作为研究对象，它们分别是报纸(党报和都市报)、广播、电视中的翘楚，具有一定的代表性，且其背后有传统媒体优质采编资源的支撑。

本研究采取合成周(constructed week)的抽样方法，首先，我们将2015年分成星期一至星期日的若干个周；其次，“根据一年抽取两个构造周(14天)的样本，便能可靠地反映报道的总体情况”[①]，我们分别随机抽取4月6日和11月2日的星期一，在随后的每个星期中依次抽取星期二至星期日的样本。最终本研究的样本日期为4月6日(星期一)、4月14日(星期二)、4月22日(星期三)、4月30日(星期四)、5月8日(星期五)、5月16日(星期六)、5月24日(星期日)；11月2日(星期一)、11月10日(星期二)、11月18日(星期三)、11月26日(星期四)、12月4日(星期五)、12月12日(星期六)、12月20日(星期日)。剔除冗余样本，最终，得到有效样本281篇。

(三)类目建构

根据研究问题和前文所建构的指标体系，我们将变量的类目建构如下。

1. 新闻题材。包括硬新闻和软新闻，硬新闻是指关乎国计民生，强调时间性和重大性的动态新闻形式，重在迅速传递消息；软新闻是一种注重引起读者兴趣的新闻形式，重在引起受众的情感呼应。[②]

2. 报道内容。在对样本初步分析的基础之上，本文将微信公众号的新闻报道内容分为以下六个类别：(1)政治新闻；(2)经济新闻；(3)文化教育新闻；(4)民生新闻；(5)娱乐新闻，包括体育新闻；(6)科技新闻。需要特别指出的是，业界关于民生新闻存在颇多争议，本文的民生新闻的内涵主要指题材选择上关注民生内容，重在反映老百姓的日常生活。

3. 融合特性。融合新闻(convergence journalism)，也有学者称之为“多样化新闻”(multiple journalism)，主要特点是采用多媒体手段进行新闻传播活动，[③]是新闻报道的一种新样态，它集文字、图片、音视频于一体，多样化地报道新闻。因此，本文将这一变量建构为：(1)是否含有音视频；(2)是否含有配图。

---

① RIFFE, DANIEL, et al. The effectiveness of random, consecutive day and constructed week sampling in newspaper content analysis[J]. Journalism quarterly, 1993, 70(1): 133-139.

② 张威.对国内有关“硬新闻”和“软新闻”界定的质疑[J].国际新闻界，1998(4)：58-65.

③ 蔡雯.媒介融合前景下的新闻传播变革——试论“融合新闻”及其挑战[J].国际新闻界，2006(5)：31-35.

4. 专业化程度。根据微信公众号的实际情况，本文认为微信新闻的专业化程度主要体现在三个维度之上：(1)报道来源，分为原创新闻、转载新闻、综合多家（两家以上）报道；(2)标题的煽情性，所谓煽情性就是"以哗众取宠的夸张性报道来引起读者兴趣；过于强调细节，如详细刻画犯罪的经过，以及强调事件的故事性和情节性，在报道时强化事件的戏剧悬念和刺激的方面"①；(3)报道是否具有深度，本文认为，不仅报道新闻事实，还深入挖掘新闻事实的来龙去脉、因果联系的新闻报道具有一定的深度，否则不具有深度。

三、数据分析与发现

(一)总体描述

表 2　四家微信公众号的报道量及百分比

报道的单位	报道量	百分比	有效百分比	累积百分比
《人民日报》微信公众号	57	20.3%	20.3%	20.3%
《央视新闻》微信公众号	97	34.5%	34.5%	54.8%
"中国之声"微信公众号	50	17.8%	17.8%	72.6%
《南方都市报》微信公众号	77	27.4%	27.4%	100.0%
合计	281	100.0%	100.0%	

从表 2 可以看出，在本研究抽取的两个合成周内，《人民日报》、"央视新闻"、"中国之声"、《南方都市报》四家微信公众号的新闻报道量差别较大。其中，"央视新闻"微信公众号的新闻报道量最多，达 97 篇之多，占报道总量(N＝281)的 34.5%，而"中国之声"微信公众号的报道量最少，为 50 篇，仅占报道总量(N＝281)的 17.8%；《人民日报》微信公众号、《南方都市报》微信公众号的报道量分别为 57 篇和 77 篇，相差不大。由此可见，不同媒体的微信公众号的新闻报道量具有明显差异，一定程度上反映出不同媒体的新媒体认知及新媒体发展策略的不同。

① 林功成，张志安，曾子瑾.中国新闻网站内容品质调查——以四家网站为例[J].新闻记者，2014(6)：67-73.

（二）新闻题材

表 3 四家微信公众号的新闻题材

			报道的单位				合计
			《人民日报》微信公众号	"央视新闻"微信公众号	"中国之声"微信公众号	"南方都市报"微信公众号	
新闻题材	硬新闻	计数	29	61	19	24	133
		新闻题材中的 %	50.9%	62.9%	38%	31.2%	47.3%
	软新闻	计数	28	36	31	53	148
		新闻题材中的 %	49.1%	37.1%	62%	68.8%	52.7%
合计		计数	57	97	50	77	281
		新闻题材中的 %	100%	100%	100%	100%	100%

$X^2=19.518$，$df=3$，$p=0.000$

表 3 显示，《人民日报》微信公众号和"央视新闻"微信公众号中硬新闻的比例均达到其报道量的一半以上，分别为 50.9%和 62.9%；而"中国之声"微信公众号和《南方都市报》微信公众号的硬新闻比例较低，不足 50%，分别为 38%和 31.2%。总体来看，在四家微信公众号的新闻报道总量中，软新闻占 52.7%，明显大于硬新闻的 47.3%。

（三）报道内容

表 4 四家微信公众号新闻报道内容分布

			报道的单位				合计
			《人民日报》微信公众号	"央视新闻"微信公众号	"中国之声"微信公众号	《南方都市报》微信公众号	
报道内容	政治新闻	计数	14	25	19	8	66
		报道的单位中的 %	24.6%	25.8%	38.0%	10.4%	23.5%
	经济新闻	计数	14	19	9	11	53
		报道的单位中的 %	24.6%	19.6%	18.0%	14.3%	18.9%
	文化教育新闻	计数	10	7	5	6	28
		报道的单位中的 %	17.5%	7.2%	10.0%	7.8%	10.0%
	民生新闻	计数	17	33	8	30	88
		报道的单位中的 %	29.8%	34.0%	16.0%	39.0%	31.3%
	娱乐新闻	计数	0	6	2	19	27
		报道的单位中的 %	.0%	6.2%	4.0%	24.7%	9.6%
	科技新闻	计数	2	7	7	3	19
		报道的单位中的 %	3.5%	7.2%	14.0%	3.8%	6.7%
合计		计数	57	97	50	77	281
		报道的单位中的 %	100.0%	100.0%	100.0%	100.0%	100.0%

$X^2=54.290$，$df=15$，$p=0.000$

根据表4,就报道内容而言,在《人民日报》微信公众号、“央视新闻”微信公众号和《南方都市报》微信公众号的新闻报道中民生新闻所占比例最大,依次为29.8%、34.0%、39.0%;“中国之声”微信公众号新闻报道中,政治新闻所占比例最大,为38.0%。总体而言,四家微信新闻报道总量中,民生新闻、政治新闻、经济新闻、文化教育新闻、娱乐新闻、科技新闻所占比例分别为31.3%、23.5%、18.9%、10%、9.6%、6.7%。因此,不管从总体来看,还是从每家公众号的报道情况来看,微信新闻的报道内容较为多元。

(四)融合特性

表5 四家微信公众号新闻报道的配图状况

			报道的单位				合计
			《人民日报》微信公众号	“央视新闻”微信公众号	“中国之声”微信公众号	《南方都市报》微信公众号	
是否具有配图	具有配图	计数	54	95	49	75	273
		报道的单位中的 %	94.7%	97.9%	98.0%	97.4%	97.2%
	不具有配图	计数	3	2	1	2	8
		报道的单位中的 %	5.3%	2.1%	2.0%	2.6%	2.8%
合计		计数	57	97	50	77	281
		报道的单位中的 %	100.0%	100.0%	100.0%	100.0%	100.0%

表5显示,四家微信公众号新闻报道90%以上都配有图表,均注重对图表的使用。其中,“央视新闻”微信公众号、“中国之声”微信公众号、《南方都市报》微信公众号配图比例均在97%以上。相较之下,《人民日报》微信公众号的配图比例略低,占其报道量的94.7%。总体而言,四家微信公众号的281篇新闻报道中,97.2%的新闻报道使用图表,不使用图表的报道仅占2.8%。

表6显示,“央视新闻”微信公众号和“中国之声”微信公众号在报道中使用音视频的比例较大,分别是27.8%和36.0%;而《人民日报》微信公众号和《南方都市报》微信公众号新闻报道中含有音视频的比例较低,均不足10%,前者为5.3%,后者为6.5%。总体来看,281篇微信新闻报道中含有音视频的报道仅占18.9%,不含音视频的报道占81.1%。

表 6　四家微信公众号新闻报道使用音视频的状况

			报道的单位				合计
			《人民日报》微信公众号	"央视新闻"微信公众号	"中国之声"微信公众号	《南方都市报》微信公众号	
是否含有音视频	含有音视频	计数	3	27	18	5	53
		是否含有音视频中的 %	5.3%	27.8%	36.0%	6.5%	18.9%
	不含有音视频	计数	54	70	32	72	228
		是否含有音视频中的 %	94.7%	72.2%	64.0%	93.5%	81.1%
合计		计数	57	97	50	77	281
		是否含有音视频中的 %	100.0%	100.0%	100.0%	100.0%	100.0%

$X^2=29.284$，$df=3$，$p=0.000$

(五)专业性特征

表 7　四家微信公众号新闻报道的来源

			报道的单位				合计
			《人民日报》微信公众号	"央视新闻"微信公众号	"中国之声"微信公众号	《南方都市报》微信公众号	
报道来源	原创报道	计数	1	53	28	27	109
		报道的单位中的 %	1.8%	54.6%	56.0%	35.1%	38.8%
	转载报道	计数	32	8	8	36	84
		报道的单位中的 %	56.1%	8.2%	16.0%	46.8%	29.9%
	综合多家报道	计数	24	36	14	14	88
		报道的单位中的 %	42.1%	37.1%	28.0%	18.2%	31.3%
合计		计数	57	97	50	77	281
		报道的单位中的 %	100.0%	100.0%	100.0%	100.0%	100.0%

$X^2=76.997$，$df=6$，$p=0.000$

由表 7 可知，"中国之声"微信公众号、"央视新闻"微信公众号和《南方都市报》微信公众号的原创新闻报道所占比例较高，分别达到 56.0%、54.6%、35.1%；《人民日报》微信公众号的原创新闻报道最少，仅占 1.8%。另外，《人民日报》微信公众号的转载报道和综合多家报道之和占到98.2%之多，"央视新闻"、"中国之声"、《南方都市报》

的两者之和所占比例分别为45.3%、44%、65%。总体而言，四家媒体微信公众号的原创报道占38.8%，转载报道占29.9%，综合多家报道占31.3%。

表8 四家微信公众号新闻报道的煽情性报道状况

			报道的单位				合计
			《人民日报》微信公众号	"央视新闻"微信公众号	"中国之声"微信公众号	《南方都市报》微信公众号	
标题是否煽情	具有煽情性	计数	30	41	17	55	143
		报道的单位中的 %	52.6%	42.3%	34.0%	71.4%	50.9%
	不具有煽情性	计数	27	56	33	22	138
		报道的单位中的 %	47.4%	57.7%	66.0%	28.6%	49.1%
合计		计数	57	97	50	77	281
		报道的单位中的 %	100.0%	100.0%	100.0%	100.0%	100.0%

$X^2=21.658, df=3, p=0.000$

表8显示，从报道标题看，四家微信公众号30%以上的标题具有明显的煽情倾向，其中，《南方都市报》微信公众号和《人民日报》微信公众号分别达到了71.4%和52.6%，"央视新闻"微信公众号达到了42.3%；即使是四家媒体微信公众号中相对不煽情的"中国之声"微信公众号，也达到了34.0%。总体而言，煽情性报道占50.9%，不煽情的报道占49.1%。

表9 四家微信公众号新闻报道深度报道状况

			报道的单位				合计
			《人民日报》微信公众号	"央视新闻"微信公众号	"中国之声"微信公众号	《南方都市报》微信公众号	
是否具有深度	具有深度	计数	19	31	23	16	89
		报道的单位中的 %	33.3%	32.0%	46.0%	20.8%	31.7%
	不具有深度	计数	38	66	27	61	192
		报道的单位中的 %	66.7%	68.0%	54.0%	79.2%	68.3%
合计		计数	57	97	50	77	281
		报道的单位中的 %	100.0%	100.0%	100.0%	100.0%	100.0%

表9显示，在"中国之声"微信公众号中，46.0%的新闻报道具有深度，其次，《人民日报》微信公众号和"央视新闻"微信公众号深度报道的比例分别为33.3%和32.0%。

总体上看，四家微信新闻报道中31.7%的报道具有深度，68.3%的报道不具有深度。

四、结论与思考

通过对《人民日报》微信公众号、"央视新闻"微信公众号、"中国之声"微信公众号、《南方都市报》微信公众的微信新闻的统计分析，我们主要可以得出以下几点结论。

第一，从新闻题材层面看，微信新闻中软新闻所占的比例略大于硬新闻的比例。部分研究认为，中国媒体越来越多地呈现出新闻娱乐化的倾向，大报小报化，硬新闻的数量减少。面对这样的倾向，有实证研究发现，硬新闻在新闻网站的首页中仍然占据主要地位。[①] 本文通过对微信新闻的研究证实了这一倾向。

一位具有十余年从业经历的老记者曾在朋友圈中感慨，"自媒体时代，很多传统媒体已经分不清什么是严肃报道，什么是随笔小品"。不仅如此，在某种程度上，微信新闻更是严肃报道的"真空"地带。我们观察发现，在微信新闻报道中，即使是看上去内容严肃的硬新闻，语调里也表现出几分"可爱"。互联网新媒体时代，严肃报道正成为稀缺之物。一百多年前，美国《便士报》运动虽然奠定了现代新闻业的根基，但是由于内容日趋离奇和低俗，该报走向衰落，最终，风格庄重的《纽约时报》以生产严肃新闻而一举成为美国报业的主流。由此可见，严肃报道是新闻业的根基。

第二，融合性报道有待拓展。虽然四家微信公众号新闻报道90%以上都配有图表，含有音视频的报道亦占18.9%，但仔细分析不难发现，"央视新闻"和"中国之声"微信公众号的主体属于广电媒体，具有天然的音视频优势，所以较多使用了音视频；而作为平面媒体的《人民日报》和《南方都市报》的微信公众号中含有音视频的报道均不足10%。此外，对融合性报道或融合新闻的理解与实践不能仅仅停留在综合运用图表、音视频等较低层次。

第三，微信新闻具有鲜明的煽情性倾向。在四家微信公众号的新闻报道中，50.9%的新闻报道具有煽情性倾向。例如，《02:28、03:33、05:40……深圳36岁猝死IT男打卡纪录曝光!》(2015年4月6日《南方都市报》微信公众号)、《一个穿白大褂的人把股市搞绿了！然而大家还是盯着那件阿玛尼》(2015年11月2日《南方都市报》微信公众号)……下面是19世纪末美国《世界报》和《新闻报》的煽情性新闻标题:《孩子们是怎样被烤死的》《尖叫饶命》《血的洗礼》《杀死小贝西的神秘凶手》《凶手投案，请求处以绞刑》。通过对比可以看出，虽然时代在不断变迁，但是煽情性新闻依然在不断出现。

（作者系武汉大学新闻与传播学院博士研究生，1274748653@qq.com）

---

① 林功成，张志安，曾子瑾.中国新闻网站内容品质调查——以四家网站为例[J].新闻记者，2014(6):67-73.

虚拟亚文化视角下的弹幕视频研究

◇ 马缘园

弹幕视频,指的是网络视频播放时,网友评论可同步叠加在视频屏幕上的互动方式。由于评论自右向左快速穿过屏幕,其效果像密集的子弹射过,因此被形象地称作“弹幕”。弹幕网站起源于日本,如日本著名的 Niconico 动画网站,主要在喜爱动漫和网游的“御宅族”群体中流行。

早期中国弹幕视频网站几乎都以 ACG(动漫、游戏)为核心内容。随着弹幕视频网站的流行,爱奇艺、乐视网、腾讯视频等大众视频网站也相继开通了弹幕功能。

一、弹幕视频:一种虚拟亚文化的新形态

弹幕视频从产生之初即带有浓郁的青年亚文化特征。青年亚文化“一般指社会阶层结构框架里不断出现的那些带有一定‘反常’色彩或挑战性的新兴社群或新潮生活方式”[①]。

在网络视频播放过程中,网友可自由地在屏幕上方发布弹幕,在集体弹幕的二次创作中,网民具有极高的自主性,实际创新生产了新的视频产品,这带来了丰富的狂欢效果和文化景观。可见,弹幕是由青年网民群体自发创造的,用于表达自我价值和观念、抵抗主流文化的方式,是虚拟亚文化的新形态。

弹幕视频是青年亚文化进行抵抗与娱乐的新场域,是来自日本的青年亚文化对中

---

① 孟登迎.民间恶魔、身份认同还是仪式抵抗?——西方青年文化研究的历史和多重视野[M]//班尼特,哈里斯.亚文化之后:对于当代青年文化的批判研究.中国青年政治学院青年文化译介小组,译.北京:中国青年出版社,2012:17.

国青年的一种“定向衍射”[①],同时,互联网也为亚文化提供了松散集合地,为各种文化的交流和身份认同提供了可能性,并进一步将小众的弹幕文化推向大众。

(一)日本“御宅”亚文化的定向衍射

弹幕视频起源于日本的动画网站,视频本身主要传播动漫游戏等内容。进入中国后,国内开设最早、最知名的弹幕视频网站 AcFun 和 bilibili(简称 A 站和 B 站)也以动漫视频为主,此外还有 TUCAO(C 站)、dilili、2dland、idanmu、MioMio、MADfan、moemoe 和 UiUi 等,聚集了一批热爱日本动漫游戏的本土“御宅族”。弹幕文化起初是作为日本“御宅”文化的衍生文化在中国出现的。

“御宅族”一词产生于 20 世纪 80 年代的日本,早期泛指具有个性兴趣、热衷于次文化的族群,后特指单身的、热爱动漫游戏产品的族群。“御宅族”具有小众的次文化爱好、约定俗成的语言体系和夸张的行为方式。日本动漫游戏产品中混杂着许多同性恋、重口味内容,也潜伏了许多色情、乱伦、暴力和种族主义等不良内容,长期不为日本主流文化所认可。这种在社会文化语境中的反常的文化行为符合被芝加哥学派称之为“越轨”的亚文化行为的定义。

弹幕视频网站是日本“御宅”文化狂欢的网络集散地,正如桑顿所言:大众传媒给青年提供了许多视觉的、意识形态的资源,使得他们在其中结合成集体的亚文化身份。“御宅”族群在弹幕网站中获得了空间捍卫和身份认同,在弹幕互动的过程中,通过发送无厘头表达、质疑、谩骂、“御宅”专用语等尽情进行小众的狂欢,完成对主流文化的抗拒与抗争。

充斥着日本 ACG 内容和日式“御宅”专用名词的中国弹幕视频网站体现出对日本“御宅”亚文化的沿袭。一项调查研究显示,中国青年“御宅”族对于 ACG 的热衷主要是为了满足:自我认同、身份隐匿、压力逃避、情感宣泄和社会关注。[②] 在思考“我是谁”这一身份认同的终极问题上,具备现代性的青年往往在个体行动和选择中构建自身。“通过亚文化,青少年在主文化的缝隙中寻求表达自我的空间。他们就是在这样的一个空间中通过获得发展自己的个性、取得地位的条件和机会来实现自我认同的。青少年在其亚文化空间中,获得了构筑自我认同的社会化经验。”[③]弹幕视频为“御宅”族群提供了抗争主流文化、实现自我认同的亚文化平台,从弹幕视频的产生发展过程来看,中国弹幕视频是日本“御宅”亚文化对本土青年亚文化的一次定向衍射。

---

① 陈一,曹圣琪,王彤.透视弹幕网站与弹幕族:一个青年亚文化的视角[J].青年探索,2013(6):19-24.

② 易前良,王凌菲.青年御宅族的媒介使用动机研究:以南京地区为例[J].新闻与传播研究,2011(4):68-77.

③ 孟鸣岐.大众文化与自我认同[M].南昌:江西教育出版社,2005:143.

(二)互联网:亚文化的天然聚合地

主流文化之外的极具叛逆性、颠覆性的“御宅”亚文化在传统传播渠道上无法得到更多空间,互联网的出现使青年“御宅族”获得了相对自由的生存与发展空间。实际上,网络文化现象与青年文化现象共时地出现在20世纪。“20世纪后期的青年文化呈现出某种‘网络化’的趋势;网络文化(特别是在其发展的早期)具有鲜明的青年文化的特征。”[①]在本土弹幕网站新媒介上,青年“御宅族”如鱼得水地获得了小众ACG文化社交互动的平台。

首先,互联网为各种新的传播方式、文化参与提供了无限可能。互联网社交具备虚拟性,为动漫亚文化社群提供了一个规避主流意识形态的自由场所,而身份的隐匿性令亚文化社群中接受程度迥异的个体感受到了安全。

其次,互联网有助于联结分散的个体,使之迅速集结成小众文化圈,形成某种具有归属感和认同感的圈子文化,既而形成相对稳固的“虚拟社区”。“互联网自身必须被看作一个‘文化语境’——也就是说,是一个以共同信仰和共享实践为基础的联盟形成的新场所。从这个角度看,就很容易看到互联网对于那些视其为一个‘亚文化’的空间的某些理论家所具有的吸引力——在这个空间中,年轻人从他们日常生活中的社会经济和文化束缚中解放出来,以跨地域的、可交流的青年文化话语为基础,自由自在地结成新的联盟。”[②]如A站口号曾为“中国宅文化基地”,对宅文化的认同使A站在中国迅速聚拢了“御宅族”群体。

最后,网络文化具备去中心化、解构权威的后现代特征,与动漫亚文化存在高度精神契合。在弹幕社交中,青年以搞笑、戏谑、吐槽、恶搞等方式对视频的“萌点”“槽点”等任意节点进行即时评论,甚至让弹幕完全覆盖视频本体,形成了青年亚文化和网络文化叠加的狂欢。

一个更值得注意的变化是,日本弹幕视频网站极为小众,仅在动漫亚文化和“御宅族”中蔚为流行。在中国的本土化发展中,弹幕的亚文化基因被注入到更广阔的视频领域。以A站、B站、C站为例,音乐、舞蹈、影视剧、电影、娱乐、科技、体育等内容的上线丰富了弹幕视频的类型;然后是人文科技类栏目相继开辟,A站中新开辟的科技栏目包含科学技术、数码、军事、汽车等内容,B站中还包含极具人文性的名校公开课、BBC纪录片、国家地理、TED演讲及中外媒体新闻报道等弹幕视频。随着爱奇艺、乐

---

① 杨鹏.网络文化与青年[M].北京:清华大学出版社,2006:28.

② 班尼特.虚拟亚文化?青年、身份认同与互联网[M]//班尼特,哈里斯.亚文化之后:对于当代青年文化的批判研究.中国青年政治学院青年文化译介小组,译.北京:中国青年出版社,2012:193.

视网、腾讯视频等视频网站也相继开通了弹幕功能，弹幕亚文化呈现出与大众文化相互碰撞与交融的态势，其不断增强的娱乐性与商业性对弹幕亚文化本身产生了某种消解作用。

二、弹幕亚文化特征解析

（一）以“胡闹”的方式对主流文化进行抵抗

早期作为“御宅”族群亚文化的弹幕视频体现出了极强的对主流文化的抵抗。早期“御宅”文化不为日本主流文化所接受，弹幕视频作为空间捍卫和自我认同的方式，仅在小众中流行。发展至今，在各类视频上一闪而过的弹幕用搞笑、戏谑、吐槽、恶搞等各种方式对视频的“萌点”“槽点”等任意节点进行即时评论，密密麻麻、飞逝而过的弹幕甚至遮蔽了视频本身，原本具有审美、教育作用的视频在弹幕的“袭击”中被瓦解和解构。

如各类无厘头表达。视频刚开始播放时，网友多发“发个弹幕求不卡”“第一”“空降成功”“前面红字等等我”等无实际意义或与视频内容完全不相关的弹幕信息。又如用亚文化专用语互动，这种专用语多为日语或网络流行语，如“前方高能预警”“便当已热好”“阿婆主开门收快递”等，此类弹幕信息冲淡了网民对于视频本身的关注，消解了视频本身的主流话语表达，甚至可以遮蔽全屏。

这种对主流意识形态的反叛和抗争还集中体现在对于新闻类视频和颇具政治意识形态话语的春节联欢晚会视频的弹幕发布中。在央视“新闻直播间”播报关于“快播王欣被批捕”的弹幕视频时，满屏弹幕竟然多为支持王欣的言论，“壮士不哭”“走好兄弟”“我们都是王欣”“挺住好汉”等言论表现出网民对于主流意识形态话语的抗争，甚至不惜公然支持违法犯罪行为。春节联欢晚会视频的弹幕则充满了反讽的意味，将本来充满喜庆、具备政治宣传话语特征的春晚语境颠覆为充满戏谑、反讽、搞笑意味的闹剧，弹幕亚文化与主流话语间呈现出疏离与矛盾的二元对立。

正如赫伯迪格在对20世纪70年代末期英国朋克摇滚乐的研究中提出的：朋克以“胡闹”的方式复制了战后工人阶级青年文化的整个“服装裁缝史”，并拼合了源于完全不同的时代的各种元素。当下，弹幕也正在用如朋克摇滚乐一样的“胡闹”方式演奏着与主旋律甚不和谐的乐章。当下中国处于社会转型期，社会矛盾突出，弹幕正是杂糅了异于主流价值观的多元价值谱系，体现出挑战、抵抗的特征。从芝加哥学派到伯明翰学派，对于青年亚文化行为的符号象征意义的研究都离不开对此种“越轨”和“仪式抵抗”行为实践意义乃至政治意义的追寻。时至今日,尽管社会语境已发生重大改变,但对主流文化霸权的抵抗依然是青年抵抗的精神内核。

(二)肤浅的恶趣追求

弹幕受制于与视频播放的同步性,零时差导致网友无法进行深度思考;再加上视频内容多富有娱乐色彩,以及弹幕字数限制,因此弹幕内容多局限于网友间的浅层次交流,大部分内容较为肤浅。譬如在各类影视剧的弹幕中,弹幕多陷入对明星颜值和魅力的崇拜,甚至还有与主题毫不相干的网友间的相互示爱与表白。

此外,作为对主流文化的抵抗,弹幕本身充斥着大量价值观混乱和纯谩骂发泄式内容,如有对视频导演、编剧、内容、演员的谩骂,也有网友间的互相对骂。在《爸爸去哪儿》的弹幕视频中,各明星家庭的宝贝都有为数不少的网络拥趸,这些粉丝各为团体,围绕视频内容在弹幕中进行对骂,利用自我言说的权利,对弹幕生态造成负面影响。在弹幕中随处可见的脏话、低俗语和网络流行语均体现出恶趣追求。这也是弹幕遭遇不理解,甚至被鄙视的主因,弹幕丧失了其可以作为批判与反思的利器的尖锐性。

(三)娱乐中的再生产与创新

早期伯明翰学派对于青年亚文化的理解建立在社会政治语境中,对青年亚文化的政治文化内涵展开深入研究。而在对伯明翰当代文化研究中心进行批评的声音中,弗里斯认为青年亚文化的产生和青年亚文化角色的转化其实是为了“娱乐”,这一观点令人耳目一新。在弗里斯看来,大多数工人阶级青少年参与团体、变换身份、扮演休闲角色的目的都是为了娱乐,而非单一的政治与阶级身份使然。

弗里斯的观点在当下得到印证,弹幕亚文化的产生即以强大的娱乐性作为前提和基础,无论是消费动漫游戏内容,还是消费大众文化,弹幕无疑都为这种文化消费行为添加了更多的娱乐色彩,而且这种娱乐色彩是网友的自主选择。

在观看视频的过程中,网友可以自发地发送弹幕,对于视频的各种笑点、高潮进行评论,大大增强了互动的趣味性,带来了丰富的狂欢效果和文化景观。网友弹幕互动的方式消弭了传播者与受众之间的界限,实际在集体弹幕创作中完成了二次生产,创作出了新的视频产品。这种“传受一体”的集体二次生产已经与视频本身居于同等重要的位置,甚至影响更大。一个有意思的现象是,很多网友先看无弹幕版视频,第二遍再观看弹幕版视频——这充分说明看弹幕和看视频本身已同等重要。这种基于娱乐的弹幕集体生产呈现出创意、创新的特征,体现出弹幕文化解构、颠覆、创新的亚文化特征。

三、弹幕亚文化的延伸

弹幕视频网站从最早的日系动漫弹幕网站向大众弹幕视频网站扩展,当下正朝着更纵深的游戏、电视、电影、社交、营销领域渗透,弹幕亚文化与大众文化不断进行碰撞与交融。

弹幕网站的第一延伸领域即游戏弹幕,电视与电影也都对弹幕表现出了接纳的态度。电影《秦时明月》和《小时代 3》最先试水弹幕;具有弹幕功能的社交 App 陆续上线;利用圈子文化,弹幕营销网站出现。

随着弹幕的普及,同样会产生诸如伯明翰学派忧虑的亚文化局限性问题,赫伯迪格认为:所有的亚文化风格的抵抗性,最终都会被时尚工业收编或者商品化。在弹幕亚文化的延伸中,商品化的侵蚀令弹幕亚文化丧失锋芒的问题值得关注。此外,与大众文化的不断交融和弹幕娱乐的驱动力正不断消解着早期弹幕亚文化所具备的挑战性和对主流、权威的解构。弹幕文化与主流文化的不断沟通最终能否使这一虚拟亚文化形态为主流文化收编,同样值得持续关注。

(作者系中国传媒大学新闻学院博士研究生,mayy1981@163.com)

新媒体语境下新闻客观性的辩证性反思与新强调

◇ 杜学志

一、引言

新闻客观性一直是新闻职业道德和新闻专业主义的重要组成部分,但也一直为人们,特别是学界所呼吁和诟病。目前国内对新闻客观性进行批判的文章有很多,主要包括以下三个理论指向。

一是通过对当前新闻实践中客观性缺失的批判以及对新闻客观性和新闻专业主义的其他要求的阐释,力图对新闻机构和新闻从业者进行规劝和价值观影响,从而促进具体的新闻实践中客观性等新闻职业道德标准的提升。

二是通过对新闻客观性的批判与解构,质疑西方所标榜的客观性只是一种"伪客观性",其背后隐藏着意识形态与政治经济利益关系。对于西方的新闻专业主义,有许多需要破除的"神话"。新闻不是直接从现实事实中产生的自然现象,而是新闻行业的产品,是对客观事实进行高度选择后的解释。[①]

三也是通过对新闻客观性的批判与解构,甚至认为新闻客观性根本就不存在,从而抛弃"新闻客观性"的桎梏,对新闻媒体进行改造,使之走向一个可持续的民主新闻业。[②]

对新闻客观性的批判固然重要,我们需要对它保持一定程度的警惕,而且客观性将在不断的解构与重构之中变得更加清晰,但如果只是一味地批判,而未将具体的新

① 郭镇之.舆论监督、客观性与新闻专业主义[J].电视研究,2000(3):70-72.

② 赵月枝.传播与社会:政治经济与文化分析[M].北京:中国传媒大学出版社,2011:100.

闻实践中的复杂性以及新媒体环境下的新变化纳入到分析和考察之中，新闻客观性的可操作性将大打折扣。新闻客观性存在着绝对和相对等不同的维度，在现实生活和具体的新闻实践中，绝对的新闻客观性根本做不到，而相对的新闻客观性则是为人们所珍视的，虽然它总遭到破坏和践踏。既然无法做到完全的新闻客观性，那么对新闻客观性的探讨就应导向具体的实践层面，推敲具体案例和情境中新闻客观件的可操作性和可执行性。这也是对新闻客观性进行辩证性梳理和反思的价值所在。

因此，研究者首先将对目前相关批判性研究中所述的新闻客观性缺陷进行梳理，主要包括政治、经济、文化、技术等维度。虽然在这个问题上国内外的情况存在很多差异，而且涉及意识形态的分歧与争议，但这里并没有将国内与国外进行对立比较，只是单纯地展现新闻客观性缺陷的多种层面。这样做将使新闻客观性的研究成果被应用到具体的新闻实践中成为可能。

其次，研究者会将新媒体时代，媒介环境与新闻实践等中出现的新变化和新挑战纳入到新闻客观性的探讨当中。这种考量是必要的，一方面，它可以使新媒体时代新闻实践中的新闻客观性的执行做到与时俱进；另一方面，新媒体时代，信息传播环境云谲波诡，新闻客观性的价值进一步凸显，需要对新闻客观性的内涵与外延进行新的阐释。

最后，研究者通过以上对相关批判性研究的梳理以及对新媒体语境下新闻客观性内涵与外延的阐释，重新认识新闻客观性的价值与意义，并对新媒体时代下的新闻客观性进行“新强调”。

二、新闻客观性的批判及其梳理

目前有关新闻客观性的批判性分析文章有很多，各位学者采用了不同视角，从不同的层面对新闻客观性进行了批判性挖掘，其中有很多新颖的解释，当然也有部分重合的地方。在这里，研究者对其中的几个主要维度进行了一定程度的概括总结，主要包括以下五个维度。

（一）政治维度

虽然世界上绝大部分地区已经远离了威权主义时代，但政治与媒体之间的关系依然如此紧密。无论是在资本主义西方，还是在社会主义中国，政治都对媒体发挥着重要影响。正是由于政治直接和间接地介入到媒体的日常新闻实践中，新闻客观性时常遭受批评。

政府可以通过规定传媒的所有制形式、对传播媒介的活动进行法制和行政管理、限制或禁止某些信息内容的传播以及对媒体的活动进行积极的指导与扶持等方式来对新闻媒体产生影响。

此外,在涉及国际层面的传播时,新闻媒体的报道往往会受到意识形态的影响,以带有偏见甚至完全偏离事实的方式进行报道。例如,一些西方媒体对西藏暴乱的报道就不存在客观性,一边倒地站在西藏"流亡政府"和达赖一边,不但没有做到起码的平衡,而且连基本的事实细节也不尊重。①

(二)经济维度

在资本主义制度下,传播媒介的控制权掌握在垄断资本手中。它们主要通过三种活动对新闻媒体的新闻报道施加影响:其一,成立超大型媒介联合企业,对大众传播事业的主要部分实行垄断;其二,通过控制议会党团或院外活动集团对公营传播媒介的活动进行干预;其三,通过提供广告或赞助来间接地控制和影响其他中小媒介的活动。

反观中国,在面向市场转型的过程中,经济利益逐渐成为媒体新闻报道的首要考量。近年来,新闻机构及其从业人员的职业道德失范行为屡现报端,在经济利益的诱惑下,媒体的新闻很难保持客观公正的态度可想而知。

(三)社会文化维度

丹尼尔·哈林将媒体的新闻报道分为三个领域:一致同意的领域、合理争议的领域和异常的领域。不同领域和不同类型的新闻题材将极大地影响新闻记者报道的自由度,进而影响到新闻客观性。

对于一致同意的领域,新闻记者通常熟识其中的明暗规则,能够大胆地进行支持或反对。新闻客观性是有限的,这取决于与其他政治经济文化的力量博弈。合理争议的领域存在不确定性,新闻记者通常保持谨慎的态度,注重对于事件全貌以及责任各方观点的呈现。而对于主流以外的异常领域,新闻记者通常会放弃中立的立场,任意揭露、谴责甚至忽视,②拥有相当大的自由度,直接且大胆地批评那些不符合"社会文化共识"的行为。因此,哈克特指出,客观性的叙述传统只对合法争议的领域适用。③

社会文化对于新闻客观性的影响颇大。可以说,在社会文化的影响下,新闻客观

---

① 赵月枝.为什么今天我们对西方新闻客观性失望?——谨以此文纪念"改革开放"30周年[J].新闻大学,2008,(02):9-16.

② 刘海龙.大众传播理论:范式与流派[M].北京:中国人民大学出版社,2014:403-404.

③ 赵月枝.传播与社会:政治经济与文化分析[M].北京:中国传媒大学出版社,2011:94.

性将会大打折扣。面对不同领域的新闻报道题材，新闻的客观性将会受到不同程度的限制。这也会产生更为长远的危害，因为它强化了既有的社会共识，掩盖了既有的社会不平等，通过将某些行为定义为异端，新闻媒体重塑了社会主流价值观，巩固了社会的不平等。这是许多批判学者始终坚持对新闻客观性进行批判反思的主要原因之一。因此，在这一点上，对新闻客观性的批判性反思尤为重要。

除此之外，我们将新闻客观性的探讨放置在全球化的背景下。新媒体时代，世界的互联互通程度进一步加深，不同文化之间的冲突与碰撞程度也在进一步加深。特别是在跨国的新闻报道当中，即使秉持着一定的客观性操作标准，也难免会带上文化的"有色眼镜"对异国事件进行报道和分析，更何况在全世界范围内存在着激烈的意识形态冲突与斗争以及不同利益集团之间的博弈。因此在跨国的新闻报道上，也存在着新闻客观性的批判。

(四)技术维度

技术是不是客观中立的？这一问题在不同学者那里有不同的答案，但在批判学者眼里，技术不是中立的，它更多地反应出的是既得利益者的诉求。达拉斯·斯迈兹就强调技术的非中立性特征，从而率先考察技术发展路线与资本主义生产方式之联系。在他那篇题为《自行车之后是什么?》的著名文章中，他建议中国政府采用更民主和网络化的"双向电视系统"，而不是西方的为消费主义和威权关系服务的单向电视系统，从而表达了自己对另类技术路线的期待，希望找到一种有别于资本主义社会的大众民主的传播手段。①

技术是一道门槛，当然，它反映的不仅仅是技术门槛，还包括经济条件门槛和教育程度门槛等。新媒体时代，使用计算机就是一道技术门槛，在那些经济条件落后、基础设施较差的地区，当地的民众是无法接触到或者正常使用计算机的。因而，这也就在一定程度上反映出互联网上的信息更多反映出的是那些有条件使用计算机的人的利益，而那些无法接触或者不会使用计算机的人的利益则长期处于被忽视和无保障的状态。因此，从技术层面来看，新闻客观性是存疑的。

此外，互联网的出现与发展也为新闻客观性带来了挑战。有研究者发现，虽然新媒体的新闻来源大多依靠传统媒体的"供养"，但在新媒体的传播过程中，很明显的一个特点是加入了评论。例如在《人民日报》的两个微信公众平台—"学习大国"和"侠

① 微信公众号.文化批评与研究[EB/OL].http://mp.weixin.qq.com/s/pBBgKhSFM－Jftmha－cybKA.

客岛”上，它们会结合《人民日报》的资源，将已刊登的与未刊登的新闻进行融合分析。[①] 这种“评论”加新闻的模式本身就是对新闻客观性的思考与质疑。

(五)综合维度

对新闻客观性的批判已有很多分析，这里所罗列的主要是一些不同研究和批判分析所呈现出的特性，它提醒着我们新闻客观性分析的复杂性。主要包括以下几个方面：[②]

新闻从业者的职业角色认知也会影响媒体的内容；

媒体组织的目标、分工、权力结构、无形政策、惯例等也会影响媒体生产；

媒介组织内部不成文但有约束力的政策(“潜规则”)对新闻从业者有潜移默化的影响；

媒介组织内的“惯例”逐渐内化为新闻从业人员的实践意识。

三、新媒体语境下新闻客观性的“新挑战”和“新劣势”

时过境迁，进入新媒体时代后，信息传播环境发生了很大的变化，许多曾经被视为准绳的东西都受到了极大的冲击。互联网所带来的不是通路、不是平台，而是一种新的传播规则，它改造了整个传播的构造、规则和逻辑。[③]

首当其冲的就是“受众”这一概念，他们不再是被动的信息接受者。在新媒体时代，他们摇身一变，成了信息传播的参与者，参与了很多当代中国大事件的新闻报道，例如 2011 年“7.23 甬温动车事故”中，两条较早发布的现场微博在事故期间被无数博友转发，在为医疗部门争取“黄金 1 小时”的救援时间上起到了不可小觑的作用。[④] 再例如 2015 年“8.12 天津爆炸案”，附近网友拍摄上传的微视频为央视新闻联播所采用。“受众”以不同的形式、渠道，或多或少地共同参与了构建和塑造当代中国社会的进程。既然“受众”发布的信息已经成为新闻报道的一部分，那么“受众”是否也应该被纳入到新闻客观性的责任主体之中？他们所提供的碎片化信息该如何进行客观性评估？从某种意义上说，在新媒体时代，“受众”变主动也是对新闻客观性的挑战。

新闻的时效性凭借互联网得到更为深刻的认识和进一步的凸显。凭借计算机技

① 张世光. 传统报业转战新媒体应改变三种观念[J]. 新闻传播，2015(21)：52-53，55.

② 刘海龙.大众传播理论：范式与流派[M].北京：中国人民大学出版社，2014：386-394.

③ 喻国明，姚飞. 强化互联网思维推进媒介融合发展[J]. 前线，2014(10)：54-56，58.

④ 张丽君，胡长全. 从 7.23 动车事故中看微博的角色担当[J]. 视听纵横，2011，(05)：30-33.

术的发展,包括近来移动互联技术的发展,事件发生和事件相关信息的传播之间的时间间隙被进一步压缩,事件真相的不确定性和复杂性进一步提升。当一个事件在发生后就立刻得到传播,过往的新闻实践中新闻客观性的考量是否就变成了一种“事后评估”或“事后追责”?新闻客观性的执行是否变成了一种无稽之谈?近年来,“新闻反转”频频发生,不断挑战着社会和大众的底线。这一方面是因为互联网的传输速度使得事件影响发酵的时间被大大缩短,破坏性的影响力却被迅速地放大;另一方面,不同的信息源和信息渠道使得大众对信息进行甄别变得越发困难,一个个看似真实、合情合理的推断,却常常被新的信息和关系所推翻。没有客观性保障的即时新闻,往往是一场“闹剧”,留下的通常是“一地鸡毛”,久而久之,也容易催生大众的怀疑主义,让真正的信息传播遭受“狼来了”的不公待遇。

此外,在新媒体时代,媒体之间的竞争变得更加激烈和残酷,这也使得新闻实践中新闻客观性的考量变得更易被“边缘化”。“互联网经济”在某种意义上说是一种“眼球经济”,相对客观公正的信息并不比符合“受众”口味但真实性、客观性存疑的信息更具吸引力。随着媒体间竞争的白热化,如何吸引“受众”将成为媒介机构主要的考量标准,新闻从业者对新闻的客观性的执行与坚持也会由一种“理所应当”的行为变为一种高尚的,甚至带有一些不切实际意味的行为。

由此观之,在新媒体的冲击和影响下,媒体曾经的新闻客观性优势似乎变成了一种“新劣势”。其实不然,新闻客观性从来都不是媒体的劣势,这里所说的“新劣势”,指的是新媒体时代新闻客观性所面临的冲击与挑战,是一种隐约可见的新危机。它需要新闻机构和新闻从业者以及学界以新的眼光进行审视与重视,需要被再强调和“新强调”。

四、新媒体时代:新闻客观性的再强调与“新强调”

至此,研究者已经对有关新闻客观性的批判性分析进行了梳理,并对新媒体语境下新闻客观性所受到的冲击进行了一定程度的分析。正是因为上述的种种变化,新媒体时代新闻客观性的价值得以进一步地凸显,由此,研究者认为,在新媒体时代,新闻客观性需要被再强调和“新强调”。

这种“新”主要体现在两个方面,一是新媒体时代,新闻机构和新闻从业者需要努力克服原有新闻客观性的缺陷,同时做好应对新挑战的准备;二是新闻机构和新闻从业者对新闻客观性有一个新的辩证性的认识,继续保持对新闻客观性的警惕与批判,新闻客观性不应成为媒体占得优势的“招牌”,而应是其理应执行的具体的新闻实践和职业操守。

针对中国的复杂情况,对于新闻专业主义,特别是新闻客观性的探讨和强调就显得尤为重要。李良荣教授 2001 年和 2002 年两次在暨南大学讲学时都对新闻专业主义予以强调,他认为,"脱离新闻专业主义的市场化报纸,就有可能陷入黄色报纸的泥潭。必须高举新闻专业主义的大旗,弘扬新闻理念的主旋律。如果不讲专业主义,中国新闻真的没有希望,这是我们面临的最为严峻的问题"①。

研究者认为,这种强调应该建立在对新闻客观性进行批判性分析的基础之上。与此同时,这种强调不能局限于单纯的批判,一味地批判只会使新闻客观性改进的努力停滞不前。对于新闻客观性的解构固然重要,但对于新闻客观性的重构更为重要。只有在交替重复的解构与重构之中,才能看清和丰富新闻客观性的内涵与外延,才能重新认识新闻客观性的价值与意义,才能发挥新闻客观性的现实意义。

对于新闻客观性,我们需要辩证地看待,我们既要批判新闻客观性的缺陷,鉴别什么是真的新闻客观性,什么是打着新闻客观性的"招牌"牟取私人权益的行为,我们也要看到新闻客观性在新闻机构及其从业人员价值观等层面的影响。批判是为了让新闻客观性的缺陷更加清晰,通过分析新闻报道所承受的内外部压力,为新闻机构及其从业人员找到平衡和应对的方向。通过分析新媒体时代下新闻客观性所受到的冲击,唤醒新闻机构及其从业人员的新闻专业主义意识,做好应对新挑战的准备。

(作者系中国传媒大学新闻传播学部传播研究院硕士研究生,angduxuezhi1991@163.com)

① 侯迎忠,赵志明.西方新闻专业主义初探[J].当代传播,2003(4):55-57.

第三部分

社会舆论、社会事件与社会治理

新媒体事件的影像传播

——以“法国巴黎恐怖袭击”事件为例

◈ 赵裕秀

腾讯网与清华大学新闻与传播学院新媒体研究中心在联合发布的《众媒时代：2015中国新媒体发展趋势报告》中提到：“组织崩溃，平台重塑，个人崛起，一个全新的‘众媒时代’已然来临。”[①]移动互联网发展迅速，处于互联网节点上的媒体、个人、平台都焕发了新的活力。

法国时间2015年11月13日，巴黎市中心发生了暴力恐怖袭击事件。市内的酒吧及巴塔克兰剧场、国家体育场等地，发生多起爆炸与枪击事件，包括6起枪击事件、3场爆炸和1起人质劫持事件，遭劫持者几乎全部被杀害。[②] 在事件发生后，Twitter、Facebook等社交媒体第一时间发布与事件有关的图片、视频等新闻素材，为媒体机构后续报道提供了一手消息。

新媒体事件的影像传播不再仅仅局限于媒体自身，社交网络和社交产品衍生出媒体属性，以微信、微博为代表的国内社交平台成为各大媒体内容传播的热土。Facebook、Twitter等网络公司已经开始提供基于社交核心的媒体入口。如今，新媒体事件的影像传播呈现什么样的状态和趋势？传播路径是怎样的？新媒体事件影像传播存在哪些问题？本文结合巴黎暴力恐怖袭击事件，对此进行研究探讨。

一、新媒体事件的可视化趋向

2014年8月18日，习近平推出文化传媒新政，“推动传统媒体和新兴媒体融合发

① 企鹅智酷.众媒时代：2015中国新媒体发展趋势报告[EB/OL].(2015-11-12)[2016-01-11].http://ln.qq.com/a/20151112/019928.htm.

② 法国巴黎发生严重恐怖袭击事件[EB/OL].(2015-11-14)[2016-01-20].http://www.sc.xinhuanet.com/content/2015－11/14/c_1117142659.htm.

展，要遵循新闻传播规律和新兴媒体发展规律，强化互联网思维，坚持传统媒体和新兴媒体优势互补、一体发展，坚持先进技术为支撑，内容建设为根本，推动传统媒体和新兴媒体在内容、渠道、平台、经营、管理等方面的深度融合”①。在媒体融合的当下，影像传播逐渐显现出独特的优势，在新媒体事件发生后，影像传播因其直观性、生动性得到受众的认同，新媒体事件的可视化成为趋势。

在巴黎暴力恐怖袭击事件发生后，国内外多家媒体及时跟进报道。BBC 在报道中用一系列短视频与文字、图片相结合的方式，描述了 13 日晚每个袭击发生的时间点和现场情况。NBC 用视频、图片、文字等持续跟进报道，详细解读了巴黎暴力恐怖袭击的最新进展。《卫报》梳理了巴黎恐怖爆炸的流程，以地图形式直观呈现。国内的网易新闻制作了专题，对巴黎暴力恐怖袭击事件进行了可视化报道，图文并茂。凤凰网则在新闻客户端实时更新事件进展，将视频、图片等汇总播报。

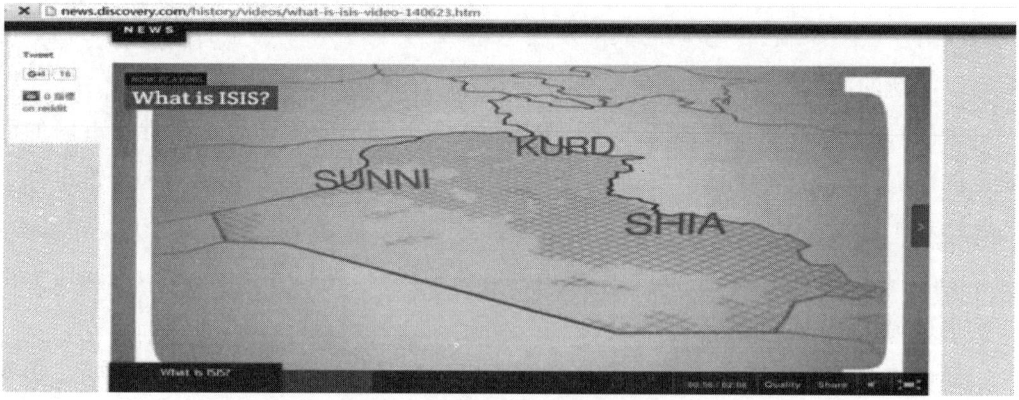

图 1 视频截图：地图可视化②

喻国明教授指出，“传媒产业的特殊性在于，在现代市场经济运行过程中，真正稀缺的，是当代人的‘注意力’资源”，“无论是媒介内容还是广告，其本质都是通过特定的传播过程凝聚起相关的社会注意力资源，再把这种注意力资源转换为社会行动或者消费层面的影响力”。③ 新媒体事件的传播同样依赖于受众的“注意力”，在巴黎暴力恐怖袭击事件中，媒体倾向于以可视化的形式来呈现事件进展；新媒体事件以可视化视角呈现，使得受众更加信服、更能接受，从而提升了传播力度和广度。

---

① 加快推动传统媒体和新兴媒体融合发展[EB/OL].(2014-04-23)[2016-01-16].http://politics.people.com.cn/n/2014/0423/c1001－24930310.html.

② SEEKER.What's ISIS[EB/OL].(2015-11-)[2016-01-16].news.discovery.com.

③ 喻国明，丁汉青，支庭荣，陈端.传媒经济学教程[M].北京：中国人民大学出版社，2009：47.

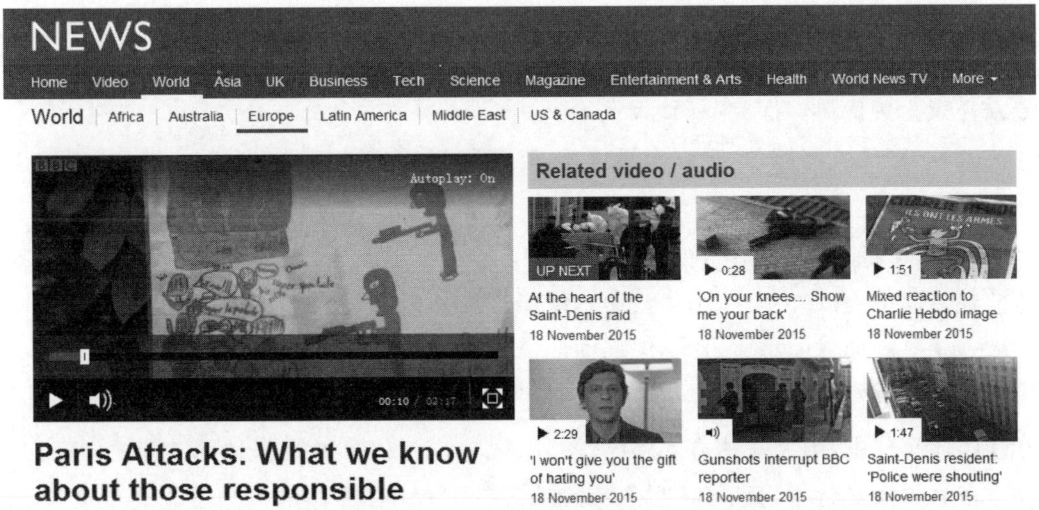

图 2 BBC NEWS 网站对巴黎暴恐事件的报道①

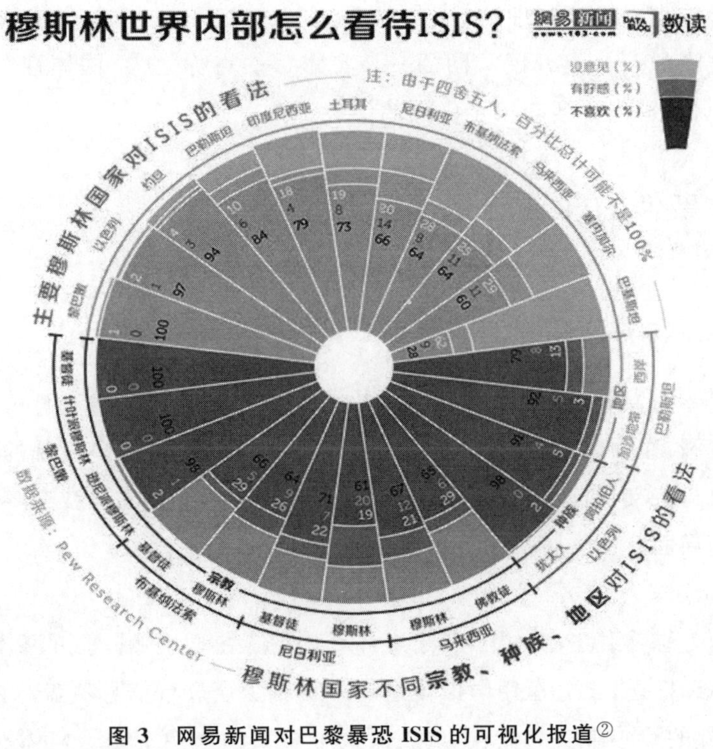

图 3 网易新闻对巴黎暴恐 ISIS 的可视化报道②

---

① Paris attacks：what we know about those responsible[EB/OL].(2015-12-18)[2016-01-16].http://www.bbc.com/news.

② 穆斯林世界内部怎么看待 ISIS? [EB/OL].(2015-11-20)[2016-01-11].http://data.163.com/15/1120/01/B8R1CQ5E00014MTN.html.

新媒体环境下,“读图”受到受众的青睐,大数据新闻、可视化新闻得到受众的认可,新媒体事件转向了可视化的路径。相比传统的文字传播,影像传播何以具有吸引受众注意力的优势?探究原因,大致如下。

第一,影像直接简单,受众容易接受,降低了阅读的时间成本和精力成本,更能引发人们转载、关注。

第二,影像用画面说话,更有说服力。受众接触媒介的渠道增多,仅仅依靠文字很难验证新闻事实的真实性,影像虽然不能保证全部内容的真实性,但为受众提供了可以直观感受到的新闻事实,增强了预期的信任程度,使得受众更为信服。

第三,影像丰富的表达手法更易引发受众的认同。影像不仅仅局限于单张图片,在新媒体事件中,影像表达方式多样:图片、视频、截图、漫画等都是可供传播的素材;在丰富的传播素材中,受众根据自身需求进行解读,对影像的共识更易引发受众的认同。

肯尼斯·伯克提出认同理论,认为“无论人与人之间进行怎样的交流,其中发挥作用的是他们共享的——或者说共同的——实体”,伯克称之为“同体性”。① 新媒体事件趋向于可视化,影像传播获得了极大的优势。

二、新媒体事件的影像传播路径

(一)媒体:众媒时代

随着新媒体的发展,影像传播不再像以前一样“由上而下”地进行传播,而是呈现出多元化的状态:在内容上,媒体用影像引入多重议题,提供更多直观的呈现方式,拓宽新闻的价值与意义,拉近与读者的距离;在平台上,主流媒体与社交媒体相结合,呈现多元共生的局面。

1.内容

在巴黎暴力恐怖袭击事件中,各家媒体在内容上深度挖掘,新闻基本事实与后续的深度报道持续推送,充分运用影像传播的方式对受众进行信息覆盖。在事件发生初期,媒体以事件的核心事实为焦点,重点播报了相关的影像资源。媒体在第一时间发布消息后,积极跟进事件进展,不断深化报道分析。如国内的中青在线网将新闻事实整理成“图片解说”以及“实时更新”播报,在微信平台进行广泛传播;凤凰网以专题的

① 伯克.当代西方修辞学:演讲与话语批评[M].常昌富.译.北京:中国社会科学出版社,1998:9.

形式将巴黎暴力恐怖袭击事件整理汇总。

图 4　凤凰网专题截图(1)①

图 5　凤凰网专题截图(2)②

在事件发生之后，各家媒体开始寻求不同的采写角度，对巴黎暴力恐怖袭击事件

①② 黑色夜巴黎[EB/OL].(2015-11-)[2016-01-15].http://news.ifeng.com:8080/world/special/paris/.

进行进一步的深度解读。主要焦点包括:回顾全球恐怖袭击、解构暴行的实施者——ISIS、评论(解析巴黎恐袭原因、如何反恐)等。在深度解读中,各家媒体着重分析了巴黎暴力恐怖袭击背后的ISIS组织,用视频解说或大数据对其进行全面深度解读。

2.平台

主流媒体与社交媒体相结合,拓宽了信息的覆盖范围,激活了传媒圈的传播活力。正如彭兰教授在论新媒体基因时提到的,"新媒体上的内容传播,是一种基于社交的内容传播。新媒体的传播活动如果不能与社交产品或活动产生深层关联,其传播效果也就会受到抑制"①。

法国巴黎恐怖袭击事件发生于当地时间11月13日21:00—22:00,即北京时间14日4:00—5:00。各家媒体均在第一时间发布新闻,且多家媒体通过Twitter、Facebook等社交媒体发出第一条消息。法新社于北京时间约5:30在Twitter上发布第一条消息,新浪最早的一条消息发布于北京时间14日5:43。

图6 Twitter上发布的信息

除此之外,大量自媒体平台,诸如国内的微博、微信公众号、新闻客户端等也实时跟进报道,其中不乏许多有价值的独立见解,满足了不同受众的个性化需求。

(二)受众:传受合一

桑德拉·保尔罗凯奇和迈尔文·德弗勒共同提出了依附理论,依附理论预测人们要依赖于媒介信息来满足某些需求,达到某些目标。② 影响人们依附程度的因素有两个:一是媒介能够满足人们需求的多少;二是人们社交能力的强弱。

在新媒体时代,传播者和受众的角色界限模糊,在传播过程中,受众既可以是传播者,同时也可以是接受者。"移动互联网,是一张由终端、内容、人、服务这四个要素连

① 彭兰.再论新媒体基因[J].新闻与写作,2014(2):5-8.

② 李特约翰.人类传播理论[M].史安斌,译.北京:清华大学出版社,2009:376.

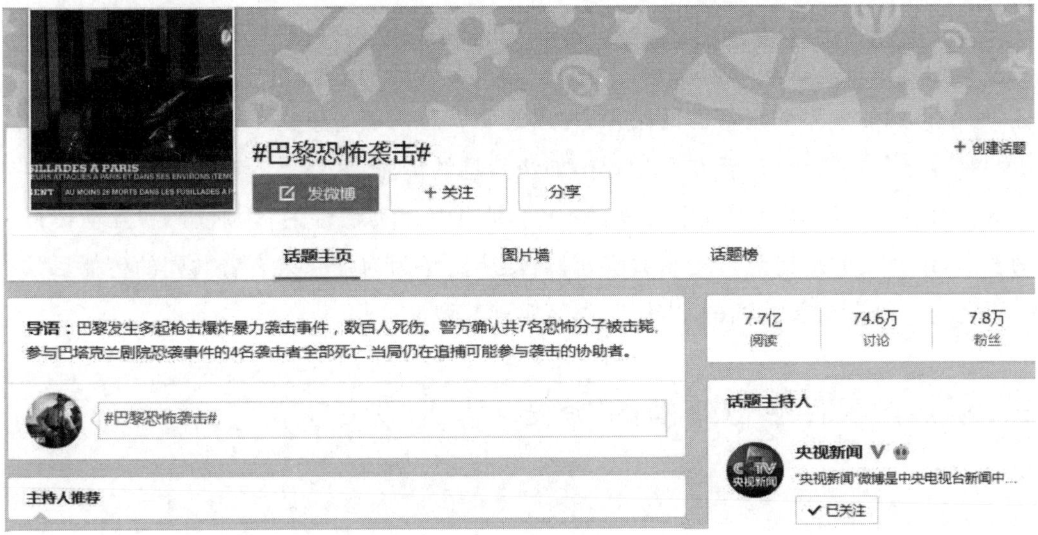

图 7　微博"巴黎恐怖袭击"话题

接、交织成的一张巨大的网，每个用户都是这个网上的动态节点。"①

当然，ISIS 也选择了 Twitter 作为宣传渠道，在与受众的交互中实现其宣传目的。"社交媒体团队每天都利用大量的空白账户向各种 Twitter 使用者发送各种推文，高峰期一天可以发出 4 万条推文。"②ISIS 深谙社交媒体在宣传中的重要性，"传受合一"的社交平台令其变换不同的账号对受众展开猛烈的宣传攻势。

肯尼斯·伯克提出认同理论，他在分析个案时采用的最基本方法是戏剧性五元法。下面我们就用这一方法对巴黎暴力恐怖袭击事件进行分析。

五元法的第一个元素是行为，这是由"演员"(动作的发出者)来完成的，主要是指演员表演的是何种角色，取得了何种成效。在巴黎暴力恐怖袭击事件中，受众接收影像即肯尼斯·伯克所说的行为。第二个元素是场景，即实施行为时所处的情况或背景，在巴黎暴力恐怖袭击事件中，场景即前文所提到的传播媒体和新媒体融合互动形成的传播环境。第三个元素是中介人，即演员，在巴黎暴力恐怖袭击事件中，中介人即受众自身，受众有自己的使用需求，并在使用需求的支配下选择自己的行为，对自己录制的影像进行传播。第四个因素是中介，即中介人用来实施行为的方式或者工具，在

---

① 企鹅智酷.众媒时代：2015 中国新媒体发展趋势报告[EB/OL].(2015-11-12)[2016-01-11].http://ln.qq.com/a/20151112/019928.htm.

② 互联网的一些事.巴黎 24 小时：网络时代的暴恐袭击是如何传播的？[EB/OL].(2015-11-16)[2016-01-21].http://help.3g.163.com/15/1117/02/B8JCFMD300964KBI.html.

巴黎暴力恐怖袭击事件中，中介人使用的中介为Twitter、微信、微博等社交平台，并在台网互动的情景下实现双向连接。第五个元素是目的，即行为的动因、言语交流的目标、期望得到的效果或者行为的结果，在巴黎暴力恐怖袭击事件中，受众行为的动因出于一种分享传播需求，期望在此过程中加快信息的传播、共享。

综合分析认同理论的五个元素，中介人利用中介实施行为，以期达到“互动传播”的目的，中介人的传播意义得到共享。换言之，正是因为中介人有着共同的传播目的，传播行为才得以拥有共同的“实体”，从而实现其意义。

三、新媒体事件影像传播的“冷思考”

（一）伦理冲突

新媒体事件的影像传播并非完美的，它在带来丰富立体的感官体验的同时，也带来了许多问题。这些问题并非在当下才出现，关于新闻图片的伦理争议早已有之。不过在当下众媒时代，在人人都可以成为传播者的今天，对其进行伦理审视显得更为重要。

当前，新媒体影像传播存在的主要伦理问题有：影像造假、影像黄色暴力、影像偷拍侵犯他人隐私等。反观巴黎暴力恐怖袭击事件，在此次报道中，媒体报道在用词和图片上大多持审慎的态度，没有用暴力血腥的图片来吸引眼球，画面整体偏暗，显示出对受难者的哀悼。《三联生活周刊》在《巴黎的黑色星期五》中使用的照片以静态环境为主，没有将受难者的正面以及血腥场面展现出来，即使有照片是表现在场的民众，也保持了相对的克制态度，使人物形象有一定的情绪空间，而非将其狼狈不堪作为噱头，展现了一种人文关怀。①

然而，依然有一些媒体采用“视觉暴力”进行报道，将巴黎暴力恐怖袭击的血腥图片、视频传播给公众。加之在媒体融合的众媒时代，人们既是受众，又是传播者，在突发事件出现时，亲临现场的人有机会拿起手机对其进行拍摄，随后进行传播，第一手的影像使得其传播具有天然的传播效力。但是，这种便捷的传播方式同时也会伴随着强烈的视觉冲击力，这种冲击可能会吸引广大受众的注意力，但也会对当事人造成不可逆转的负面影响，给受众带来更大的恐慌。而恐怖分子也正希望民众产生恐慌心理，

---

① 巴黎的黑色星期五[EB/OL].(2015-11-19)[2016-01-15].http://www.lifeweek.com.cn/2015/1119/46896.shtml.

图 8 《三联生活周刊》:巴塔克兰剧场内有一百多人伤亡

血腥、暴力的影像无疑对其暴力行为起到了推波助澜的作用。

一般来说,影像冲击力越强,传播价值越高。但是从人道主义的角度出发,在人人都是传播者的今天,传播者选择遇难者的惨状、现场的血腥场景等为传播内容,虽更大限度地满足了公众对信息的知情权,但也引发了人道主义和新闻价值之间的冲突。在新媒体事件的影像传播中,当人道主义与新闻价值发生冲突时,传播者该如何做?周建青指出,"当新闻价值与人文关怀发生冲突时,传播者应该在兼顾人文关怀的情况下最大限度地挖掘新闻价值;在追求新闻价值、履行职责的同时,不应忽视对拍摄人物与受众的人文关怀。要在新闻价值与人文关怀之间寻找平衡点。如此报道才有生命力,才能为大众所接受"①。

对此,杨保军老师认为,"新闻价值是个内涵十分丰富的概念,它既指狭义的新闻价值,即客体具有能够消除人们认知不确定性的信息价值,同时,又指新闻客体的其他价值,即建立在新闻客体属性、功能基础之上的对主体的其他价值,诸如新闻的宣传价值、政治价值、舆论价值、知识价值、文化价值、经济价值、审美价值等。它们共同构成新闻价值完整的、多项的、多层次的系统,从而使我们能够从不同的角度、不同的层面

① 周建青.新媒体影像传播的伦理冲突及其影响因素研究[J].现代传播,2012(8):15-19.

图 9 《三联生活周刊》:巴塔克兰剧场附近,民众在互相拥抱

对新闻价值进行研究,也为新闻传播活动从不同方面发现价值、创造价值、分享价值、实现价值增值提供一些思路”①。杨保军老师对于新闻价值给出了不同层次的理解,新闻价值本身蕴含了一定的文化价值,一味追求影像冲击力,仅仅实现了狭义的新闻价值,且与可能牵涉的道德问题相悖。

(二)法理冲突

隐私权和知情权的冲突是新媒体事件影像传播的主要法理冲突。

知情权是指知悉、获取信息的自由与权利,包括从官方或非官方知悉、获取相关信息。狭义知情权仅指知悉、获取官方信息的自由与权利。随着知情外延的不断扩展,知情权既有公法权利的属性,也有民事权利的属性,特别是个人信息的知情权,是公民作为民事主体所必须享有的人格权的一部分。② 隐私权是重要的人格权,指自然人所享有的个人信息、个人私事和个人领域不受他人侵犯的权利。窃取、刺探他人隐私,擅

① 杨保军.试论新闻价值构成的多项性和层次性[J].国际新闻界,2002(4):46-51.

② 知情权[EB/OL].(2016-01-20)[2016-01-22]. http://baike.baidu.com/link?url=OBrlE_sxMMaqaYpO7eWQm8x0L8n4h2N5sjf9nCcVrEWi3v3pIHLd8TqfifacX3BdMOPZNt5kTesoWFfVGb4l-a.

自披露、公开他人隐私，侵入、侵扰他人私生活空间，妨害他人的私生活安宁，侵害他人个人信息、通信秘密等都属于典型的侵犯隐私权行为。①

在新媒体事件的影像传播过程中，人们通过传播影像使公众获得更多与事件真相有关的信息，公众知情权得以维护。但是在影像拍摄过程中，如果不注意对当事人的隐私保护，极易侵犯其个人隐私权。巴黎暴力恐怖袭击事件中，在事件发生初期，有民众将现场的血腥、暴力视频、图片传至网上，里面不乏遇难者的特写镜头以及细节描绘，虽然媒体在随后的报道中尽量避开了相关的影像内容，但是就已广泛传播的影像资料而言，极有可能对遇难者的家属造成二次伤害。

那么，如何在新媒体事件的影像传播中避免法理冲突呢？

第一，在保护隐私权的前提下，最大限度地实现受众的知情权。隐私权属于人格权，是一种人格权利，需要得到尊重和保护。知情权同样重要，但应在保护隐私权的前提下进行拓展延伸。

第二，在众媒时代，"传受合一"的受众要提高自身的媒介素养，对于黄色、暴力、血腥等信息不应该进行公众传播，对待影像应当理性，而非感情用事，避免侵犯他人的隐私权。

四、结语

尼尔·波兹曼曾说："当一种有很大影响力的媒介进入一个文化时，结果并不是旧文化与新媒介的简单混合，而是产生了一种新的文化。"②时代在变化、在发展，新媒体事件的可视化趋向使得我们更容易获取和解读信息，我们在积极适应现代生活的同时，更应该注意影像传播带给我们的挑战和冲突，伦理冲突、法理冲突都是我们应当注意的问题。

除此之外，我们应当提高自身的媒介素养，培养批判性思考能力和人道主义精神，如陈力丹教授和毛湛文博士所说，我们要做"媒介环境的主人"③，而非媒介环境的奴隶。

（作者系中国人民大学新闻学院硕士研究生，zhaoqingaga@163.com）

---

① 钟秀勇.钟秀勇讲民法[M].北京：中国传媒大学出版社，2015：41.

② 李晓云.尼尔·波兹曼与媒介生态学[J].新闻界，2006(4)：84-85.

③ 陈力丹，毛湛文.时空紧张感：新媒体影响生活的另一种后果[J].新闻记者，2014(1).

环境传播:本土化、商业化与从政策到行动的研究

——基于中国环境传播文献的分析

◇ 樊 攀 左 潇

随着经济水平的不断提升,民众对环境保护的监视和诉求也不断增多,围绕经济发展和环境保护的讨论持久不息。客观上,近年来和环境相关的社会问题频发,且成为重要的公共议题并为社会所关注。从2015年初柴静在互联网上发布《穹顶之下》,到多地频发的水污染事件,再到天津"8・12"爆炸事故和深圳山体滑坡事故等,都显示着当前中国已经进入了一个危机高发的时代。

从传播学视角理解和分析环境问题并构建环境传播研究领域,这在20世纪七八十年代的美国已经完成。环境传播研究最大的意义在于"我们对环境的认知和所采取的行为不仅取决于科学,还依赖于公共讨论、媒体、互联网,甚至日常交谈"[①]。环境传播深受符号互动理论影响,认为环境与生存息息相关,环境实践深受环境认知的影响,所以,环境传播主要研究的就是以自然环境为核心的议题在社会、媒体、日常等情境下的传播及各要素在这一过程中的互动问题。西方环境传播研究视角相对全面,与社会学和传播学联系密切,形成了环境话语与权力、环境修辞、环境新闻与媒介、环境政治与社会公平、环境社会动员、环境危机传播、环境与流行文化、环境与国际政治外交转型和环境哲学九大领域。[②] 和国外相对成熟且体系完善的研究状况相比,中国的环境传播学仍处于草创未就的阶段,但当前日趋严峻的环境问题使中国在开展多视角、多学科的环境研究方面越发刻不容缓,传播视角的研究亦如此。而中国由政府主导的环境治理和环境政策的客观情况,从政治经济和文化的视角来看,也预示着中国的环境传播研究和西方国家具有明显差异性。

---

① COX R.Environmental communication and the public sphere. London: Sage, 2013.

② 刘涛.环境传播的九大研究领域(1938—2007):话语、权力与政治的解读视角[J].新闻大学,2009(4):97-104.

为更好地介绍和梳理中国环境传播研究的最新进展,笔者以2015年全年为研究时段,选择国内9家中文期刊[1],并在EBSCO数据库中以"Environmental Communication"和"China"为关键词对2008年以来的相关论文进行全库搜索和拣选,[2]最终获得国内论文41篇,国际英文论文14篇。笔者将对这一研究的最新动态进行梳理和分析,归纳出当前中国环境问题的传播研究图谱,并结合当前中国的环境和传媒现状,提出若干未来可能出现的研究方向。

一、环境新闻报道:关于环境传播内容及其生产的研究

从本质上讲,对环境传播学和环境新闻报道的研究,是从建构主义的层面将人看作"有资格能力和沟通能力的行动者"[3],讨论作为有行动能力的人如何认识环境,并采取影响环境的行为。Boykoff和Robert指出,"气候学家、环境政策、媒体和公众是复杂且动态的,科学家会对新闻界和公众对科学的理解产生影响,但同时新闻报道也会对科学家以及与科技、环境相关的政策制定者产生影响"[4]。在对环境新闻和科技议题新闻的研究中,内容分析方法和框架理论等成为研究工具。柳旭东等人采用此方法对《新闻联播》十年来的食品安全议题报道进行了框架研究,发现在央视的此类报道中,政府官员是"主要消息来源,强调责任问题,目的是促进理性舆论的形成"[5]。而针对环境问题的调查性报道也并非对官方主导的发展话语的否定,其关键在于唤醒公众的危机意识,促进经济社会转型,将社会风险最小化。[6] 当面对国外媒体对中国环境问题的报道时,中国国内媒体真实客观的报道成为降低负面影响的有效手段,因为外媒重视中国媒体的相关报道,可见国内传播和国际传播之间相互影响、制约。同时,对新媒体平台的舆情引导也势在必行。[7]

在对新闻报道的研究中,除了这一视角,基于不同平台、不同地域的传播内容的比

---

① 9家期刊分别为《编辑之友》《当代传播》《国际新闻界》《现代传播》《新闻大学》《新闻记者》《新闻界》《新闻与传播研究》《新闻与写作》等,2014年这些期刊刊载的关于中国环境议题传播研究的篇数为25篇。

② 国际期刊数据库中关于中国环境传播研究的文献数量偏少,且这些研究相对国内来讲仍属于前沿议题,所以选择这一时间段。

③ 黄旦.由功能主义向建构主义转化[J].新闻大学,2008(2):46-48.

④ MAXWELL B T, TIMMONS R.Media coverage of climate change: current trends, strengths, weaknesses[J]. Human development report, 2007(1):1-53.

⑤ 柳旭东,窦俊娥.中国国家电视媒体食品安全议题报道的框架研究——基于对中央电视台新闻联播十年报道的实证分析[J].现代传播,2015,37(1):55-60.

⑥ JINGRONG T.Environmental risks in newspaper coverage: a framing analysis of investigative reports on environmental problems in 10 Chinese newspapers[J].Environmental communication, 2014,8(3):345-367.

⑦ 刘新鑫,陈骁男.负面消息的国际再传播——以BBC关于北京雾霾报道为例[J].对外传播,2015(8):33-35.

较研究也成为2015年研究的重点，这些研究都是在互联网带来的新闻媒体和受众的新型互动关系的基础上展开的。总体来看，新媒体和传统媒体的环境信息传播存在显著区别，但“官方场域风险沟通意识不足，传播议题对接不力；民间场域科学认知缺乏确定性，传播议题偏颇”①，却成为两个舆论场沟通的问题。而且公众通过质疑经济发展方式的形式来对诸如雾霾等环境问题展开讨论并回应官方报道，但他们在改善环境问题中却并未被官方媒体赋予行动的权利。②

在以新闻报道为对象的研究中，除了就内容本身展开分析之外，环境新闻生产过程也成为研究的内容。有别于其他新闻报道，在环境、科技和危机新闻报道中，科学家成为不可或缺的因素，因此，记者与科学家的关系究竟应该是怎样的，成为显性问题。戴佳指出，新闻报道高度依赖专家信源，而且专家们的立场保持一致，很少出现专家之间、专家与公众之间观点相背的情况，呈现出专业知识垄断的局面。③ 科学家作为消息来源和关键知识生产主体，和新闻记者应当是一种竞争性共生的互动关系，只有两者在公众责任和利益框架的基础上重建信任、展开合作，才有助于建立稳定的社会知识生产体系。④

二、环境危机事件的传播机制：主体、认知与行动的环境传播研究

近年来，学界对危机事件的研究进一步深化，其现实原因就在于危机事件的频发。将环境与危机事件作为案例展开研究，成为诸多研究的选择。目前，国内学者针对这些事件，主要探讨三类问题：传播过程中各传播主体间的关系、公众与媒体的风险感知问题、环境危机事件的动员策略与治理。

事实上，不仅是在新闻生产中，在整个事件的发生、发展和结束的过程中，政府、科学家、媒体、公众等都是重要的参与主体。梳理这些主体在事件中的角色和关系，成为分析传播过程的前提与要务。当风险事件发生时，强调技术风险的专家往往和官方一同出场，因此遭到公众的质疑。因为信任的缺失，公众从内容和情感上对事件展开了丰富且极端的阐释，媒体在这一过程中既需要缓和专家与公众之间的对抗关系，同时还要建构

---

① 李文竹，杨春兰，杨明祥.风险沟通视野中水资源议题的传播场域模式与优化路径——基于2014年三峡工程调度风险事件的文本分析[J].现代传播，2015，37(6)：56-60.

② MALIAN.The Beijing smog：between media frames and public perceptions[J].China media research，2015(10)：6-15.

③ 戴佳，曾繁旭，郭倩.风险沟通中的专家依赖：以转基因技术报道为例[J].新闻与传播研究，2015(6)：32-45.

④ 陈刚.转基因争议与大众媒介知识生产的焦虑——科学家与新闻记者关系的视角[J].国际新闻界，2015，37(1)：101-113.

政府形象，最终导致公众立场与政府立场并存的分裂局面。① 面对这一情况，一方面需要专家们转变话语路径，另一方面社会化媒体要积极发挥正向引导作用。因为社会化媒体给予了民众表达和参与的机会，实现了对民众的赋权，这成为风险沟通中社会信任建设的重要环节；而且社会化媒体在风险事件中具有谣言澄清的能力，足见其在风险信息传播中的作用。② 然而，在对事件的研究中，更多研究将目光置于以公众为主的内容。

贝克提出了"风险社会"的概念，用来诠释科技发展在带来社会进步的同时，对生态环境以及人类自身造成的威胁。环境问题之所以成为危机事件，就在于民众对事件的感知和事件真实风险之间存在差异。曾繁旭等人以山东的两起核电站事件为例，发现在中国的语境下，环境风险会受到信息过程、制度结构和个体反应的三重影响，媒体机构、专家与意见领袖的意见争夺决定了信息过程，各方利益的信息控制手段构成了制度结构因素，使得民众在信息匮乏的情况之下产生"对抗性解读"，进而对风险项目"污名化"，将风险放大。③ 从心理学的层面解释，这是因为突发性公共危机事件会经历心理冲击期、心理防御期和心理恢复期三个阶段，加之媒体在这三个阶段都会对公众舆论产生影响，从而导致舆论的流变。④

当公众对风险的感知放大后，便会将愤怒、恐惧等转化为行动。中国的环境网络行动主义事实上是在"数字嘉年华"的背景下，由中国政治经济现状、技术结构和社会动员三方面构成的，网民通过网络日常行动完成关于环境权益的表达并推动问题解决。⑤ 除了日常行动外，更多研究聚焦于较为激烈和突发的行动。具体来讲，社会化媒体是重要的动员手段，通过这一平台，信息使民众达成共识，完成动员。杨银娟借助框架整合理论指出，茂名 PX 事件中抗议活动的组织者和政府开展的民意博弈，本质为框架的博弈。⑥

三、环境传播研究取向与路径：跨地区、跨学科与多样态环境传播话语

从根本上来讲，无论是对转基因、核电还是 PX、雾霾等的讨论，都涉及科学传播与

---

① 戴佳，曾繁旭，郭倩.风险沟通中的专家依赖：以转基因技术报道为例[J].新闻与传播研究，2015(5)：32-45.

② 王宇琦，曾繁旭.谣言澄清与民众赋权——社会化媒体在风险沟通中的角色担当[J].当代传播，2015(2)：14-18.

③ 曾繁旭，戴佳，王宇琦.技术风险 vs 感知风险：传播过程与风险社会放大[J].现代传播，2015，37(3)：40-46.

④ 丁迈，罗佳.心理应激影响下突发性公共危机事件的公众舆论流变[J].现代传播，2015，37(2)：50-53.

⑤ CHENSIBO.Tool of Emancipation or Domination? Debating the Contentious Nature of China's Online Environmental Activism[J].China media research，2015(10)：16-27.

⑥ 杨银娟.社会化媒体、框架整合与集体行动的动员：广东茂名 PX 事件研究[J].国际新闻界，2015，37(2)：117-129.

环境传播这一重要议题，所以关于科学传播、环境传播的研究不在少数。而西方国家开始对科学传播、环境传播进行研究要早于中国，因此，他们的研究成果值得借鉴、分析与再讨论。

陈虹等人对“Web of Science”数据库中的文献进行分析后发现，在社交媒体语境之下的危机传播研究中，情绪研究、图像的修辞学成为新的研究内容，而生态观的研究取向以及跨国家、跨地区的研究路径成为未来的研究新方向。① 经过对两本国际权威期刊的分析，朱巧燕发现公众参与、科学与媒介、科学与社会是科学传播研究的三大主题，作为一个跨学科的研究领域，持科学主义立场的公众理解科学范式仍为主导，但是人文主义立场和更强调公众主体性的范式也在稳步发展。② 而要想达成后两种立场，生态社会主义和生态女性主义都须成为中国环境传播研究中心的话语取向。赵月枝提出了“只有生态社会主义才能救中国和世界”③的理论观点，认为环境传播的实践必须要放置于历史与现实、中国与世界的互动关系中加以考察。纪莉则对美国环境传播中的生态女性主义运动进行了梳理，发现女性能够根据本体经验有意识地利用大众传媒手段开展环境传播行动，故环境弱势群体与环境正义运动相结合，将成为女性进行环境传播的未来趋向。④

四、中国环境问题传播研究的路径：本土化、商业化与从政策到行动的研究

国家、社会、媒体、科学家和商业力量成为中国环境传播问题的主体，也是环境治理的主体；厘清这些主体在环境传播中的关系，就成为开展环境传播研究的前提。根据对当前中国环境问题的传播学研究文献的梳理以及当前中国环境问题的现实，笔者尝试描绘中国环境问题传播研究的路径（如图 1）。

从图 1 可知，在具体的环境问题的传播研究中，当前的研究主要围绕研究路径中的三个切面展开：公众与媒体的关系，新媒体和传统媒体的信息传播及其关系，以及环境事件和新闻生产中科学家、媒体与公众之间的关系。

环境传播问题中最为关键的就是公众与媒体的关系问题，传统媒体和新媒体都是

---

① 陈虹，秦静.国外危机传播研究前沿与趋势——基于 2014～2015 年 Web of Science 数据库的分析[J].新闻记者，2015(11)：78-84.

② 朱巧燕.国际科学传播研究：立场、范式与学术路径[J].新闻与传播研究，2015(6)：78-92.

③ 赵月枝，范松楠.环境传播：历史、现实与生态社会主义道路——与传播学者赵月枝教授的对话[J].新闻大学，2015(1)：1-7.

④ 纪莉，曾益民.美国环境传播中的生态女性主义运动与发展：思考与启示[J].新闻与传播研究，2015(9)：22-35.

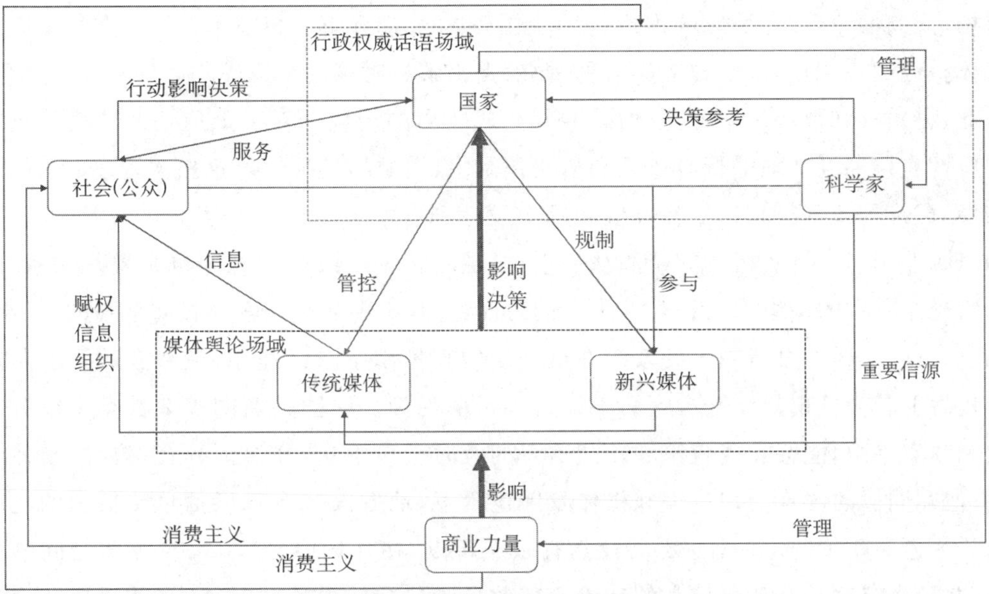

图 1　中国环境问题的传播研究路径

公众在环境传播过程中的信息提供者,因为公众能在新兴媒体上表达自己的观点,所以新兴媒体除了提供信息外,对公众还具有赋权的作用,甚至诸多抗争事件都以新媒体为组织平台。在目前的环境传播研究中,就有诸多学者将研究目光聚焦于对社会和媒体舆论场域之间的互动关系的探讨,包括上文提到的公众对环境风险的感知、环境权益的表达以及公众借助新兴媒体完成的行动动员,就属于这一范畴。在新兴媒体成为公众信源、组织和赋权平台的同时,同为媒体舆论场域的传统媒体和新兴媒体在环境传播中的作用及其在社会舆论生成中的角色则成为另一个研究重点。传统媒体的环境新闻报道对于环境问题的改善和治理的作用,传统媒体和新兴媒体在环境信息传播和环境事件中的作用究竟如何,都成为研究的热点。而在新闻生产的过程中,科学家是传统媒体环境中新闻报道的重要信源,在新闻报道过程中,如何处理好记者、科学家和公众之间的关系,也成为研究探讨的问题。

但通过对照图 1 给出的研究路径,不难发现,还有诸多关系是当前研究中的边缘区域,甚至是盲点。

第一,虽然科学家因其科学背景成为环境传播的重要一环,但在中国的环境新闻报道中,代表行政力量的政府官员和代表科学力量的科学家成为新闻的主要消息来源,环境问题在媒体的话语中成了官员的"政绩"。[①] 专业性资源管理机构、污染控制

① 樊攀.历史语境下 PM2.5 议题的话语变迁与报纸呈现[J].新闻与传播评论,2014(1):290-305.

机构、规制性政策、环境影响评价、专家顾问和理性的政策分析技术等制度和环节成为媒体报道的关注焦点，形成专家解释、政府提出解决对策的报道模式和环境实践路径，由此，科学家和政府之间建立合作，共同完成环境的治理和对民众迫切的环境诉求的回应。在科层制管理的行政体系和科研体系中，问题的复杂性导致相关管理部门的复杂性，最终导致各行政部门在环境问题上发生利益冲突。再加上当前排污者、开发者和资源使用者与行政机构间是顺从关系，基层官员和上级部门之间也是遵从关系，环境治理中存在的两组关系都存在较大的协商空间，中国环境问题又具有极强的地域性和复杂性，这样中央所制定的政策在最基层的官僚制中未必适用，最终在政策的制定和效力上就会呈现整体性有余而本地化不足的局面。中国的新闻媒体被牢牢掌握在党和政府手中，能够实现政策和新闻信息的及时上传下达，并保证社会舆论的整体动向；但在同样的国家治理逻辑和媒体发展逻辑下，地方媒体在环境信息传播中的空间和关注也和政策制定一样，效果极其有限。所以，在强调专家、国家与媒体之间的关系，并且肯定这一关系所带来的环境治理效果和传播效果的同时，环境传播研究也需要思考如何实现环境信息的本地化传播。只有环境信息更符合地方要求，才能实现从"统治"向"管治"话语的转换。

第二，中国媒体企业化经营的发展策略，使得媒体的生存和发展需要依赖广告等一系列市场化手段的运作。媒体越发依赖更具有消费实力的城市中产阶级，并试图刺激农村大量消费来带动经济的整体发展，所以消费主义成为环境传播研究中无法避开的话题。麦克斯韦在其著作《绿化媒体》(*Greening the Media*)中提到，消费主义的刺激不仅表现在广告对高能耗、高污染产品的宣传上，ICT(信息、通信、技术)产品从生产制造的过程来看，其本身就需要消耗诸多稀缺资源，而在消费主义刺激下，ICT 产品的频繁更迭又会产生大量的污染，更不要说对生产工人造成了生理和心理层面的伤害和剥削。作为 ICT 产品生产大国的中国，存在怎样的媒体产品污染的状况，中国的媒体产品生产劳工的生存现状又如何，都值得更多关注。此外，随着近年来西方国家借中国环境问题展开的舆论攻势越发猛烈，中国媒体如何有效回应也成为一个热门话题，但是大多数媒体却规避了西方国家是在转移污染产业至发展中国家这一客观现实，更多发展中国家在全球环境问题中面临着更为严峻的挑战。所以，如何团结更多发展中国家的舆论，回应发达国家针对中国环境问题的舆论，则成为需要思考和研究的问题。

第三，中国政府在环境治理过程中一直在制定新的法律法规，但国内却缺乏关于环境政策传播的研究。笔者仅在国外文献中发现一篇针对中国砍伐森林政策传播的文章，该文章指出，1949－1979 年间自上而下的单向传播模式，在改革开放后随着经济发展方式和观念的变化而变化。森林的砍伐和控制被建构在一种新型的实践逻辑中——制定新型森林保护法律、依托技术提高资源利用率,与此同时,中国一方面加强对森林的管理,另一方面将砍伐森林的区域转向其他国家。[①] 此外,尽管诸多学者将研究目光聚焦于茂名 PX 事件等具有较强对抗性的活动,甚至在关于雾霾的问题中都存在国家与民众对立的言论,但是已有研究表明,中国的环境问题并非压制与反抗的简单二元对立关系,这一问题还需要更多研究加以关注和验证。国家为了达到治理环境和发展经济的双重目标,更加注重新能源和新型产品的推广。有学者对太阳能光伏技术的推广和混合动力汽车的推广进行了分析,发现国家与市场之间建立了默契的配合,但是这些推广都忽略了"技术推广背后的跨文化的特征"[②]。所以,如何从广告和公关的角度来推广新能源产品与技术,成为又一个研究热点。

第四,新媒体成为网民参与讨论环境问题和环境治理的重要手段和媒介。当前研究聚焦于公众如何通过新媒体表达对风险的感知,但是究竟哪些具体因素才会导致环境抗争行动的发生?具有什么特质的人群更加容易参与表达?不同人群的表达和诉求差异究竟是什么?这些问题还有待考察。香港学者针对香港青少年展开了调查,从青少年的环境态度、环境关心程度、对环境问题严重程度的意识等方面考察对青少年群体进行有效环境传播的具体影响因素。[③]

总体来看,中国的环境传播需要走出单纯基于"危机"层面的研究,走出以城市为中心的环境传播研究,超越国家与市场,超越抗争与压制的二元对立观点,深入中国的具体语境和现实之中,在从宏观到微观的多个层次上展开研究,注重环境传播的本地化研究,分析经济发展所带来的环境污染、劳工现状以及国际传播问题,重新审视和思考环境政策的有效传播,并从更为微观的行动层面展开实证分析,对环境意识在各个群体中的培养和扩散进行研究,从而促进环境传播学科在中国的发展,推动中国环境问题的善治。

(作者樊攀系中国传媒大学新闻学院硕士研究生,fanpan@outlook.com.cn;左潇系中国人民大学新闻学院硕士研究生,zuoxiao1993@126.com)

---

① TIAN D,CHAO C C.The communication model and the nature of change in terms of deforestation in China since 1949[J].Applied envioronmetal education & communication, 2010,9(2):122-130.

② LIU X R, SUN Y Q, KALOUSTIION S T. Cultural factors influencing domestic adoption of solar photovoltaic technology:perspectives from China[J].China media research,2015(10):28-41.

③ LEE K.Factors promoting effective environmental communication to adolescents:a study in Hong Kong[J]. China media research,2008,4(3):28-36.

美国公众舆论研究趋势分析

——基于《舆论季刊》(2010—2015)论文的考察

◇ 李艳艳　汪　鑫

公众舆论是传播学经久不衰的主题。随着网络的兴起、社交网络的盛行、手机媒介的普及,国内舆论舆情研究纷纷转向了网络舆论舆情研究、政府舆论宏观调控以及媒体舆论引导等方面,那么,作为传播学研究中心的美国,在舆论研究方面,学者们的关注点何在?为此,本文选取了舆论学研究领域的重要期刊之一——《舆论季刊》(*Public Opinion Quarterly*)作为研究对象,该刊物是美国舆论研究学会(APPOR)于1937年创办的,是舆论学研究引用率最高的期刊。

本文以2011年春季号至2015年冬季号共29期中刊登的论文作为研究对象,剔除书评、会议报道、讣告和勘误、讲话稿等后,共获得有效论文篇数193篇。从研究的性质、数量和比例来看,193篇论文中话题研究共93篇,约占48.1%;数据分析文章共23篇,约占11.9%;调查方法文章共77篇,约占40%。从表1可以看出,《舆论季刊》中调查方法和数据分析是美国学者研究舆论的主要手段,其中不少论文对设计问卷、统计数据以及数据质量等方面进行了深入研究,对调查者、调查方式和样本抽样等诸多细节进行了细化研究。

表1 《舆论季刊》(2010—2015)论文研究性质、篇数及比例

研究性质	篇数	所占比例
话题研究	93	48.1%
数据分析	23	11.9%
调查方法	77	40%

从研究主题来看,主要有选举、公共舆论、军事、性别、党派、民主、种族和移民等近30个话题。从话题数量分布来看,选举、公众舆论和种族问题占据了《舆论季刊》研究

的“半壁江山”,三者加起来占了整个研究主题的44%。从图1可以看出,这些方面是其研究的重点所在,这在客观上与美国的政治形态和美国公众关注的政治话题息息相关。另外,对公众、受访者的态度研究也较多。概括来说,2010—2015年《舆论季刊》中传播学与舆论学研究主要集中于三个中心议题:一是传播环节下对政治多样性的关注;二是政治传播的选择性曝光;三是大众政治传播与人际政治传播的关系。而在公共舆论研究方面,目前有三个主流研究方向:一是对调查回应率本质的进一步研究;二是关于传播技术发展及其给当前公众舆论调查带来的挑战;三是对大众舆论研究质量方面的担忧,尤其是担心大众舆论被诸如“态度启动”(attitude priming)等微妙的说服方式(subtly persuasive processes)所改变。① 在公众舆论方面也有一些新的研究主题和研究发现,例如关于“世代记忆与重要时期”的影响效果的研究以及周年纪念日的传播功效研究。而关于媒介效果的研究也一直存在。

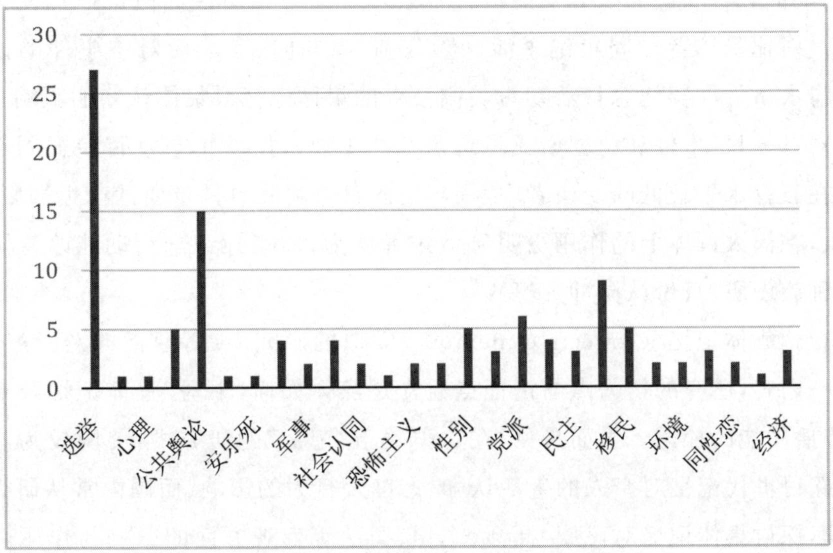

图1 《舆论季刊》(2010—2015)论文研究主题

一、新风向:世代记忆与周年纪念日以及舆论动力学

在Schuman和Corning(2012)的《世代记忆和重要时期:全球或全国性大事件》中,作者假设如果在人生关键时刻(如少年后期、青少年和成年早期)经历了一些全球

① PRICE V.Public opinion research in the new century: reflections of a former POQ editor[J].Public opinion quarterly, 2011,75:846-853.

性或者全国性的大事件，那么这样的经历会对他们日后的生活产生记忆、态度和行为方面的影响。研究数据来自九个调查，大部分与1985年至2010年之间美国的全国性事件有关，从大萧条到当下的大事件，包括肯尼迪总统遇刺、越南战争、“9·11”恐怖袭击事件，还涉及了其他六个国家（中国、德国、以色列、立陶宛、日本和俄罗斯）的大事件。这种假设大部分是建立在受访者对二战或越南战争的回忆或纪念性行为的研究基础之上的。这些调查显示了受访者对海湾战争、伊拉克战争的态度，强调了在重要时刻经历大事件的生命历程在世代效应中的区别。论文的调查方法采用了开放问题（调查对象自述能记起的重要事件）加封闭问卷（给出特定事件供其判断重要程度）的形式，另外还引入受访者自述相关事件的纪念行为来补充研究证据；作者认为，有理由相信事件跨度越长、个人经历越久，影响越大。①

在2013年，Corning和Schuman对周年纪念活动影响效果进行了研究，作者通过对纪念活动的教育功能和唤起功能进行考察，以“9·11”事件和伍德斯托克音乐节为实例，通过对比受访者在周年纪念活动参与前、参与时、参与后对该事件的记忆和认知，来探讨大事件周年纪念日活动对美国公众的集体记忆或集体认知的影响。研究结果显示，对“9·11”事件和伍德斯托克音乐节的重要程度认可与是否参加周年纪念活动有关；在教育水平较低的受访者中，周年纪念日对关联事件重要性产生的影响更大；相比白人，在黑人群体上的作用更明显。作者认为，周年性纪念活动能改善国家冲突（如缓和种族矛盾、身份认同冲突等）。②

国内与“集体记忆”（collective memory）类似的研究主题，通常涉及“媒体与集体记忆”这一内容，研究的切入点与论证点通常是媒体如何“书写”集体记忆及对媒介在其中的传播功能的探讨。显而易见，在这类关于“记忆”的研究中，美国较为注重从个人出发，探讨世代记忆对个人的生活认知、态度及行为的影响，而国内常从研究范本的个案出发，探讨集体记忆对民族、社会、文化、司法等宏观方面的影响与作用，“这种对更为宏观的历史观、社会观缺乏观照的研究取向，导致它始终处于主流社会学和历史学主流理论之外”③。

除此之外，舆论动力学是这几年备受关注的热点。Althaus等（2011）进行了社会认同过程与公众战争动力、支持动力的研究，认为当前公共舆论研究由扎勒的“接收—

① SCHUMAN，CORNING.Generational memory and the critical period：evidence for national and world events[J].Public opinion quarterly，2012，76：1-31.

② CORNING，SCHUMAN.Commemoration matters：the anniversaries of 9·11 and woodstock[J]. Public opinion quarterly，2013，77：433-454.

③ 周海燕.媒介与集体记忆研究：检讨与反思[J].新闻与传播研究，2014（9）：39-50.

接受"模型主导,公共舆论的改变与公众接触到新的观点信息有关。据此,文章从美国近代参与的越南战争、海湾战争以及伊拉克战争等六场战争中公众对于战争的支持与《纽约时报》头版关于战争的报道的关系入手,对报道的时间、伤亡数量、具体事件、报道密度四个变量进行对比,发现公众对战争的态度与报道的密度关系不大,社会认同过程反而是战争支持的聚合动力之一。①

二、旧事重提:媒介效果研究仍有热度

2014 年,政党媒介效果研究重归研究热点领域,新闻媒体的碎片化使得对媒介效果的研究进入了一个新的高潮。随着党派资源逐渐在美国公众中流行起来,学者开始研究党派媒体对公众舆论的影响,较新的研究发现,党派媒体报道对于公众对候选人的认知、投票行为、政治参与及政治知识有重要影响。

Smith 和 Searles(2014)的研究发现,大部分关于党派媒体效果的研究都是根据个体差异从公开的消息源来预测态度变化。该文在电视报道中使用变量来预测观众对候选人印象的持续变化,内容分析和数据调查显示,党派媒介效果来自对立候选人,而不是同方候选人,尤其是在 2008 年美国总统大选中,福克斯新闻网对奥巴马报道的增加并没有让公众更喜欢他,这类报道在奥巴马印象提升方面的效果是最小的。研究结果表明,即使在一个被选择性报道主宰的时代,媒介效果仍然在持续。②

而在公众议程设置方面,Smidt(2012)探讨了公众议程设置是否以同样的方式对不同的议题进行反应。通过对枪支报道的调查,作者发现,关于团体或官方的报道所产生的公众议程效果不如对公民游行活动的报道所产生的效果好,虽然官方或团体在媒介渠道方面有天然优势,但不意味着在公众议程效果上有对等的影响力。③

三、永恒旋律:研究方法、政治选举与态度研究

与国内不同,美国舆论研究的主要选题集中在研究方法、政治选举以及态度研究这三个方面。

---

① ALTHAUS,COE.Priming patriots:social identity processes and the dynamics of public support for war[J].Public opinion quarterly, 2011,75:65-88.

② SMITH,SEARLES.Who let the (attack) dogs out? new evidence for partisan media effects[J].Public opinion quarterly,2014,78:71-99.

③ SMIDT.Not all news is the same:protests,presidents, and the mass public agenda[J].Public opinion quarterly, 2012,76:72-94.

(一)研究方法方面

21世纪以来,调查取样方法经历了由全部列举法到概率抽样的巨大变化(Brick,2011),在公众舆论研究方法论的探讨上,讨论得最多的是调查回应率问题。[①] Millar等(2011)探讨了如何提高网络调查和混合调查(Web and Mixed-Mode Surveys)的回应率问题,认为综合使用多种调查方法有利于提高回应率。[②] Olson等(2012)认为选择公众喜欢的调查模式与提高公众调查参与率没有很大关系,综合使用各种调查模式较佳。还有论文涉及手机网页调查回应率和问卷设计的提高与优化、邮件调查(mail surveys)的回应率问题、认知方式对调查回应率的影响、赞助商对网络及邮件调查回应率影响的实证研究等。[③]

随着网络时代的全面到来和移动手机的全面普及,网络调查和手机调查也逐渐被引入舆论研究中。Link(2014)探讨了移动手机技术对于公共舆论调查研究的影响:手机终端和社交网络平台等新技术的不断出现使公共舆论研究发生了一些变化,人们获取和分享信息的方式发生了变化,这为公共舆论研究提供了新的数据收集方式。然而,当下公共舆论研究依然无法规避技术、统计、方法论和伦理等方面的问题和陷阱。当下,要加强两个关键领域的研究,一是将智能手机作为数据收集媒介,二是将社交媒体作为平台和信息源。[④] Boydstun等人(2014)对2012年美国总统选举辩论的实时反应进行了研究:该研究设计了一款手机应用软件,在此基础上对受众观看总统选举辩论视频的反应数据进行了实时收集和分析,全新的手机软件使得大范围实时收集、研究数据成为可能。[⑤] Toepoel等(2011)对网络调查中的视觉选项与文字提示选项的效果进行了对比:文字提示效果相对视觉内容提示效果更强;两者冲突时被调查者更倾向于文字提示;良好的文字提示有助于弥补视觉内容本身的不足。[⑥] 由此可见,网络调查和手机调查方式越来越多地被引入研究方法中,以适应当下的互联网环境和手机

---

① BRICK.The future of survey sampling[J].Public opinion quarterly, 2011,75:872-888.

② MILLAR,DILLMAN.Improving response to web and mixed-mode surveys[J].Public opinion quarterly, 2011,75:249-269.

③ OLSON,SMYTH,WOOD.Does giving people their preferred survey mode actually increase survey participation rates? An experimental examination[J].Public opinion quarterly, 2012,76:611-635.

④ LINK, MURPHY, SCHOBER,etc.Mobile technologies for conducting, augmenting and potentially replacing surveys:executive summary of the AAPOR task force on emerging technologies in public opinion research[J].Public opinion quarterly, 2014,78:779-787.

⑤ BOYDSTUN, GLAZIER, PIETRY,etc.Real-time reactions to a 2012 presidential debate:a method for understanding which messages matter[J].Public opinion quarterly, 2014,78:330-343.

⑥ TOEPOEL,COUPER.Can verbal instructions counteract visual context effects in web surveys? [J].Public opinion quarterly, 2011,75:1-18.

媒体介质，但这类调查方式的准确性、回应率、可信度等也是研究者担心的问题。如 Greszki 等（2015）探讨了网络调查方式中反应速度太快是否会影响调查数据质量这一问题。[①]

关于调查内容的问题设计方面，Schuldt 等（2011）发现全球变暖和环境问题并不是美国人最关心的，但是在添加了关于未来世界的附加问题后，调查结果发生了很大转变，公众比之前更为重视全球变暖和环境问题。研究认为，传统的 MIP（最重要问题）调查存在不足，应该设计补充问题，弥补当前调查存在的不足。[②]

不同调查途径会产生不同的效果，许多研究认为相比其他调查手段，电话访谈的受访者不管是在尺度上还是在具体答案上，对问题的回答都更为极端，文章通过元分析对比了十八个实验中的电话访谈与其他形式访谈，发现电话受访者相比其他调查方式的受访者更倾向于给出极端积极的回答，作者认为这可能是因为受访者与采访者亲身接触时，不愿意表达负面信息。

由此可见，在舆论学方法研究方面，美国较为注意细节研究，例如 Ye, C.（2011）发现电话访谈中受访者对问题的回答比其他方式更为极端。[③] 还有涉及文字效果与视频或图片效果的对比，调查内容的问题设计细节，语音访谈的男声/女声问题等的研究，整体来说，方法论的研究有越做越细腻的倾向，越来越注意细节。

（二）政治选举与态度研究方面

虽然政治选举与态度研究是美国舆论研究中的主流，但是鉴于中国的政治体制不同，在此就大概介绍一下，不进行详细阐述。Shapiro（2011）综述了《公共舆论》季刊的历史文章，认为公众舆论对政治和政策具有较强的影响力，但是还不足以得出其对美国民主存在较强影响的结论。[④] Levendusky（2011）研究了政治信息对政治态度的影响——传统研究认为，政治信息对选民政治选举中的政治态度影响较大，但这是基于断面数据的分析，带有偏见——文章经过定量研究分析，将这种影响大大缩小。[⑤]

政治与态度方面的主题还涉及公众对最高法院任命程序的看法，节目效应与选举

① GRESZKI, MEYER, SCHOEN. Exploring the effects of removing "too fast" responses and respondents from web surveys[J]. Public opinion quarterly, 2015, 79: 471-503.

② SCHULDT, KONRATH, SCHWAR. "Global warming" or "climate change"?: whether the planet is warming depends on question wording[J]. Public opinion quarterly, 2011, 75: 115-124.

③ FULTON Y C, TOURANGEAU. More positive or more extreme? A meta-analysis of mode differences in response choice[J]. Public opinion quarterly, 2011, 75: 349-365.

④ SHAPIRO. Public opinion and American democracy[J]. Public opinion quarterly, 2011, 75: 982-1017.

⑤ LEVENDUSKY, POPE. Red states vs. blue states: going beyond the mean[J]. Public opinion quarterly, 2011, 75: 227-248.

态度，公众舆论对选举、竞选运动、候选人的态度趋势，奥巴马当选后公民对种族政策态度的变化，投票决策，关于选举预测调查的准确性，政党赞助对政治调查的影响，性别偏见与女性候选人的关系等。

(三)其他方面

态度研究涉及的主题还有：美国公众对同性恋的态度、美国公民对经济的看法、对比富人和穷人收入对政治的影响、公众对于环境政策的态度、公众的宗族态度、公众对禁烟政策的态度、公众对犯罪和惩罚的态度等。其他议题还涉及公众共识的估计研究、政治知识与公民素养之间的关系研究、社会认同极化研究等。例如 Dvir-Gvirsman(2015)研究了公众群体大小与公众共识估计的问题，认为根据认知研究，基于社会的大部分比基于社会的小部分更易于进行社会共识的估计。因为社会的小群体容易高估其言论的影响力。这方面的差距可以用动机推理模式来进行解释。①

四、结语

通过对《舆论季刊》六年来发表的文章的分析发现，美国舆论学研究的重点在于研究方法，其研究的主题往往与国家政治热点有关，涉及总统大选、选民态度、投票方式和种族问题、移民问题等，带有浓厚的美国政治色彩。从总体上看，美国舆论研究在保持研究方法、政治选举与态度研究等主要研究方向不变的同时，也在不断地从研究课题、研究方法上寻找突破和创新，这一点是值得国内学者学习借鉴的。

(作者李艳艳系中国人民大学新闻学院传播学博士研究生，529060655@qq.com；汪鑫系中国人民武装警察部队学院硕士研究生，kitwang@vip.qq.com)

① DVIR-GVIRSMAN.Size matters：the effects of political orientation，majority status，and majority size on misperceptions of public opinion[J].Public opinion quarterly，2015，79：1-27.

以两例舆论事件略论社会舆论反转

◇ 谢庆锋

在2015年社会舆论热点事件中，有两例社会舆论事件与众不同：一例是成都男司机暴打女司机事件，另一例是河南大学生掏鸟被判十年事件。这两例社会舆论事件的与众不同之处在于均发生了舆论反转。在这两例社会舆论反转案例中，哪些因素引发了社会舆论的反转？信息在舆论反转中扮演什么样的角色？媒体新闻报道对舆论反转的影响如何？在社会舆论演化中，大众传媒信息传播应注意什么？社会舆论反转中舆论主体与舆论客体情况如何？

一、社会舆论反转的原因

（一）道德传统促使社会舆论反转

社会舆论具有道德教化功能，社会舆论普遍符合道德传统的要求，社会舆论教导置身其中的社会成员遵守社会道德。男人打女人有违社会道德，无缘无故打人更不符合道德要求。当成都男司机暴打女司机后，围观群众聚集起来不让男司机离开，是出于维护社会道德的心理感知。一个人破坏了社会道德却不受惩罚，便可能被旁观者模仿，导致千万人破坏社会道德。成都男司机暴打女司机的行为被放置到互联网中，网民起初一致谴责男司机，在更大的社会空间内警告社会成员不要模仿男司机的行为。网民对男司机的谴责强化着社会成员的道德观念。

然而，当行车记录仪视频被放置到互联网空间公开后，社会舆论转向谴责女司机，认为其咎由自取、活该被打。社会舆论的这种转向也是出于维护社会道德的需要。“不作死就不会死”的网络流行语反映了社会民众对违反社会规范的行为的态度。行车记录仪视频显示，女司机肇事在先，别了男司机的车，并反复多次，这才导致男司机的暴怒行为。这种情况下，倘若不谴责女司机，以后则会有更多类似女司机别车的社会行为，驾驶安全将难以保证，社会安全秩序面临挑战。

道德传统对舆论的形成有影响和制约作用，“舆论对公众事务的评价，相当程度上不是哲理性的，而是道德意义上的，诸如善恶、美丑、是非等”[①]。“正义暴力”是中国传统道德的一部分，“好人打坏人”被相当数量的民众所认可，武松醉打蒋门神成为文学审美中的暴力美学。这种潜在的社会舆论让社会民众在看到行车记录仪视频后，认为女司机的行为违反社会道德，不再同情她被打。新浪调查显示，有81.8%的被调查者对这一事件所持态度为“女司机多次别车，已经危及男司机的驾驶安全，易造成车祸，后果严重，挨打活该”，仅有18.2%的被调查者对这一事件所持态度为“不管怎么说，身为男人，打女人就是不对”；近一半的被调查者认为倘若自己处在与男司机相同的情境中，也不会忍让，要“为民除害”、打女司机。[②] “正义暴力”的社会潜舆论让社会民众赞同使用暴力惩罚违规者。

(二)舆论场影响社会舆论的最初形成，思维定势掌控社会舆论演变方向

舆论场是影响舆论形成、演化的时空环境。互联网时代，社会舆论更多地以互联网舆论方式呈现，这两起社会舆论反转案例同样发生在互联网信息传播环境之中，网民在社会舆论的转向中扮演着重要角色。互联网场域与社会场域彼此开放，网民聚集在互联网中探讨社会话题，心理认知状态轻松、大胆、无忌、敢说敢言，通过信息交流彼此渲染、形成互动。

互联网舆论场受到社会舆论场的影响，社会舆论场中的心理认知会被带入互联网舆论场中。近些年来，从“躲猫猫”事件到呼格案等一系列冤假错案让社会民众对司法公正产生怀疑。判案量刑成为社会民众关注的话题，民众弱势成为社会认知倾向。《郑州晚报》对大学生闫啸天掏鸟获刑十年的新闻报道正好吻合了社会民众的这一社会认知。对司法判决的疑虑演化成社会民众为大学生闫啸天喊冤的社会舆论。舆论场具有稳定性，社会信息进入舆论场中往往顺应着社会心理场结构而形成社会舆论。大学生掏鸟获刑十年社会事件最初的社会舆论在很大程度上是已有舆论场社会声音的映照。

社会文化中总是存在思维定势，人们在社会历史发展中形成了对社会事物的认知

---

① 陈力丹.舆论学——舆论导向研究[M].上海：上海交通大学出版社，2012：62.

② 新浪调查.男女司机“互相别车”事件调查[EB/OL].(2015-12-22)[2016-02-01].http://survey.news.sina.com.cn/print.php? pid=108783&dpc=1.

倾向。这种认知倾向稳定下来、传承下来,便成为社会认知结构中的定势思维。思维定势会约束人们对信息进行感知、解读的方向,使信息产生符合人们心理感受、认知框架的意义。相同的信息在不同社会群体中产生不同的意义解读,每一种意义都顺应了社会群体的定势思维。思维定势影响信息共识意义的解读,从而影响社会舆论的形成。

社会舆论是社会民众对事物意义认知的反映,对社会事物有倾向性的意义判断汇聚成为特定的社会舆论。"天之骄子""弱女子""恶有恶报"是中国民众的定势思维。当大学生被判刑、女司机被打的信息刺激民众认知时,社会民众对司法判决不满,对女司机被打不满。可是,当大学生故意贩卖国家珍贵鸟类、女司机故意变道伤害男司机的信息被公布后,"恶有恶报"的定势思维使得新生成的社会舆论不再为大学生鸣冤、不再为女司机抱不平。当不断传播的信息顺应社会民众不同类型的定势思维后,不同类型的定势思维背后的社会结构力量引发了社会舆论的反转。

(三)真实信息反转社会舆论

在成都男司机暴打女司机社会舆论事件中,事件刚发生时,社会舆论一边倒地谴责男司机。当男司机将行车记录仪视频信息通过互联网媒体向社会公开后,社会舆论发生反转。行车记录仪视频信息告诉社会公众,女司机别了男司机的车,从而导致男司机的暴力行为。社会公众通过行车记录仪视频信息,重新解读男司机暴打女司机事件,在很大程度上将事件的发生归因于女司机的违章驾驶。行车记录仪视频信息推动了公众意见的转变,大部分网民开始谴责女司机的违章驾驶,认为男司机打女司机有其合理性。

面对网民对大学生闫啸天判刑过重的舆论质疑,负责审理此案的河南新乡法院、检察院工作人员并没有逃避,也没有屈从舆论压力,而是积极借助新闻媒体向社会公众公布判决的依据和闫啸天犯罪的事实信息。法院、检察院向外界提供的权威信息揭示了闫啸天掏鸟案的真相,影响了网民社会意见表达的方向。"信息,是在一种情况下能够减少或消除不确定性的任何事物。"[①]信息在社会舆论演化中发挥着重要作用,权威信息界定着社会事物的属性,促使人们改变对社会事物的片面认识。

社会舆论反转实则是社会公众对社会事物认知的反转,而社会公众是依据公开的社会信息来认识、判断社会事物的。在等待社会事物全面的权威信息的过程中,社会公众往往是没有很大耐性的。大多数人需要即时作出判断,眼前的信息便是依据。权

① 胡正荣,段鹏,张磊.传播学总论[M].北京:清华大学出版社,2008:73.

威信息、真实信息产生的过程性使得社会舆论演化具有过程性，舆论反转便是这种过程性的极端体现。

二、社会舆论反转中的大众传媒

(一)新闻舆论反转社会舆论

在河南大学生闫啸天掏鸟案获刑十年新闻报道的初期，高达70%的被调查者认为量刑过重，司法判决有些不公平。这在很大程度上是由12月1日《郑州晚报》的新闻报道引导的。这篇报道的新闻框架是大学生闫啸天在家门外发现一个鸟窝，他将窝里的鸟掏出来卖掉，但并不知道掏的鸟是国家二级保护鸟类，从而稀里糊涂地被判10年重刑。大众传媒的新闻报道框架影响了社会民众的认知框架，新闻框架能够阐释事件的起因、定义问题。[①]《郑州晚报》这篇报道引导读者认为闫啸天比较冤，在自家门口掏鸟却被判重刑，这对一名风华正茂的年轻大学生来说实在有些残忍。

媒体在公共舆论发展过程中扮演着一个关键角色，通过新闻报道，媒体提供有关议题的各方面信息和议题带来的重大事件的动态解释；当社会事物发展趋势被媒体报道时，感兴趣的公众和政治行为体会依据媒体新闻报道来调整他们对自身和其他人立场的感知。[②] 随后，其他新闻媒体报道大学生闫啸天是专业贩卖珍贵鸟类的人，并公布了其知情所掏鸟是国家二级保护鸟类鹰隼的证据，闫啸天头顶的"大学生"光环被打破。舆论开始反转，社会民众不再一味地认为量刑过重，不再怀疑司法不公。即使有一小部分人依旧为闫啸天说话，但表达的话语已经转移到"为什么不把购买者一并抓起来进行刑事处罚"。当央视以及其他重量级新闻媒体接连报道我国猖獗的猎捕珍贵禽类的犯罪情况时，主流社会舆论不再为闫啸天鸣不平，有些民众认为其是明知故犯、咎由自取。

在大学生闫啸天掏鸟被判重刑的社会舆论事件中，大众传媒的新闻舆论直接左右了民众的社会舆论，新闻报道促使社会舆论发生了反转。这在一定程度上与舆论涉及的社会话题有关。禽类保护是距离普通民众较远的社会话题，普通民众的鸟类知识并不丰富，对国家的禽类保护法知晓不足。早期社会民众的舆论表达是情感化的，风华正茂的年轻大学生因为掏鸟而毁掉前程，这挑战了民众的传统社会认知，毕竟在农村

---

① 郭庆光.传播学教程[M].北京：中国人民大学出版社，2011：214.

② JAMES K V，LEUVEN J K V，MICHAEL D.How publics，public relations，and the media shape the public opinion process[J].Public relations research annual，1991，3：166-168.

掏过鸟的大有人在。当与事实真相相关的信息被新闻媒体公开后,社会民众的认知趋于客观、理性,社会舆论表达具有了理性的权威信息基础。

(二)大众传媒应当避免碎片化地报道新闻事件

两例社会舆论反转揭示,大众传媒在新闻舆论引导中,应当注重社会事件报道的全面性,避免碎片化,从多个角度呈现社会事件的整体状况,动态地展现社会舆论事件的发展过程。

在成都男司机暴打女司机新闻报道中,《华西都市报》5 月 4 日的新闻报道更多呈现了男司机暴打女司机的情景,并配有多幅照片,而对女司机被打的原因未作深入分析。虽然呈现了男司机说女司机别车的信息,但仍站在谴责男司机的立场上认为男司机殴打女司机不对,全文几乎没有文字表现女司机在这一事件中的行为。行车记录仪视频公布后,5 月 5 日的《华西都市报》客观地呈现了女司机与男司机相互别车的详细过程,也刊登了女司机应当承担责任的文字。这篇新闻报道推动了社会舆论大反转,网民开始更多地谴责女司机,甚至有网民找出女司机以前违章驾驶的记录,以佐证女司机的行为是一贯恶习。直到男司机被判刑,仍有相当数量的网民为男司机抱不平。《华西都市报》在 5 月 6 日、7 日、8 日三天均没有再报道这一事件。

相比于《华西都市报》通过后续报道向公众呈现了新闻事件的全貌,《郑州晚报》在 12 月 1 日报道大学生掏鸟获刑新闻后,在接下来的 2 日、3 日、4 日、5 日、7 日里均没有发布后续新闻来报道此事。[①] 在有关大学生掏鸟获刑新闻事件报道方面,《郑州晚报》仅仅开了个头,却没有完整地向公众呈现新闻事件的全过程。该事件后续的新闻报道由央视、东方卫视、《法制晚报》等其他媒体完成。《郑州晚报》设置了其他新闻媒体的议程,却未能尽责地关注此事的后续发展,也正是《郑州晚报》接连几天的失语导致社会舆论一开始便为大学生喊冤。有头无尾的新闻报道让新闻事件碎片化、情绪化,也让社会舆论演化变得飘忽不定。

三、社会舆论反转中的舆论主客体

(一)舆论反转中的舆论主体

公众是舆论主体,两个主要的标志是:借由相反或相同的认知而关联;具有社会参

① 2015 年 12 月 6 日,《郑州晚报》没有发行。

与的自主性。[①] 对社会事物持相同或相近的情绪、观点会把分散于社会中的个体组织起来形成公众。舆论主体并非天然就是理性的，其对社会事物的认知可能朦胧、可能肤浅，甚至可能荒谬。舆论主体的这一特点也使得舆论处于动态演化之中，随着舆论主体对事物的认知状况的变化而变化。当舆论主体的社会认知发生大转变时，社会舆论便发生大反转。

在成都男司机暴打女司机社会舆论事件中，舆论主体在不知晓事件全貌时，对无缘无故的暴力行为的愤恨将社会个体联系起来，使之共同对男司机暴力行为进行道德批判。当行车记录仪视频公开后，舆论主体转向谴责女司机，因为舆论主体在获知新情况后，坚持“恶有恶报”的道德准则。在舆论反转中，社会舆论并未影响司法主体，虽然众多网民认可男司机的暴力行为，但打人男司机最终被判刑 8 个月。舆论主体都是自主地产生对该事件的社会看法与社会情绪的，舆论反转是舆论主体自主意识的自然反映。

在河南大学生掏鸟事件社会舆论反转中，新闻媒体的新闻报道对舆论主体对于该社会事件的社会认知影响较大。新闻媒体含蓄表达出的应当惩罚盗猎者的看法，让舆论主体失去了为闫啸天喊冤的心理动力。当新闻媒体联动式地报道这一社会事件后，舆论主体开始判断意见气候，以恰当地表达社会意见。社会舆论便在舆论主体判断意见气候的过程中悄然发生了反转。大学生掏鸟案中的司法主体则积极借助大众传媒向社会公众传播闫啸天被判刑十年的法理依据，强调闫啸天是明知鹰隼珍贵而故意犯罪。司法主体的信息传播影响了社会舆论的走向。

(二)舆论反转中的舆论客体

现实社会以及各种社会现象、问题是舆论客体，舆论客体通常是在变动过程中成为公众的注意对象的。[②] 在社会发展中，舆论主体形成对舆论客体相对稳定而统一的社会看法。当一种具体行为违背了舆论主体有关舆论客体的一般性社会看法后，社会舆论激起。“男人打女人”不符合社会认知传统，于是男司机的行为成为社会舆论谴责的对象；“自家门口掏鸟”是很多舆论主体的经历，因自家门口掏鸟而获刑十年令舆论主体惊讶。

由于舆论客体的复杂性、舆论主体社会认知的过程性，有关舆论客体的社会认知处于变化之中。当舆论客体的状态以碎片化的方式呈现时，舆论主体对舆论客体的社

---

① 陈力丹.舆论学——舆论导向研究[M].北京：中国广播电视出版社，1999：11-13.

② 同①：13.

会认知也是碎片化的。舆论客体碎片化的社会认知形成后，社会舆论便趋向于稳定。在舆论客体社会认知的形成过程中，社会舆论演变乃至反转是一种必然的情形。舆论反转表明对舆论客体的信息呈现是一个社会过程。行车记录仪视频完成了舆论主体对男司机行为的社会认知，媒体的后续报道完成了舆论主体对大学生闫啸天掏鸟行为的社会认知。

舆论客体的信息在舆论形成之初公开得越全面、越完整，则舆论主体对舆论客体的认识越客观、越理性，形成的社会舆论越稳定，舆论反转的机会越小。这就要求涉事主体应当及时、全面、主动地向社会呈现有关事件的信息，从而让舆论主体一开始便形成对舆论客体的理性认识、完整认识。倘若男司机家属不在第二天公布行车记录仪视频，对男司机行为的社会舆论谴责恐怕要持续一段时间，舆论反转的效果将会大打折扣。倘若司法主体不积极借助新闻媒体传播事实真相，社会舆论将会再一次审判大学生掏鸟获刑十年案件。

舆论反转表明舆论主体认识舆论客体需要一个过程，而这个过程也让舆论主体在面对舆论客体时更具认知理性。舆论反转有助于培养舆论主体的理性认知能力。舆论主体最终仍会依理依据判断、认识舆论客体。在这两例社会舆论反转中，舆论反转并未影响司法主体对舆论客体的法律判断，与舆论主体对舆论客体动态性的认知判断相比，司法对舆论客体的判断更具理性。

四、结语

舆论反转揭示了舆论主体对舆论客体的认识具有情绪性、过程性、动态性。社会民众的意识并不等于舆论，大众传媒应当通过客观、理性、全面的新闻报道更为稳妥地引导社会舆论，维持社会舆论动态、平衡地演化。舆论主体与舆论客体均会导致舆论反转。从长远看，舆论反转有利于增强舆论主体理性认识舆论客体的意识与能力。

（作者系中国传媒大学传播研究院博士研究生，xieqingfeng1982@163.com）

媒介融合与转型中国的社会秩序重塑及阶层关系建构

◇ 陈甜甜

“2014年被称为‘媒体融合元年’，2015年媒介融合的热度仍在继续升温。从2014年至2015年，国内外部分纸媒停刊，如上海《新闻晚报》、云南《生活新报》等报刊停刊给传媒业带来了巨大的震动。传统媒体向新兴媒体的转型已不再是可以慢慢观察、讨论的议题。”[①]2015年8月18日，中央全面深化改革领导小组第四次会议通过了《关于推动传统媒体和新兴媒体融合发展的指导意见》文件，习近平总书记强调：“要加快传统媒体与新兴媒体的融合，充分运用新技术、新应用创新媒体传播方式，占领信息传播制高点。”2015年7月30日举行的中国新兴媒体产业融合发展大会上，新华社原副社长慎海雄指出：“推进媒介融合发展是党中央着眼巩固宣传思想文化阵地、壮大主流思想舆论作出的重大战略部署。‘媒体融合’成为中国媒体发展的‘主旋律’和‘关键词’。”[②]可见，国家将媒体融合升级至国家战略的高度，媒介场在社会发展中占据着重要的地位。那么，在此背景下研究媒介场及其融合与转型对中国的社会秩序重塑及阶层关系建构，就显得极为重要。

一、媒介融合的相关议题探讨与学理研究

“媒介融合”这一概念最早由美国马萨诸塞州理工大学的浦尔教授提出。他认为，媒介融合就是指各种媒介呈现出多功能一体化的发展趋势。他强调的是各媒介功能间的融合。同时，他在《自由科技》一书中将融合概念又当作媒体业内的变革力量，认

① 陈力丹，熊壮.2014年中国新闻传播学研究的十个新鲜话题[J].国际新闻界，2015(1)：6-24.

② 慎海雄.“媒体融合”成为中国媒体发展的“主旋律”和“关键词”[EB/OL].(2015-07-30)[2016-12-07].http://www.sh.xinhuanet.com/2015－07/30/c_134462794.

为一种可称为形态融合的过程正在模糊媒体之间,甚至是点对点的传播与大众传播之间的界限。[①] 在此,他强调的是传播方式的融合。美国新闻学会媒介研究中心主任安德鲁(Andrew Nachison)将“融合媒介”定义为:印刷的、音频的、视频的、互动性数字媒体组织之间的战略的、操作的、文化的联盟。[②] 他强调的是媒介间的合作和联盟。喻国明认为,报刊、广播电视、互联网所依赖的技术越来越趋同,各种信息在同一个平台上得到了整合,不同形式的媒介彼此之间的互换性与互联性得到了加强,媒介一体化的趋势日趋明显。[③] 他强调的是媒介技术的融合。熊澄宇认为,不同传媒形式正在以各种方式相互渗透、结合和交融,整合、融合和汇聚已成为当代传媒形态发展的主流。[④] 他强调的是传媒形态的融合。陈力丹等从电信业和媒介业的融合预测未来会产生大媒体产业,即具备跨国家、跨产业、跨媒介特点的新型产业生态和产业群。[⑤] 他提出了“产业融合”。

通过对“媒介融合”一词的各方理解进行整理可以看出,对其意义与具体内容的阐释是多维的。但总的来说,主要表达不外乎为媒介功能、技术和形态的一体化。各位学者单纯从媒介场出发来阐释媒介融合,脱离了社会情境在其中的功能意义。

曼纽尔·卡斯特曾说:“至少有一点可以肯定,媒介与技术融合带来了一个结构性变化,那就是原来互相分割的社会交往语境和形态(比如私人与公共)模糊乃至坍塌,媒介产业的霸权地位已经不存在,而另外一种形式的融合——社会融合悄然崛起。”[⑥]因此,媒介融合作为社会政治经济、阶层等一系列权力关系交织的修辞凝结,不仅表征了当下社会和谐秩序被削弱的动态过程,且体现出转型中国新的阶层分化、固化的历史轨迹。将媒介融合看作一个逐渐变化的过程和整体环境去考量时,就不应单单研究它的技术特征和内容表现形式,还应该把视野延伸到它的精神层面,延伸到它对人类的社会表征、媒体的传播生态、媒介文化和整个社会的影响。曼纽尔·卡斯特指出,“虽然技术就其本身而言,并未决定历史演变与社会变迁,技术(或缺少技术)却体现了社会自我转化的能力,以及社会在总是充满冲突的过程里运用其技术潜能的方式”[⑦]。也就是说,技术变迁与社会脉络重塑自然发生勾连。自 1995 年就开始主编 *Convergence* 杂志的亨利·詹金斯,堪称这一研究领域的代表性人物。他认为,媒介

---

① 普耳.自由的科技:论电子时代的言论自由[M].波士顿:哈佛大学出版社,1983:23.

② 延森.媒介融合:网络传播、大众传播和人际传播的三重维度[M].刘君,译.上海:复旦大学出版社,2014:69-74.

③ 喻国明.中国传媒产业的融合与发展[J].采写编,2010(2):12-13.

④ 熊澄宇.整合传媒:新媒体进行时[J].国际新闻界,2006(7):7-11.

⑤ 陈力丹,付玉辉.论电信业和传媒业的产业融合[J].现代传播,2006(3):28-31.

⑥ 卡斯特.网络社会的崛起[M].夏铸九,等,译.北京:社会科学文献出版社,2001:8.

⑦ 同⑥:406.

融合要进行拓展,将媒介机构的内容生产链条往外拉,延伸到社会接收或者消费这一环节,进而放大到整个产业文化形态。由此,可以为考察作为一种社会文化现象的"融合"提供一个全方位视图,亦即不同领域在媒介融合中的相互联系和彼此影响。① 他还提出:媒体融合不单是技术的变迁,更不是技术发生了变迁就意味着融合的完成;融合本身所指的是一个过程,而不是终点。② 卡斯特所提到的"社会融合"与詹金斯对媒介"融合文化"的理解如出一辙,都抛弃技术论,重在探讨媒介融合与社会情境的关系及其功能意义。

媒体融合研究是学界从2014年持续到2015年的强势话题。③ 截至2015年12月30日,CNKI上以"媒体融合"和"媒介融合"为关键词的文章共5 159篇。讨论议题多维立体且丰富,既有关注媒介产业指导思想的,也有关注媒体改革具体操作层面的;既有关注宏观媒体体制变革的,也有关注微观个案成败的。研究议题主要包括以下四类:1. 媒介融合所带来的媒介生态效应,表现为新媒体对传统媒体的冲击;2. 媒介融合所带来的媒介产业效应,媒介融合推动了媒介市场化,同时也带来了多重意义上的媒介竞争;3. 关于媒体融合的盈利模式的研究;4. 关于媒体融合政策的研究。

以上四个层面的探讨着眼于媒介融合的形式、技术、经营模式与政策等方面,忽略了对媒介融合与当下社会情境的关系的探讨。本文认为,当前的媒介融合表面上是媒介技术及形态的改变,实则是与现实社会相互建构的表征,勾画线上虚拟世界与线下转型中国的社会情景,并借助传播新科技强大的生产力,参与再造不同领域的社会秩序和不同阶层社会社群的身份认同。上述研究的理论阐释仍显单薄,缺乏政治经济、社会秩序以及社会阶层关系等重要视角的深刻理论阐释。同时,我国学术界在社会秩序理论、社会秩序维持市场经济转型方面的研究稍显薄弱。因此,本议题着眼于媒介融合背景下媒介市场经济如何建构新的社会秩序,同时探索信息消费的弱势主体在政治经济与社会阶层力量交织的多重权力宰制下,怎样借助媒体融合的"狂欢式"表达获得自我救赎与自我社会认同。本文立足于政治、经济和社会结构与媒介场权力的交叉分析,对媒介场的社会意义及其所表征的转型中国的社会阶层分化和社会秩序重构进行多重权力的洞察。

① 詹金斯.融合文化:新媒体与旧媒体的冲突地带[M].杜永明,译.北京:商务印书馆,2012:31.

② 同①:132.

③ 史安斌.构建网络信息与传播新秩序:中国媒体的角色[M].世界互联网大会,2015.

二、媒介场重塑社会秩序及社会阶层关系的建构

(一)媒介融合重塑社会经济的市场秩序

经过30多年的改革开放,经济的高速增长和社会的飞速发展使中国迅速成长为全世界最大的传媒市场。截至2015年7月,中国已经拥有2 000多家报纸、近万种期刊、300多家电台、近3 000个电视频道,网站数量超过300万家。同时,2016年初发布的《中国传统媒体新闻客户端发展报告》显示,在过去的一年中,传统主流媒体的新闻客户端数量已达到231个;截至2015年底,传统主流媒体新闻客户端在360手机助手、N多市场、安智应用等8大应用中的总下载量超过8 470万,平均下载量高达367 061次(注:iOS系统没有公布下载量,暂不在统计范围内)。可见,媒介融合式发展成为必然趋势,而媒介发展所带来的最直接的社会效益则是经济效益,尤其是在同属性媒介间与不同媒体间的行业竞争中,媒介市场呈现出马太效应。史安斌认为,"中国已经发展成为全世界最大的传媒市场和互联网空间的决定性力量之一"①。我国互联网发展呈现出一种"中式全球化"的新路径,打破了长期以来世界传媒市场以美英双头垄断和英语霸权为特征的格局,建立了"去西方中心"的,更加公平、公正、合理的国际信息传播新秩序。国内媒体行业和国际媒体地位从以往的"赢者通吃"的媒体垄断化模式,转变为当前"精英联盟"的媒体融合系统化模式,这一媒介市场更为自由、有序。

(二)媒介融合重塑受众"观点的自由市场"秩序

在媒介市场发展欣欣向荣的同时,媒介受众也成为我国转型时期的一大发展市场。网络媒体自互联网引入中国至今已发展近20年,从门户时代的"专业传播"到web2.0时代的"用户参与",再到今天"平台重塑,个人崛起"的众媒时代,网络媒体演进正在加速。陈海涛讲道:"在众媒时代,'多媒体共生'升级为'万物皆媒体'的行业高级形态。这也意味着,每位互联网用户都将成为未来媒体在进化中的重要'细胞组织'。"②

电视观众覆盖了全国13.5亿人口,互联网用户达6.68亿人,占总人口的48.8%,使用微博、微信等社交媒体的用户超过6亿人。庞大的媒介受众群与媒介融合下不同媒介传播方式、平台的发展与增加有直接关系。中国各级政府部门加大了对新闻发言

---

① 史安斌.构建网络信息与传播新秩序:中国媒体的角色[M].世界互联网大会,2015.

② 陈海涛.城市台传统媒体与新媒体融合之探析[J].西部广播电视,2014(19):161.

人制度和微信、微博平台的建设，政府与媒体、公众之间的交流沟通，民众通过新媒体平台参与公共事务的讨论已经成为一种常态化机制。在多元的媒介形式及平台中，媒介受众可自由参与社会上一切与自己的资本和习惯相近的媒介讨论，在重构自我在信息环境中的被动地位的同时，能进一步为社会整体的舆论环境增加多种声音，推动自由式、民主化社会秩序的建构。

（三）媒介融合构建新的意见领袖阶层

在新媒体时代，互联网在去中心化之后，又有一个再中心化的过程，在这个过程中，新的意见领袖阶层成为新的中心，并且成为一个新的阶层。"阶层"实质上就是根据不同的分层标准，把社会群体分成高低不等、上下有别的层级，是一种社会群体间的层序结构。阶层产生的根本原因在于社会资源的分配和占有上所存在的固有差异，这种固化的不平等关系被打破。中国目前新的意见领袖阶层正在崛起，尤其是微博等社会化媒体的广泛应用，使意见领袖阶层正在重塑思想中心，他们通过为网民设置议程，对公共事务进行解释，在一定程度上开始掌握公共事务的话语权。他们不但会影响网民和公众对社会事务的看法，而且充当着议题引爆者、信息解码者、意见引领者和社会动员者的角色，对舆论的形成发挥着举足轻重的作用。如今，几乎每个网络热点事件背后都有新意见领袖的推动，新意见领袖受到公众的追捧，作为一个新出现的群体，他们在纷繁复杂的变化中已经能够左右舆论格局，成为一股全新的社会力量。

这一新社会阶层形成的原因主要有两个方面：一方面，精英和普通大众的信息等资源差在缩减，尤其是当前存在的"互动式"的话语权力在阶层关系中得到改善，甚至是得以重构；另一方面，由于信息资源固有差距的缩小，精英和普通大众的身份边界也变得模糊。从早期的受众到当前的参与者，固化的社会阶层得到重塑，堵塞的信息流通渠道逐渐疏通。普通人凭借自身努力也能在媒介市场中占有一席之地，如网红 papi 酱、各种网络大 V、学术性的微信公众号等，都在自媒体中留下了活跃的身影。这些意见领袖借用媒介融合所提供的文化参与背景，强化了自己的社会阶层及社会身份定位。

三、总结

20 世纪 70 年代末 80 年代初，改革开放背景下的市场经济转型无疑成为中国转型的轴心。20 世纪 90 年代之后，信息化时代到来，转型期的轴心有所改变。通过前文的分析可知，在中国转型初期的离心力中凸显的三组不同维度的对立关系在媒介融合时期得到了重构。这三组关系为：宏观层面的国家与个体的对立、社会转型中新媒体与旧媒体的对立、阶层关系中“富媒体”与“穷民主”的对立。媒介融合将重构上述关系，使之形成一个动态系统。

第一，媒介融合重构了国家与个人的社会阶层关系。从微观层面来说，个体在网络世界中实现身份认同与群体建构，其中蕴涵着个人或群体自我意识的觉醒，并通过传播新科技的使用而达到自我赋权、抗争、救赎的目的，受众的自我赋权成为媒介融合背景下的一种新兴媒介文化现象。公民基于从话语平权到话语集权的话语抗争与媒介融合驱动下的参与式传播，解构与颠覆“权利—资本”精英联盟下的传播环境，在表达自我的身份认同、话语赋权、社会监督和参与公共决策的同时，客观上也促进了公民社会与媒体公共领域的再现。也就是说，新媒体为公民个体赋权，促进基于媒介融合新平台的社会、个人与国家的互动，拓展了民主的政治空间。从宏观层面而言，新媒体崛起削弱了公权力对舆论形成的影响，相反，民众权利对舆论形成的影响正在加强。“草根上春晚”“网络问政”等老百姓直接参与的社会大事件、政治大事件等都将阶层关系模糊化，实现国家和个体间的亲密互动和相互认可。史安斌教授谈道：“在新媒体的语境下派生出的‘虚拟世界主义’强调以媒体为中心，通过‘自下而上’的全民参与影响全球公共政策的制定和实施。”从全民参与环境而言，民众与国家建立了一种“对话”模式，其和谐的秩序同样依赖于全民的媒介参与力量，可见个人已成为构建国家社会的重要社会阶层。

第二，社会转型中新旧媒体的快速更替影响着社会的发展和经济市场的秩序。传统媒体失去往日的光环，为了在目前的媒介市场中获得一席之地，就要通过自身的变革来迎合市场。于晗认为，“变则通，不变则亡是目前传统媒体的生存境地”①。而蒸蒸日上的新媒体也面临着巨大的同行竞争压力和市场需求量。新旧媒体之间胶着的关系和各自的壁垒成为维持媒介市场新秩序的两大关键。目前，我国各地按照行政区域组建了许多广播电视产业集团、报业集团、出版产业集团等传媒形态融合平台，以图获得规模经济效应，达成集成经济目标。人为分割全国市场和产业协同市场的做法，制造了诸多资源流动壁垒：泾渭分明的区域性竞争博弈心态画地为牢，禁锢不同传媒多方资源集成协同经济效益空间。② 新旧媒体的更替、新媒体间的竞争等导致了媒介市场的混乱，媒介市场须进行自我调整、裂变，在外力的作用下与自我的重塑中，媒介市场秩序将得到更新和重构。

第三，“富媒体”与“穷民主”对立关系的重塑。杰克逊认为，“在大多数社会里，不

① 于晗.基于数字技术的电视新媒体转型[J].今传媒，2011，19(1)：115-116.

② 喻国明.互联网逻辑与媒体转型的关键[J].当代传播，2015(1).

同的阶层关系往往并存,人们对某种资源所拥有的权利实际上是一个复杂的权利束集合,而不是简单、单一的产权”①。罗伯特·麦克切斯尼从美国媒体的集中化入手,论述了媒体与民主的结构性矛盾。他认为美国的媒体过于集中化、商业化,随着媒体对商业利益的无止境追求,在商业逻辑的驱使下,媒体成为反民主的主要力量,最终背离了新闻的要义。② 从罗伯特的观点可知,他所认为的媒体商业化与民主之间是存在负相关关系的。在新自由主义经济指导下,现代社会进入由消费主义替代资本主义的后现代时期,消费逻辑成为统治逻辑,进而成为社会评价的唯一标准。据目前中国具体的社会情境而言,对“富媒体”与“穷民主”应有不同的理解。全媒体时代,丰富的媒体形势和内容带来了全民狂欢式的媒介消费,媒体一定程度上要通过给予受众足够的民主空间来赢得更多的自身发展空间。不同媒体形式和平台也赋予了受众更多的个人基本权利,如话语权、知情权,对国家机关的监督权和发表微式文章、视频的社会文化权等。

本文认为,在媒介融合时代,我国将进入一个非凡的民主全盛时代,就如伯里克利执政雅典时打造的民主政治的全盛时代一样。通过对三组对立关系的分析可知,媒介形式、内容等多方面的融合所带来的是国家与个体关系的弱阶级化、新旧媒体更替的媒介市场与经济市场关系的强自由度,其结果是将带来更为丰富自由的民主式社会,同时为社会、经济建构更为和谐的发展关系。

(作者系南京师范大学新闻与传播学院博士研究生,542483415@qq.com)

---

① 杰克逊,斯蒂文生,布鲁克斯.追寻男性杂志的意义[M].陈阳,等,译.天津:天津人民出版社,2007:245.

② 麦克切斯尼.富媒体穷民主:不确定时代的传播政治[M].谢岳,译.北京:新华出版社,2004:165.

第四部分

全媒体时代的公共传播与政治传播

朦胧之后的意义:雾霾议题的框架建构与分野

◇罗　晨　盛倩玉

一、研究缘起

二战后,在追求现代化目标和争取政治独立的双重逻辑下,发展中国家普遍采取牺牲自然环境以换取经济腾飞的发展策略。中国作为全球发展中国家的执牛耳者,在社会转型时期目睹了工业主义和技术理性处于宰制地位所带来的一系列环境问题。近年来,与人类生活息息相关的空气质量每况愈下,雾霾正是典型例证。

雾霾是环境术语,亦是被热议的社会话题,更是风险社会中不可忽视的要素。在我国目前的政治经济语境中,媒体如何建构雾霾议题的意义?议题讨论者的身份及对应不同身份的主体表达又是什么?新闻报道中的雾霾究竟归咎于何处?

雾霾集中在华北、东北地区,鉴于风险和危机的相互转化性,危机扩散的速度及可能造成的危害是前所未有的。虽然中国其他地区的雾霾势态不如以上两个地区严峻,但这并不妨碍雾霾成为南北方共同关注的议题,在南北方各自对雾霾的讨论中,立足点是什么?建构方式有无差异?

二、框架分析作为研究路径

框架研究疆域广袤,可以整合多种取向的研究。里斯(Reese)认为,框架的价值不是取决于其拥有作为统一研究领域的潜力,而在于它在传播研究中的桥梁作用,它能连接起量化与质化、实证与阐释、心理学与社会学、学术研究与业内实践,甚至能够在诸学科边界树立跨学科视角。[①]

框架理论的源头可以追溯到社会建构主义的理论范式，该范式认为真实是社会建构的，拒绝赋予社会真实独立、客观存在的地位，它力图解释社会成员如何创造并建构真实。伯格(Berger)和卢克曼(Luckmann)在《现实的社会构建》一书中提及，主体间通过社会互动创造意义，主观建构开始客观化的同时，客观世界也在意义的生产与交流中不断内化。[②] 对于雾霾议题的考察正需要从媒体如何建构雾霾事实入手，讨论媒体框架内的意义表达。

在框架分析的理论谱系中，恩特曼(Entman)、吉特林(Gitlin)与戈夫曼(Goffman)持有相同观点：框架是一种"画框"隐喻。恩特曼认为框架包含选择与凸显，并提炼了框架的四种功能；[③]吉特林通过分析新左派运动的媒介报道得出结论：媒介框架通过选择、删略、强调起作用。[④] 甘姆森(Gamson)则认为，框架是一种"建筑"隐喻，通过按照一定规则顺序对事实要素进行排列组合，框架一方面包含对社会现实的取景，另一方面囊括人们诠释社会现象时的意义建构，比如"一些团体能够糅合媒介话语、大众智慧、经验知识建构起某些议题共享框架"[⑤]。

如今学界普遍号召从功能主义向建构主义进行转化，鼓励从知识社会学视角对文化现象展开思考。新闻正是具有社会公共性的媒介产品，其实质是作为集体共同参与社会建构的表达。框架恰好呈现出两种属性：一种是名词形态(frame)的思考结构、图式或文本规则；另一种是动词形态(framing)的新闻生产过程，以及受众对议题的意义解读。本研究主要考察的是框架的第一种属性，通过分析媒介的话语表达来识别其中的框架，并且还适度结合了第二种属性，通过结合特定语境中的文化、价值观、意识形态来探寻框架建构的内在逻辑。

三、研究设计

只有将雾霾讨论置于真实的"媒介—社会"变迁的结构性视野中加以考察，才能

---

① REESE S D.The framing project:a bridging model for media research revisited[J].Journal of communication,2007,57:148-154.

② BERGER P L,LUCKMANN T.The social construction of reality[M].London: Penguin Books, 1996:13.

③ ENTMAN R M,MATTHES J,PELLICANO L.Nature, sources, and effects of news framing[M]//WAHL-JORGENSEN K,HANITZSCH T.The handbook of journalism studies.New York: Routledge, 2009:179.

④ GITLIN T.The whole world is watching:mass media in the making & unmaking of the new left[M].California: University of California Press, 1980:9.

⑤ GAMSON W A, CROTEAU D,HOYNES W,etc.Media images and the social construction of reality[J].Annual review of sociology,1992,18:389-390.

准确把握事件的媒介特征及其连带的精神症候。本研究借鉴了梵·戈普(Van Gorp)量化与质化相结合的研究方式。[①] 框架本身是抽象的，可以先从归纳开始，从媒介内容中抽取出框架库，再通过演绎确定这些框架装置在文本中如何被呈现。

(一)样本选取

所有与环境传播、健康传播相关的议题，其最终导向都是公共决策问题，新闻在进行知识生产的同时，也在为公共决策提供资源。因此对雾霾议题的讨论注定不能被地缘局限，它在开放的空间内引发不同地域人们的关注。研究以南北方两地的媒体作为样本框展开。

在北方的媒体生态圈中，《北京晚报》(以下简称《北》)创刊于1958年，是面向广大北京市民的、高度密集覆盖北京市场的强势主流媒体。南方地区的《南方都市报》(以下简称《南》)隶属南方报业传媒集团，是在中国南部地区具有突出影响力和公信力的综合类日报。这两份报纸在对应3个月内的所有与雾霾相关的报道都被纳入研究范围。

以多个关键词("雾霾""PM2.5""污染"等)在慧科新闻数据库、两家报纸电子版数据库内进行多次检索筛选，符合研究条件的样本共有103篇，其中《北》有66篇，《南》有37篇。

(二)内容分析

在归纳阶段，内容分析是较为有效的方法。恩特曼曾经提出框架的四种功能：问题界定、因果解释、道德评估、对策建议。在此基础上进一步结合甘姆森的"诠释包裹"分析取向，进行改装。这需要反复阅读比较样本，将它们划分为若干意识形态包裹，再将它们作为变量进行编码。还需结合以下几个关键分析要素。

1. 关注焦点

报道集中讨论的是北方雾霾的相关情况还是南方的，抑或是全国范围的？

2. 框架提出者

即甘姆森所谓的"框架赞助者"(frame sponsor)。他们是提出认知框架以影响议题建构的社会行动者，[②]分为8类：(1)医生与学界环保专家；(2)国家下设专业环境机

---

① GORP V, BALDWIN. The constructionist approach to framing: bringing culture back[J]. Journal of communication, 2007, 57(1): 60-78.

② 郝永华，芦何秋.风险事件的框架竞争与意义建构——基于"毒胶囊事件"新浪微博数据的研究[J].新闻与传播研究，2014(3)：20-33.

构及工作人员;(3)其他政府部门及官员;(4)非政府组织及工作人员;(5)社会精英人士;(6)商户与经商者;(7)普通民众;(8)未提及/无明确的框架提出者。

3. 风险归咎

雾霾作为一种人为风险,其愈演愈烈的势态究竟应该问责于谁? 风险归咎是诊断原因的一种方式,也是本研究希望揭示的重要社会问题,雾霾问题出现的原因大致可分为6类:(1)历史遗留问题;(2)企业违规操作;(3)气象或地理条件影响;(4)个人行为欠佳;(5)政府作为不力;(6)未提及/无明确风险归咎。

单篇报道中可能存在不止一种的框架提供者或风险归咎。两名编码员从入选的103篇样本中随机抽取10篇新闻报道进行试编码,在SPSS 21.0中使用Cohen's Kappa进行一致性检验。二次测试时所有类目的Kappa系数都在0.760以上,满足内容分析的信度要求。

四、研究发现

(一)报道数量与关注焦点

两家报纸的报道数量如图1所示,《北》的报道数量多于《南》,进行方差计算后发现,《南》(S2=1.100)对雾霾议题的关注比《北》(S2=1.348)更加稳定。

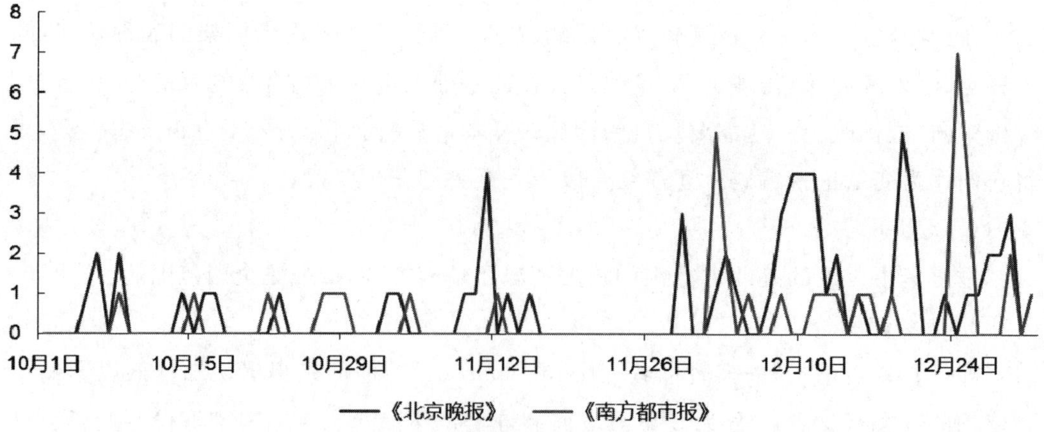

图1 报道数量随时间变化情况

在百度指数上以"雾霾"为关键词进行检索(图2),可以发现网民的搜索数量变动趋势与本研究中的报道量变化基本吻合,这就证明了公众议程与媒体议程之间存在着相关性。报道的数量基本由雾霾严重程度所决定,在阅读过程中可以发现,报道的内容也紧密围绕相应时段的雾霾情况展开。未雨绸缪或者事后反思的报道鲜见,侧面说明对于雾霾的关注只限于当下局面,自主性与能动性欠缺。

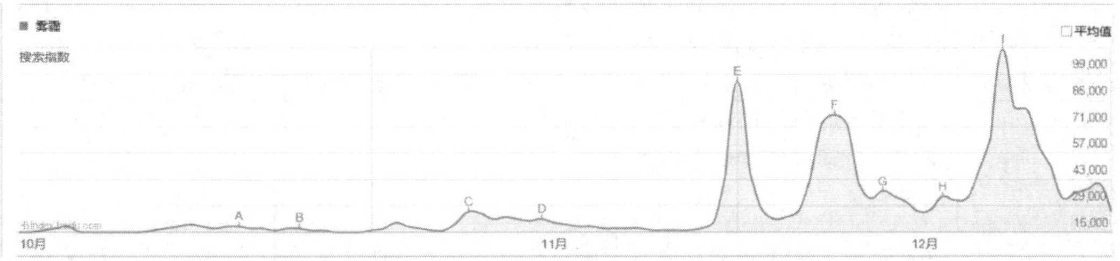

图 2　10 月 1 日至 12 月 31 日网民搜索“雾霾”关键词的百度指数

将关注焦点与报道来源进行卡方检验,在关注北方地区的雾霾情况($\chi^2=53.777$,$p=0.000$)、南方地区的雾霾情况($\chi^2=29.957$,$p=0.000$)、全国范围的雾霾情况($\chi^2=15.697$,$p=0.000$)中,两家报纸存在显著差异。如表 1 所示,《北》更加关注北方地区的雾霾情况,《南》更加关注南方地区和全国范围的雾霾情况,呈现出较为均衡的议题关注度。

表 1　报道来源与关注焦点交叉分析(单位:篇)

	《北京晚报》	《南方都市报》	合　计
北方地区的雾霾情况	63(86.3%)	10(13.7%)	73(100%)
南方地区的雾霾情况	1(5.9%)	16(94.1%)	17(100%)
全国范围的雾霾情况	1(100%)	0(0.0%)	1(100%)

(二)诠释包裹与框架设置

借鉴归纳法的基本思路,通过反复阅读入样报道,两位编码员提炼出表 2、表 3 中的 6 个诠释包裹,并将其作为变量置入编码类目中。包裹是框架的凝练概括,通过一系列关键要素的组合共同烘托出雾霾的媒介镜像。有些报道中不止出现一种诠释包裹。

表2 样本中的诠释包裹与框架设置(1)

诠释包裹(6类)	1.“替罪羊”(Scapegoat)	2.“浮世绘”(Ukiyoe)	3.“雾霾红利”(Bonus)
结构框架	用局部天气、厄尔尼诺、汽车扬尘等直接原因解释雾霾成因,避免谈及导致雾霾产生的根本原因(产能结构落后、管理低效等);或用执法部门的辛勤劳动来转移对雾霾本身的讨论	勾画雾霾中的众生相,借此表达雾霾的严重性,以及对人们生活的影响,风险笼罩下的民众往往不情愿却无可奈何	避免谈及雾霾成因与雾霾本身的合理性,探讨雾霾带动的新兴产业与经济效应
典型描述	雾霾过程系由于北京及华北地区气压低、风速小、湿度大,污染扩散条件明显不利,造成污染物快速积累和转化	从朋友圈里看到各种晒灰霾天和自嘲的消息。有人说这是“会呼吸的痛”,有人用同一张灰底图介绍北京八大景色	“像买白菜一样买房”的标语出现在海南省儋州市,恒大旗下的海花岛项目开盘,不少北京人打着“飞的”去现场买房
关键词	静稳气象、弱气压场、扩散条件	交通堵塞、“停课不停学”、无奈、争取、担忧	空气净化器、罐装空气、目标市场、房地产
来源与数量	《北》:25,《南》:9	《北》:13,《南》:7	《北》:6,《南》:5

表3 样本中的诠释包裹与框架设置(2)

诠释包裹(6类)	1.“自反性反思”(Reflexivity)	2.“说明与建议”(Explanation & Proposal)	3.“平铺直叙”(Straightforward Narration)
结构框架	反思发展路径、结构产能与能源结构,鼓励用执法来约束商家行为,用道德理念来批判个人行为	将对民众进行科普与辟谣称为说明;将指导推荐购买相关产品、推荐防御手段称为建议	直接报道雾霾现实情况,预报雾霾来临和消散时间,交代气象变化
典型描述	现在对雾霾的成因还在不紧不慢、不痛不痒地论证中,还搞不清楚究竟是燃煤、工业污染,还是汽车以及居民烹调或农村烧秸秆是污染源	雾霾天要尽量减少出行,外出回家后要及时清洗裸露在外面的皮肤,还要清洗外衣	上午8:00全市空气质量都处于重度到严重污染水平,污染物浓度呈现城区高、郊区低,东部高、西部低的特点。城区PM2.5浓度高达280微克/立方米,处于6级严重污染水平
关键词	能源结构、燃煤季节、限产停产、工业化、城市化、汽车化	实验、医生、环保专家、门诊、清洁、忠告	检测中心、气象部门、大气条件、冷空气、预计
来源与数量	《北》:5,《南》:9	《北》:20,《南》:15	《北》:38,《南》:19

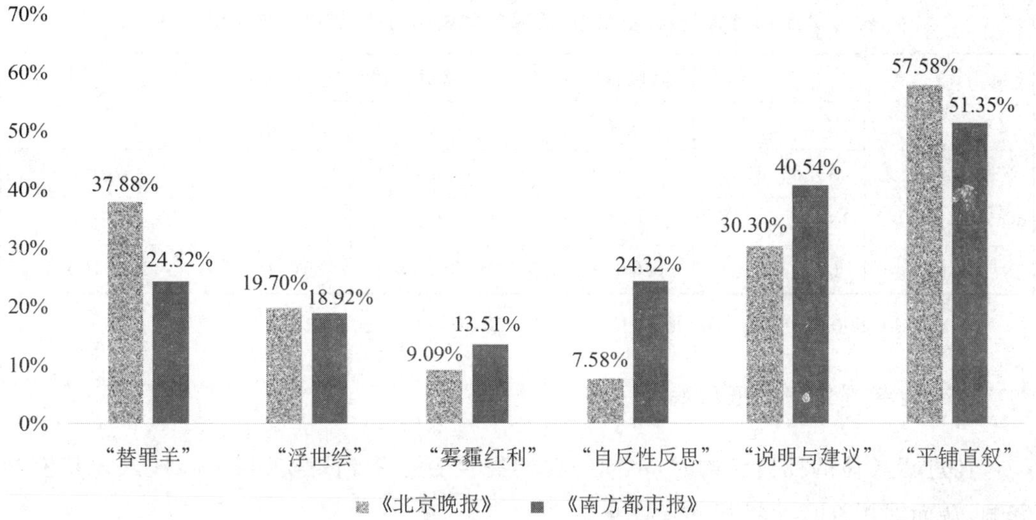

图 3　媒体使用诠释包裹的相应比例

图 3 是两家报纸使用诠释包裹的比例，卡方检验结果显示，在“自反性反思”诠释包裹上，报纸间存在显著差异（$\chi^2=5.663$，sig$=0.017$）。“自反性”意指社会结构中释放出来的能动作用反作用于社会结构本身。“自反性反思”意指在经济实力高速行进的过程中保持辩证审慎的态度，将发展主义话语迷思进行解构。曾繁旭曾经对公民行动与媒介体系的关系进行深入研究，他指出，广州的媒介体系是中国媒介市场化改革的标本之一，处于强市场竞争的媒介格局中，资本的力量在一定程度上平衡媒体与政府的关系。在政治环境宽松并与国际舆论场频繁互动的条件下，《南》更方便开展对发展主义的思考，这些批判话语不容易使其陷于规制的囹圄。《北》身处首都，相较于追求社会公正与专业主义，其更需要在这一语境中发挥宣传引导的功用。

在反思话语中需要对政府管理模式、措施落实情况、社会麻痹心态、公民生存权利、监管行为力度进行深入分析，更关键的是，对背后掩藏的工业主义话语霸权予以反思。身处政治氛围浓厚的北京，《北》显然难以达成这一目标。大量运用“替罪羊”“平铺直叙”的包裹是某种程度上的矛盾转嫁与事实遮蔽。

在诠释包裹共现方面，如表 4 所示，“替罪羊”与“平铺直叙”经常一起出现，气象条件引起污染源聚集，不利于空气扩散，许多报道往往流于表面，仅仅交代空气质量、进行天气预报而已。此外，“平铺直叙”与“说明与建议”偶尔同时出现，一些报道往往在交代完恶劣天气后，便开始提出建议，甚至从新修订的《北京市空气重污染应急预案》中直接援引限产停产、建议停课等条文。

表 4 "平铺直叙"诠释包裹与"替罪羊""说明与建议"诠释包裹的关系

		"替罪羊"诠释包裹[a]		"说明与建议"诠释包裹[b]		合计
		无	有	无	有	
平铺直叙诠释包裹	无	39(84.8%)	7(15.2%)	21(45.7%)	25(54.3%)	46(100%)
	有	30(52.6%)	27(47.4%)	47(82.5%)	10(17.5%)	57(100%)
合计		69(67.0%)	34(33.0%)	68(66.0%)	35(34.0%)	103(100%)

(a) $\chi^2=11.900, df=1, p=0.001$; (b) $\chi^2=15.370, df=1, p<0.001$

(三)框架提供者的框架偏向

在进行具体的社会建构时,不同的框架提供者会受到现实因素、心理认知基模的影响,从而对媒介现实进行多元产出。

"其他政府部门及官员"作为框架提供者的报道占49.5%,其次为"国家下设专业环境机构及工作人员"(29.1%)、"普通民众"与"医生与学界环保专家"(皆为24.3%)。在对雾霾议题的探讨中,主要的话语言说者还是行政部门及官员,他们在逾半数的报道中操纵着话语权,能够对事实作出界定与意义阐释。而专业环境机构往往只向媒体发布实时监测数据,并不能对数据进行任何概念层面的说明,数据最终解释权和发布红色预警的权利集中在政府机构。

表 5 框架提供者与诠释包裹交叉分析

	"替罪羊"	"浮世绘"	"雾霾红利"	"自反性反思"	"说明与建议"	"平铺直叙"
医生与学界环保专家	6(17.6%)	8(40.0%)	3(27.3%)	3(21.4%)	16(45.7%)	11(19.3%)
国家下设专业环境机构及工作人员	18(52.9%)	4(20.0%)	0(0.0%)	2(14.3%)	6(17.1%)	29(50.9%)
其他政府部门及官员	20(58.8%)	10(50.0%)	1(9.1%)	9(64.3%)	13(37.1%)	32(56.1)
非政府组织及工作人员	0(0.0%)	0(0.0%)	0(0.0%)	1(7.1%)	1(2.9%)	1(1.8%)
社会精英人士	0(0.0%)	1(5.0%)	0(0.0%)	0(0.0%)	0(0.0%)	0(0.0%)
商户与经营者	0(0.0%)	4(20.0%)	7(63.6%)	1(7.1%)	5(14.3%)	2(3.5%)
普通民众	4(11.8%)	11(55.0%)	4(36.4%)	5(35.7%)	12(34.3%)	8(14.0%)
未提及/无明确的框架提出者	4(11.8%)	1(5.0%)	1(9.1%)	2(14.3%)	3(8.6%)	11(19.3%)

如表5所示,“医生与学界环保专家”(45.7%)经常对雾霾天气的防护提供建议,有时对一些谣言进行辟谣,例如对南京出现玫红色雾霾进行阐释。专业环境机构及工作者往往将雾霾归咎于气象或地形阻碍(52.9%),或者依照数据直接书写所谓的“气象报告”(50.9%)。

“商户与经营者”理所当然地主要运用“雾霾红利”框架(63.6%),商家往往是“雾霾红利”的受益者。报道通过描绘雾霾中受风险苦难而又无可奈何的主体形象(20.0%),将他们的境遇与商品消费结合起来,也用一些科学知识和建议(14.3%)来引导目标人群进行消费。雾霾一定程度上就是消费主义盛行所带来的后果,但是这场环境风险又被商业意识形态所利用,来开拓新的房地产、空气净化产品等市场。

数据统计显示(见表6),“替罪羊”“雾霾红利”包裹与“气象或地理条件”和“未提及/无明确风险归咎”在0.05的水平下显著相关。

表6 “替罪羊”“雾霾红利”诠释包裹与两类归咎之间的关系

		气象或地理条件影响[a]		未提及/无明确风险归咎[b]		合计
		无	有	无	有	
“替罪羊”诠释包裹	无	55(79.7%)	14(20.3%)	26(37.7%)	43(62.3%)	69(100%)
	有	7(20.6%)	27(79.4%)	31(91.2%)	3(8.8%)	34(100%)
“雾霾红利”诠释包裹	无	51(55.4%)	41(44.6%)	57(62.0%)	35(38.0%)	92(100%)
	有	11(100%)	0	0	11(100%)	11(100%)
合计		62(60.2%)	41(39.8%)	57(55.3%)	46(44.7%)	103(100%)

(a)替罪羊:$\chi^2=33.227$,df=1,p<0.001;雾霾红利:$\chi^2=6.390$,df=1,p<0.05

(b)替罪羊:$\chi^2=26.373$,df=1,p<0.001;雾霾红利:$\chi^2=12.856$,df=1,p<0.001

在报道中,气象不利、地理条件局限成为寻常的归因,一小部分报道甚至全篇避免谈及核心责任者,只单纯进行天气报道。在采用“雾霾红利”作为诠释包裹的报道中,全部都没有明确的风险归因,这些报道往往描绘出消费者对某一产品趋之若鹜的场景,将能减少雾霾伤害的商品和紧俏的市场作为核心论点,通过回避原则性问题来维系雾霾市场的正当性。

“自反性反思”包裹与四类风险归咎显著相关:“政府作为不力”(N=4,$\chi^2=19.335$,df=1,p<0.001)、“历史遗留问题”(N=5,$\chi^2=5.599$,df=1,p=0.018)、“企业违规操作”(N=8,$\chi^2=22.050$,df=1,p<0.001)、“个人行为欠佳”(N=9,$\chi^2=27.736$,df=1,p<0.001)。媒体对后两者进行反思时所承受的诘难较少,从2011年雾霾引发社会关注伊始,企业排污、个人不良习惯就成为众矢之的,这是为人熟知的、通用性的批

评资源。随着雾霾局势的紧张和社会思考的进步，雾霾逐渐被界定为历史遗留的痼疾，需要从资源结构和发展路径中寻求突破点，政府的某些行为也有待商榷，譬如中国工业环保促进会会长杨朝飞就认为："现在治霾大多都是运动式的治理，未形成一项持续性的工作。"不少非政府组织、环保专家都呼吁政府建立完善长效的治理机制。这一类报道数量相对较少，可能的原因是在威权主义政治体制下，尽管对于深层次发展结构和政府的讨论渐渐从禁止形式走向容许形式，但这些话语依然沉浸在暧昧的意识形态中，媒体也许会因脱离言论许可边界而承担政治风险。

此外，"说明与建议"诠释包裹与"未提及/无明确风险归咎"常常共同出现（$N=23$，$\chi^2=9.508$，$df=1$，$p=0.002$）。这一类报道多以专家支招、提供他者经验为主，出现的言说主体多为疾控部门工作人员和医生。

最后，"平铺直叙"与"气象或地理条件影响"常常一起出现，与上文归纳的报道特点形成呼应。

五、结论与讨论

综上所述，两家报纸对于雾霾议题的建构虽有一定的差异，但都存在着模糊问题、淡化冲突的倾向。

第一，《南》《北》都呈现出对本地区雾霾情况的高度关注。《北》在10月至12月的雾霾报道中有多达95%的文章在讨论北方的雾霾情况，而南方的污染情况虽不及北方严重，但在《南》中仍有43%的报道直接关注南方雾霾。相较而言，《北》的报道数量更多，这与北京在2015年10月至12月间集中爆发多次严重雾霾有关；而《南》的关注范围更广，除了涉及南方的雾霾情况，还有大量报道涉及北方和全国的雾霾。

第二，两者均大量采用"平铺直叙"和"说明与建议"诠释包裹来描述雾霾情况和介绍应对措施，而对于雾霾成因则较多采用"替罪羊"的诠释包裹以弱化矛盾，整体上体现出"重叙述、轻解释"的特点。

第三，框架提出者种类多但话语权却不均衡，不同的框架提供者偏向特定的诠释包裹，对雾霾问题进行不同阐释。在对雾霾议题的探讨中，主要的话语言说者还是行政部门及官员。而当"普通民众"作为框架提供者时，报道则更多地采用"浮世绘""说明与建议"两种诠释包裹，人民成了"无奈"的代名词与被教化的对象，普通民众应对雾霾时的无力感被淋漓尽致地表达出来。"商户与经营者"更多采用"雾霾红利"诠释包裹，雾霾一定程度上就是消费主义盛行所带来的后果，但是这场环境风险又被商业意识形态所利用，使造成环境污染的资本获得新一轮的流通与增值。

第四,涉及风险归因,大量报道选择了转嫁矛盾或是闭口不言。在报道中,气象不利、地理条件欠佳成为寻常归因,部分报道甚至全篇避免谈及核心责任者,只单纯进行天气报道。即使是采用了“自反性反思”诠释包裹的报道,也更多地对“企业违规操作”和“个人行为欠佳”进行诘难,这是为人熟知的、通用性的批评资源。

囿于篇幅,本研究对于新闻话语的阐释性解读略有欠缺,文本框架的研究深度集中体现在话语分析上,如若更深层次地考察意义、符号、修辞汇聚而成的语义网络,则可以对框架与权力、意识形态、文化语境之间的关联有更成熟的把握。

(作者罗晨系中国传媒大学新闻学院硕士研究生,scorpionlc@yeah.net;盛倩玉系中国人民大学新闻学院硕士研究生,1131958016@qq.com)

媒介在地方政府与公众政治沟通中的作用

——以包头市广播节目《行风热线》为例

◇王 蕾

一、研究缘起

2015年《南风窗》“调研中国”的获奖作品《南水北调中线工程水源地农民对国家的认知研究——以十堰市郧阳区为例》中提到，水源地的农民对中央与地方政府的认知呈现对立分化的情况。一方面是对中央政府政策、意识形态建设的肯定和拥护；另一方面却是对国家权力的地方化实践，即地方政府的颇有微词。经过研究发现，远离中央政府的农民通过《新闻联播》这一媒介“跨越”地方基层政府去认知和建构“想象的国家”。一旦农民在与地方政府接触的环节中发现其有别于媒体建构的政府形象，就会导致他们对地方政府的怀疑、不满。媒介在中央政府与公众的政治沟通中起到了相应的作用，但对于地方政府与公众的政治沟通，媒介仿佛“不在场”或者说没有发挥桥梁的作用，这对于国家权力的具体化实践有着相当程度的负效应。这一研究结果中的主体是农民，但在城市中，媒介在地方政府与公众的政治沟通中起到了怎样的作用，扮演了什么样的角色？

本文将带着这一问题，通过分析具体的实例，即包头市广播节目《行风热线》的具体运作，聚焦媒介在地方政府与公众的政治沟通过程中是如何发挥作用的，以及媒介在这一过程中所面临的挑战。

二、研究意义

（一）有助于中央政府执政理念的落实

在我国，人民政府由中央人民政府和地方各级人民政府组成。中央人民政府即国务院，它是最高国家权力机关的执行机关，是最高国家行政机关。地方各级人民政府是本级国家权力机关的执行机关，是地方国家行政机关，它在上一级人民政府的领导下，管理本地区的行政工作，领导并监督所属工作部门和下级人民政府。我国的地方政府除特别行政区以外分为四级，即省级、地区级、县级和乡级。截至2014年，我国省级区划数为32个，地区级区划数为333个，县级区划数为2 854个，乡镇级区划数为40 381个，合计43 600个。[①] 如此多的地方政府机构就像人体中的毛细血管，深入到机体的各个部位，运送生存必需的养分；同理，这些地方政府代表中央政府行使国家权力，实践权力系统的日常运作，保证国家意志进行系统化、结构化的高效率落实。

由于地理与文化存在巨大差异，中国地方行政区划范围内的实际情况错综复杂。地方政府在如此具有特殊性的情境下，如何代表中央政府进行社会管理，有效组织社会成员并促成符合国家意识形态要求的政治认同，是十分重要的问题。

（二）有助于促进地方政府与公众间良好关系的形成

政治沟通是"赋予政治过程以结构和意义之信息和情报的流动"，它"不只是经营对其民众发送信息，而且还包括全社会范围内以任何方式影响政治的整个非正式沟通过程。……在现代化国家中，政治沟通的基本机构是大众传媒"。[②] 信任是现代社会中有效运行政治制度的最重要前提，而政府与公众之间能否建立良好的政治信任关系，首先被双方之间的距离所影响，其后果也将影响二者之间距离的维持和协调。[③] 一旦政治信任关系顺利建构，二者间的距离就可以维持在相对稳定的状态，政治体系结构不易受到外界环境的影响。相反，如果这种信任关系没有建构，公众对政府的认知和评价将极易受到单个社会事件、政治事件的影响，也就意味着二者之间的距离处在不稳定状态中。

---

① 数据来源于国家统计局网站：http://data.stats.gov.cn/easyquery.htm? cn=C01。

② 米勒.布莱克维尔政治学百科全书[M].北京：中国政法大学出版社，1992.

③ 刘小燕，崔远航.作为政府与公众间距离协调机制的网络政治沟通研究[J].新闻大学，2013(2)：105-112.

三、研究内容

前文已经提到，在现代化国家中，政治沟通的最主要方式是大众传播媒介。那么已经深深卷入生活各个领域的大众传媒是如何在地方政府和公众的政治沟通中发挥作用的呢？在这一过程中，大众媒介的优势和挑战是什么？下文将结合包头市广播节目《行风热线》进行分析。

（一）《行风热线》节目简介

《行风热线》节目隶属于包头广播电台新闻综合频率的新闻部，开播于 2002 年 9 月，至今已经有 14 年。最早的节目形态是时长 20 分钟的民生新闻热线，后来与市纪委下属的纠风办合作，慢慢演变为政府职能部门、公众参与的直播互动节目。纠风办成为节目运行的制度保障。近三年来，在所属频率的收听率始终保持在前 10 名之内。一期节目中最多接听热线电话 30 多个，短信平台收到短信 300 多条。收听范围覆盖包头市辖属的市五区及周边旗县区。

（二）地方政府与公众政治沟通过程中媒介的作用

1. 搭建平台，提供表达与交流的平台

在我国，改革开放前的三十年中，高度集中的计划经济和集权政治体制造成了当代中国社会结构层面国家对社会的全面渗透，社会成员被以不同形式的制度安排高度整合进国家机器的运作中；但在 1978 年至今的近四十年时间中，全面的改革开放对之前的社会体系造成了巨大的冲击，促进了社会阶层的分化与利益格局的重新分配。[①]这种变化提高了改革的效率，但也不可避免地造成了贫富分化的结果。对于地方政府与公众来说，彼此的利益诉求难以平衡，大众媒介可能并且应该为二者搭建相应的平台，使双方可以对自己的利益诉求进行充分表达、互动交流，发挥政治沟通的中介桥梁作用。

《行风热线》节目以第三方身份、客观中立的立场为包头地方政府及公众搭建交流的平台，让双方可以更加便捷地听到彼此的声音，从而更加了解对方。2015 年，节目的上线单位达到 200 多家，既有市一级的“老面孔”，也有新面孔；既有来自二级单位的

---

① 黄典林.新闻媒介与转型期中国弱势群体的利益表达——以山西“黑砖窑”事件为例[C]//中国传媒大学第二届新闻学与传播学博士生学术研讨会论文集.北京：中国传媒大学出版社，2009.

热点，也有借由听众呼声而上线的；既有区属职能机构，也有基层机构。在节目中，主持人和嘉宾就政府各部门和行业的工作职能、职责、性质和服务事项，本部门和行业的政策、新规，群众关注的热点问题，进行现场交流、解答了 9 000 多位听众的问题，[①]为双方进行政治沟通提供了最基本的前提。

2. 权力的“可见”化

大众传播媒介的特点之一就是它可以突破时间、空间的限制，创造出可延伸的抽象空间。汤普森认为，这种可延伸的抽象空间是公众日常生活的新表征形式，也就是说，大众媒介对特定议题或事件的报导使人们与自身的日常生活经验相联系，从而引起特定群体的关注，并使其对报导作出回应，即创造出媒介中介公众（mediated publics）。中介公众对政治问题或社会不公正问题的关切与介入在本质上是将边沁“全景敞视监狱”[②]的权力模型倒置，即通过创造媒介中介公众，对权力进行反制，把掌握权力的少数人置于公众的眼前。这就是大众传播媒介的“可见性”。

《行风热线》节目与市纠风办合作，提前一个月根据最新的突发事件和公众关注的热点事件，以书面文件的形式正式通知相关单位上线参与节目，并要求单位的负责人或一把手到场。同时，节目组也会利用不同渠道公布上线单位的名单，公众通过查询进行关注和参与。由于是直播性质的节目，单位会在节目上线之前与节目组的责任编辑进行前期对接，咨询、交流节目内容及有可能被公众提及的问题，以此来保证能够清楚、准确地回答公众的疑问，维护好本单位的形象，提高自身的公信力。节目结束后，上线单位需要在一周内对在节目中未回答的问题进行录音答复。通过这样的节目形态和制作流程，曾经高高在上的行政权力机构和职能部门走下神坛，进入公众的“可见”范围内。

3. 公众的政治社会化

所谓政治社会化，是指“一个通过社会互动而形成政治态度和政治行为的过程”[③]。这一互动过程发生于整个社会政治系统与社会成员之间，主要通过对社会成员个体的教育和训练，使其逐渐成为合乎政治系统要求的个体，即对主导政治体系忠

---

① 崔顺立.包头电台《行风热线》为何受欢迎[EB/OL].(2012-06-02)[2016-03-20]，http://blog.sina.com.cn/s/blog_4d6e40db0102dwc8.html.

② 也叫全景式监狱，它的基本结构是：监狱的四周是一个环形建筑，中间是一座眺望塔。眺望塔的塔墙上安装有一圈对着环形建筑的大窗户，环形建筑则被分成许多小囚室，每个囚室都贯穿建筑物的横切面。各囚室都有两个窗户，一个对着里面的眺望塔，与塔的窗户相对；另一个对着外面，能使光从囚室的一端照到另一端。这样，在圆形监狱中，中心控制塔只需要安排极少数的监督者，甚至可以只安排一人，通过逆光效果，就可以从眺望塔中与光源恰好相反的角度观察、监视到四周囚室里被囚禁者的人影。在圆形监狱中，被监视者受到严密的监视，却不能看到其他任何人；中心眺望塔上的监视者可以观看一切，却不会被看到。

③ 布朗加特，等.青年的政治社会化与教育：上[J].莫东江，译.青年研究，1998(1)：45-48.

诚、认同国家权威，最终实现现有政治秩序的合法化论证，完成政治体系的延续和变革。这个过程对于社会成员来说，是内化过程和外化过程的统一。

政治社会化是一个复杂的过程，在政治体系与社会个体之间，除了家庭、社会、学校之外，大众传播媒介是最主要的实现手段。《行风热线》节目的制作人强调，与之前相比，现在的公众主动维权的意识显著提高，而且在关注节目的听众中，有些并没有个人化的具体问题，但是他们依然主动参与节目，给上线职能部门提出具有价值的建议；在节目直播过程中，如果职能部门的回答并不是十分令人满意，听众也会直接在短信平台上对其进行批评，犀利且毫不留情地指出问题所在。节目以潜移默化的方式对公众进行着政治社会化，使得他们之中越来越多的人具有“公民”意识，将“别人”的事变成自己的事并最终形成自己的政治信念。

4. 转化无组织、非结构性利益表达，推动社会进步

在社会转型期，不同利益群体的公民权利意识觉醒，从而要求自我利益诉求的表达，直接的表现是试图影响政治和政策决策。但因为制度惯性和制度依赖，新兴群体的利益表达与现存体制对利益的实现之间有着难以平衡的矛盾。因此，各种利益群体的利益表达呈现出一定的无效性和无序性。黄典林从“组织性”和“结构性”两个维度对当代中国的利益表达进行衡量，其中“组织性”指主体利益表达在多大程度上是在有组织的社会群体的支持下经过归纳的系统化论述，有组织的表达比无组织的表达更为有效，有助于强大的表达主体与社会体制进行平等对话，进而提高利益实现的可能性。而“结构性”则是指利益表达的议题在多大程度上能够被现有制度体系所吸收，变为体制内部的合法化表达，从而成为真正的政策依据。①

两个指标将现有利益表达划分为四种：有组织的结构性表达（例如国家立法机关的表达）、有组织的非结构性表达（例如非政府组织的表达）、无组织的结构性表达（例如信访制度）和无组织的非结构性表达（例如个人的抱怨）。大众传播媒介的表达属于有组织的非结构性表达。大众传播媒介是社会转型、国家改革过程中，将无组织的非结构性表达转化为有组织的结构性表达的重要环节。

通过《行风热线》节目，公众多次反映停车难及停车乱收费问题。主要商业区、医院、学校周边的收费停车场没有明确的收费标准，收费人员没有资质，随意划地进行收费；在住宅区，开发商没有设置足够的停车位，并强制住户购买停车位。由于这一问题备受公众关注，节目组多次邀请相关部门上线，与公众进行交流。此后，又根据公众的

---

① 黄典林.新闻媒介与转型期中国弱势群体的利益表达——以山西“黑砖窑”事件为例[C].中国传媒大学第二届新闻学与传播学博士生学术研讨会论文集.北京：中国传媒大学出版社，2009.

问题，多次向有关部门提出建议，最终促成了《包头市机动车停车场专项整治工作方案》的出台，市土地登记规划事务中心与交警部门配合工作，陆续对包头市上百个停车场进行实地勘测、权属认定，有效规范了包头市机动车停车场管理秩序。在2016年初，市政管理局组织召开包头市停车场建设项目咨询会，邀请专家和相关部门进行实地勘察，初步计划在容易出现交通拥堵的8个地点建设立体式停车场，有效解决停车难问题。从中我们可以看出，《行风热线》以自身有组织的非结构性表达，推动公众无组织的非结构性表达转化为政府有组织的结构性表达，实现了二者间的政治沟通，推动了社会进步。

（三）挑战

1. 尴尬的双重身份

大众传播媒介能否发挥它正面的公共领域功能，除了它本身规范性的自我理解之外，也依赖于合理化的生活世界和市民社会的行动者。在当下的中国，媒介作为一种制度安排，呈现出二元属性，这一点与政治和经济改革的格局十分类似。一方面，它作为党和政府的喉舌存在，政治原则高于一切，只能在与制度博弈的过程中小心翼翼地沿着边界前行；另一方面，市场化运行机制迫使媒体不断调整自身定位，强调公共利益表达成为公众对其的要求和评价标准，但这种原则会受到前者相当大的制约。

现实中，一方面，《行风热线》节目本身属于地方政府宣传机构，从而得到市纪委纠风办的支持，被期望在节目中更多展示政府职能部门的良好形象；另一方面，节目在包头广播电台管理下实行市场化运作，强调公共利益表达与公众需求，对于被强制参与节目的行政职能部门进行追问，往往得不到良好的配合。这种政府管治与市场驱动的矛盾使得媒介在具体化操作层面遇到严重的自相矛盾的困境。

2. 弱势的地方大众传播媒介

地方政府是介于中央政府和公众之间的。由于中央层面大众传播媒介的力量过于强大，帮助公众建构了关于政府的一切，但下落至地方层面时，地方化大众传播媒介的力量相当有限，中央层面的媒介认知替代了地方化媒介认知。一方面，因为地方政府对于自身传播话语权的认知不够，借助大众传播媒介与公众进行沟通的意识明显不足；另一方面，由于地方层面大众传播媒介普遍由地方政府宣传机构管理，地方大众传播媒介在推动政府与公众进行政治沟通的手段上受到诸多限制。

四、结语

在社会转型背景下，“传播的表现要义是在社会转型中寻求新的调解形式，重新定义政治与经济、国家与社会、个人与社会共同体的关系”①。大众传播媒介是社会调解的重要形式之一，对于地方政府与公众，它的中介沟通作用不容忽视。一方面，它推动了政府和公众思想观念的更新，拉近了二者间的距离，使政治沟通成为可能；另一方面，它提供了多元主体进行利益表达的平台，有效地将现存体制中的不满和敌对情绪进行倾泻和转移，从而保证政治体系的稳定与延续。对于《行风热线》节目而言，它是地方政府与公众进行政治沟通的一个特殊案例，但是它有助于我们更好地理解地方政府、公众、大众传播媒介之间的互动关系。

参考文献

喻国明.新闻媒介与社会协商对话[J].中国广播电视学刊，1988(6)：15-21.

梁莹.政府、市场与公民社会的良性互动[J].公共管理学报，2004(1)：86-92.

梁莹.重塑政府与公民的良好合作关系——社会资本理论的视域[J].中国行政管理，2004(11)：85-91.

周武军.大众传播媒介的政治功能研究[D].长春：吉林大学，2008.

魏志荣.“政治沟通”理论发展的三个阶段——基于中外文献的一个考察[J].深圳大学学报(人文社会科学版)，2012，29(6)：69-75.

任思谕.媒体在塑造地方政府形象中的作用与意义研究[D].锦州：渤海大学，2013.

胡艳.社会责任人与媒体人的角色共融——以福州电台《政风行风热线》工作为例[J].东南传播，2013(6)：88-90.

陈宇虹.电视民生新闻政治沟通功能研究——以《都市1时间》为例[D].湘潭：湘潭大学，2014.

黄典林，谢藤.“公民身份”：西方起源与中国含义[J].南昌大学学报(人文社会科学版)，2015(6)：58-64.

（作者系中国传媒大学新闻学院传播学博士，内蒙古科技大学文法学院讲师，441978120@qq.com）

① 陈卫星.传播的观念[M].北京：人民出版社，2004：5.

从隐私缺失到环形监狱

——互联网语境下“地球村”的隐忧

◈ 郭笑晨

互联网以应用及智能终端的方式渗透到世界的各个角落，人们对于信息服务的需求日益增加，不同地区互联网消费者因为相似的需求被紧紧联结，“地球村”(The Global Village)成了人类社会的真实写照。

当麦克卢汉(Marshall McLuhan)创造性地使用“地球村”这个词语时，没有人能够准确地说出这个新鲜的合成词的准确定义及所描述的世界。直到20世纪80年代，全球化缓缓启动，人们惊讶地发现，麦克卢汉早在二十年前所提出来的这一观念竟然渐渐契合了世界发展的趋势。

作为一名英美文学教师，麦克卢汉倾向于用模糊不清的词语描述他对问题的思考，试图以“感受”的形式向读者传递他脑海中的宏大愿景。对于“地球村”这一概念，麦克卢汉从来没有进行过明确的定义，在所有的著作中，“地球村”自始至终都是以一个非主语的姿态展现在读者面前。事实上，关于“地球村”的概念，似乎有一个段落有助于我们理解。

在《理解媒介》第一版的序言中，麦克卢汉写下了这样的文字：“经过三千年专业分工的爆炸性增长以后，经历了由于肢体的技术性延伸而日益加剧的专业化和异化以后，我们这个世界由于戏剧性的逆向变化而收缩变小了。由于电力使地球缩小，我们这个地球只不过是一个小小的村落。”①这当中提出了“地球村”得以产生的重要基础，即技术进步。没有技术的进步，就没有人类感官的扩展，更没有“地球村”的形成。因此，理解技术，对我们探讨“地球村”的相关问题具有非常重要的意义。

---

① 麦克卢汉.理解媒介——论人的延伸：增订评注本[M].何道宽，译.北京：译林出版社，2011.

一、互联网的发展与“地球村”的当代含义

互联网的前身阿帕网(Advanced Research Projects Agency Network)最初用于美国军方。1969年10月29日22:30,阿帕网加州大学洛杉矶分校(UCLA)第一节点与斯坦福研究院(SRI)第二节点连通,人类首次实现了分组交换网络的远程通讯。1970年,阿帕网开始向非军方机构开放。几年之后,温顿·瑟夫(Vinton Cerf)与鲍勃·卡恩(Robert E. Kahn)开发了TCP通讯协议,网络间可以通过该协议对话,至此,真正意义上的互联网诞生,这一协议此后演化为TCP/IP协议。我们熟知的“www网络”——万维网诞生于1990年,蒂姆·伯纳斯·李(Tim Berners-Lee)在欧洲核子研究中心(CERN)开发了远程控制计算机的方法,需要注意的是,万维网并不等于互联网,它是依靠互联网所运行的一项服务,但却实实在在给人类社会带来了翻天覆地的变化。

之后的25年中,互联网的发展可谓日新月异,浏览器、电子商务、在线流媒体以及社交网络相继出现。我国互联网与国际互联网的接轨是在1994年4月20日由一条带宽为64K的国际专线实现的,在14年之后的2008年,中国网民数量达到2.5亿,中国首次超过美国成为世界上互联网用户最多的国家,而当时全球互联网用户总数超过15亿。7年之后,也就是2015年,全球网民达32亿人。

当地球上的一半人口都被接入互联网时,我们不禁回到最初的思考:互联网是否为我们提供了实现“地球村”的技术基础?互联网语境下的“地球村”又是否是一个理想的完美世界?

对于第一个问题,答案无疑是肯定的。[①] 互联网缩短了人与人之间的距离,在空间上,人们不再拘泥于地理位置的不同,网络信息可以将每一个接入技术网络的成员带到任何他们想去的地方;在时间上,凡是存在过的信息,人们总能找到它的踪迹。事实上,在互联网的语境下,人们的视野被极大地开阔,我们拥有更清晰的视觉,更灵敏的听觉,更真实的触觉,人们的感官被不断地加强以及延伸,人类作为人的文明属性被不断固化,这一切仿佛促使人类变成了“加强版的自己”。

事实上,20世纪60年代“地球村”这一说法刚被提出时,电磁波与电力技术是麦克卢汉心中的“地球村”出现的基础,虽然他在描述想法时常常在电力网络及电讯技术中偏移,但实质上,这些概念投射在传媒领域具有相似的指向性,如广播、电视等电力

---

① 郭笑晨.地球村的暗面:公民隐私与圆形监狱[J].今传媒,2016,24(9):34-35.

媒介。

然而，随着时间的推移与技术的更新，电力媒介早已超越了广播以及电视的范畴，互联网以不可阻挡之势席卷了现代社会的方方面面，如此一来，“地球村”的涵盖范畴扩大，其描述的宏大远景也因为新技术的加入而产生了新的变数：除了互联网语境下“地球村”所带来的优越性之外，是不是也有双刃剑一样的弊端存在，这个大同世界真的是完美的吗？

享用互联网络具有两个前提：第一，人们需要接入互联网，这带来了对经济成本与知识成本的双重考验；第二，获取信息的前提是信息存在，未经过数字化的信息对于互联网来说无疑是鞭长莫及。从这两个角度考量，互联网无法完全实现人人共享的“地球村”世界；而对于已经接入网络的成员及信息，“地球村”似乎也并不完美。

一项技术诞生以后，不管它的最初目的如何，它往往因为社会的需要和技术本身的发展规律而变化。[①] 随着互联网的发展，人们在享受其提供的便利的同时，也渐渐感受到了许多不和谐的因素。商业公司对于公民隐私的侵犯以及政府利用监控设施建造的“环形监狱”是下文探讨的重点。

二、商业行为主导下的公民隐私缺失

2013 年 5 月，互联网消费者朱烨起诉北京百度网讯科技有限公司，称其在家里和单位上网浏览网页的过程中，发现使用百度搜索引擎搜索之后，在其他的跳转网页上会出现与关键词相关的广告；朱烨认为，百度公司没有经过自己的同意便追踪了自己对网络的使用行为，并且利用技术手段将信息用于广告投放，侵害了自己的隐私权。相比于案件本身，法院的判决引起了更多网民的关注。2014 年 10 月，鼓楼区人民法院作出一审判决，认定百度公司侵犯了原告的隐私权；然而 2015 年 6 月，南京市中级人民法院撤销一审判决，认为百度并没有侵犯用户隐私。该判决基于以下三个理由：1.百度公司未将信息提供给第三方，没有公开行为；2.百度公司进行信息的收集与推送的主体均为浏览器，而非用户，终端没有触及用户的网络身份；3.百度作为网络服务提供者，在《使用百度前必读》中已说明并提供了退出机制，朱烨应为默认态度。

朱烨起诉百度案件的判决引起了重视隐私的部分互联网消费者的关注，南京市中级人民法院的三条解释无疑将目前互联网中所有不涉及第三方公开数据的所谓精准投放、精准传播一律定性成了消费者需要“对于服务不便性表示宽容”。这是许多互联

---

① 殷晓蓉.阿帕对于因特网的贡献及其内在意义[J].现代传播，2002(1)：49-52.

网消费者所不能接受的。

事实上,"隐私权"一词最早来源于美国,指个人或集体有权利隔离私有信息,并能选择性地公开这些信息。在人们的互联网消费行为中,有三个方面可能会引发公民隐私泄露的问题:首先,浏览网页、即时通讯、电子商务等信息服务在为互联网使用者提供了便利的同时,也给隐私保护带来挑战;其次,手机定位数据需要通过运营商获得,如被滥用会造成负面后果;最后,云端等服务对用户的隐私文件造成了直接威胁。在大数据"行走"于网络的今天,隐私权常常成为便捷服务的牺牲品。

2015年1月25日是一个值得载入中国广告界史册的日子。这一天,腾讯正式在旗下产品——微信的朋友圈中投放广告,值得注意的是,用户会收到来自宝马、可口可乐、vivo三个品牌的一则广告,如此投放并不是随机抽取,而是基于微信用户的使用行为,进行数据分析之后的选择。当整个朋友圈都在分享自己看到的广告,进行狂欢时,有一小部分网民直指问题所在:我是否授权腾讯收集我的隐私信息?我是否授权腾讯利用我的隐私信息投放广告?除了我的产品使用行为,腾讯还知道什么?

随着越来越多的互联网商业公司泄露隐私案件的发生,人们渐渐意识到享用免费互联网服务所付出的代价。Hoffman与Novak的一项研究表明,95%的网络用户逐渐降低了自己在互联网中提供个人信息的意愿。[①]

一个人人自危、小心翼翼的互联网络是我们所期待的吗?这个问题值得各个层面的互联网参与者思考。

三、政府监控行为与电子霸权

2013年6月6日,爱德华·约瑟夫·斯诺登(Edward Joseph Snowden)走进了全球公众的视野,他作为国家安全局合约外包商的员工,向《卫报》和《华盛顿邮报》披露了关于棱镜计划(PRISM)的各种机密文件,在全球引起了轩然大波。棱镜计划(PRISM)是一项从2007年开始由美国国家安全局实施的绝密级电子监听计划,根据报道,棱镜计划(PRISM)可以对即时通信和既存资料进行深度监听。在《卫报》和《华盛顿邮报》的报道刊出之后不久,美国国家情报总监詹姆斯·克拉珀(James Clapper)发布了一份声明,证实了美国政府在长达近六年的时间里一直以保卫国家安全为由,利用诸如Google和Facebook等大型互联网服务公司收集互联网使用者的信息。

---

① HOFFMAN D L,NOVAK T.Building consumer trust online[J].Communications of the ACM,1999,42(4):80-85.

事件一出，自美国政府、政界人士到受指控的互联网公司，均极力否认，与此同时，默克尔及罗塞夫等其他政治人物以及各公民团体均要求美国即刻停止监控行为并公开道歉。

事实上，民间也迅速开始抗议，粉碎棱镜网(prism-break.org)列出多种非盈利组织撰写发布的各种自由软件，以期取代 Windows 和 Mac OS 的作业系统，实现去中心化的网络服务，从而达到保护隐私，躲避美国、英国政府监控的目的。

英国哲学家边沁(Bentham)在 18 世纪末期提出了一个“环形监狱”的概念，他所设计的监狱整体是一个环形建筑，在圆心的部分是一座瞭望塔，环形建筑被分成拥有相对的两扇窗户的小囚室，而瞭望塔上也有能够观察四周的窗户，通过逆光效果，中心的瞭望塔只需要安排极少数的监督人，监督人可以从眺望塔内与光源相反的角度观察囚室里犯人的人影。监督者可以看到所有的人，而犯人并不能看到监督者，因此，罪犯惶惶不可终日、不敢造次，而监督者也处于完全安全的境地。从某种意义上说，这种两个多世纪之前出现的图景仿佛在如今互联网的语境下变成了现实，监督者变为发达国家的政府，瞭望塔成了无处不在的电子设备，而作为普通民众的互联网消费者，则毫无选择余地地暴露在实时监控之中。

除了政府对公民的监控，政府对政府的监控同样存在。如果说普通民众接入互联网需要技术门槛以及知识门槛，那么不同国家政府对于互联网的运用更是如此。资源的不均衡使得发达国家更容易掌握重要的信息来源，他们拥有先进的情报组织与分析手段，在这个过程中，利用信息来操纵他国的经济、社会与内政的情况时有发生。电子霸权成了麦克卢汉“地球村”构想中十分阴暗却难以解决的部分。

四、有限的公民努力与无限的文明进步

或许是由于虔诚的天主教徒的身份，麦克卢汉的思想深深受到天主教的影响。对于人类的未来，他坚信“共同体”的存在，他认为总有一天万民会因宗教而结合成一个难以剥离的综合体。而这些生活与宗教的信念也直接影响了其媒介观点，如同教义中人类经历了“伊甸园生活—被驱逐—重返伊甸园”这样的过程，他将人类社会的发展归纳为“部落化—非部落化—重新部落化”这样的三个阶段，最后的“重新部落化”在某种意义上可以被理解为由技术带来的人类完整感官，以及这种感官完整所引起的时间、空间距离的缩小。简而言之，麦克卢汉认为，技术的发展最终完善了人的感官，完善了人类社会，使全球成为新的“大同世界”。

随着技术的发展，互联网除了带给人类极大的光明，也不可避免地夹带着公民隐

私难保、政府监控泛滥等阴影。“部落化”除了带来更为便捷的生活之外，还具有管理层的强掌控性等特征。面对这样的世界，我们应该选择默默接受，甚至习以为常吗？

在公民隐私意识不断提升的当下，许多互联网消费者选择了在使用互联网的过程中，对于可能面对的个人信息伤害进行选择性回避，甚至有一些极端的民间团体倡导不使用网络，回归一个世纪以前的生活。应当看到，在互联网发展如此迅猛的今天，面对互联网的暗面，一味地逃避不是人类文明发展应有的态度。然而尴尬的是，面对互联网庞大的技术鸿沟，普通公民作为个人很难以积极的方式对抗互联网的各种问题；当公民努力始终处于束缚之下时，问题的解决就有赖于人类文明本身的进步。

人类文明的进步包含法律的完善、人权的完整以及人性的向善。从法律层面上看，是否能够突破层层利益关系，将商业公司和国家在互联网上的行为底线建立起来，使公民获得完整的权利，不用因为免费的互联网使用行为而必须让渡出某一部分灰色的权益，那么制度层面的人权天花板将会被顶破。另外，政府作为监控主体，最常使用的理由便是为了保证国家的安全。也有报道指出，美国“9·11”恐怖袭击事件之后，美国民众对于政府采集个人信息建立数据库这种行为拥有极高的接受度，人民宁愿出让自己的部分信息，也希望获得政府机关对自己的保护。随着人类文明的发展，恐怖分子是否会减少，极端事件能否被消灭？倘若人性随着社会物质条件的极大进步、资源维度的不断扩展而能够向善，那么那时的政府监控是否还有存在的必要呢？这些问题只能留给时间来回答。

几十年前麦克卢汉所提出的“地球村”无疑是具有预见性的，几十年后“地球村”因为互联网技术的发展而变得更加具有凝聚力。互联网为现代社会带来了翻天覆地的变化，并且会持续影响人们生活的点点滴滴，与此同时，互联网语境下的“地球村”也同样拥有光明背后的阴暗面，公民隐私在一定程度上被商业公司利用，政府以安全之名建立起全景式的环形监狱，这一切需要我们的持续关注。作为全球公民中的一员，我们应该积极拥抱互联网带给我们的一切便利，享受科技成果，克服既有问题。在历史文明进程的图幅中，我们所面对的困境终将被更为光明的未来所取代。

（作者系中国传媒大学新闻学院硕士研究生，melody_0509@126.com）

第五部分

跨文化传播新视野

新形势下"中非关系"的西方媒介形象

——2013—2015年美国主流媒体报道内容分析

◇ 沈晓波

一、文献综述及研究问题的提出

(一)关于"中非关系"

"中非关系"是指中华人民共和国与非洲各国之间的对外合作关系。2015年12月10日,国家主席习近平在中非合作论坛开幕式致辞中系统阐述了中国发展对非关系的新理念与主张:中方愿在未来三年内同非方重点实施"十大合作计划",涉及工业化、农业现代化、基础设施、金融、绿色发展、贸易和投资便利化、减贫惠民、公共卫生、人文、和平与安全十个领域。[①]

(二)西方媒体对"中非关系"的报道特点

近年来,"中非关系"的迅速发展引起了西方各国的广泛猜疑与曲解,西方媒体通过在"中非关系"的相关报道中设置不同议程与框架,对中国在非洲、中国在国际社会的国家形象造成不同程度的损害。笔者通过整理发现,这些报道大致体现了"扩张渗透""攫取资源"和"新殖民主义"三种论调。

第一种论调认为,在沉寂三十年后,中国当前强化"中非关系"的举动反映了中国的勃勃野心;第二种论调认为,中国发展对非关系是为了获取石油等资源,这一论调为

① 习近平.开启中非合作共赢、共同发展的新时代[EB/OL].(2015-12-04)[2016-11-18].http://politics.people.com.cn/n/2015/1204/c1001-27892314.html.

中国招来了"支持独裁政权""牺牲民主、人权"的骂名;第三种论调认为,中国在非洲实行"新殖民主义"。截至本文选取的研究时间节点,结合以上三种论调,西方媒体此前对"中非关系"的报道主要呈现诋毁形式,其构建的中国国家形象也以负面为主。

(三)新闻报道视域下的国家形象研究

在新闻传播学领域,以传播学视角研究外媒有关"中非关系"报道的成果较为稀少。龙小农提出"非洲范式"[①]概念,即西方媒体在报道非洲时所采取的规则与方法策略以及背后体现的新闻价值观等。

此外,胡锦山在《非洲的中国形象》中从政治、经济、文化和外交四个方面对中国在非形象进行了梳理,认为"在中国成长为世界大国的进程中,非洲大陆是中国树立负责任大国形象的重要舞台"。近年来学界对非洲媒体的对华报道也有所研究,如周玉渊在《非洲媒体对中非关系的报道:影响与反思》中通过对三家非洲媒体的涉华报道进行研究,发现"中非关系"已经成为非洲国家媒体报道的重要议题,而负面报道在强化非洲民众对中国的负面认识上有重要影响。[②]

(四)研究问题的提出

基于上述文献综述,本文主要探讨美国主流媒体有关"中非合作"的报道特征与新闻框架的演变,并在这一视域下分析影响中国国家形象建构的因素。具体的研究问题包括:

在2013—2015年,美国媒体上关于"中非关系"的报道呈现怎样的特点?"中非关系"的媒体形象是怎样的?

美国媒体有关"中非关系"的报道中隐含了怎样的新闻框架?

美国媒体呈现的"中非关系"反映了怎样的中国国家形象?与哪些因素相关?

"中非关系"媒体形象研究对我国公共外交及国家形象传播有何启示?

二、研究方法

(一)内容分析法

内容分析法是本文的主要研究方法。作者以《纽约时报》《华盛顿邮报》和《华尔街

① 龙小农.超越"非洲范式":重构中国外非外交传播战略[J].现代传播,2011(4):40-43.

② 周玉渊.非洲媒体对中非关系的报道:影响与反思[J].国际新闻界,2012(11):86-95.

日报》为样本，分析了2013年至2015年间媒体上有关“中非关系”的报道。《纽约时报》对国际事件的报道和评论常被其他媒体转载；《华盛顿邮报》擅长报道美国国内政治动态，其风格和对事件的定性往往反映出以美国为主的西方世界态度；而作为世界经济报道的业界翘楚，《华尔街日报》对中非经济情况做了大量报道，其新闻框架也根据两国经济实力的变化而变化。综上所述，选取三大报纸作为信息来源研究得到的“中非关系”的西方媒介形象具有广泛代表性。

（二）研究样本的选择和目类建构

笔者在 Lexis-Nexis 和 ProQuest Databases 两个数据库中，用“China-Africa”和“Africa-China”两个关键词对2013年1月1日至2015年12月31日发行的《纽约时报》《华盛顿邮报》和《华尔街日报》进行全文搜索，搜索结果有95篇。在全部样本中，人工逐一剔除偏差样本，得到有效样本共计32篇。

选择2013年作为研究的起始时间，一方面是因为在2013年中非双边贸易额突破两千亿美元，创下历史新高；而另一方面，中国宏观经济的总体增长势头在这一年呈现放缓和下行态势，而以往西方媒体对“中非关系”的报道以经济合作为主，中国的经济情况势必与“中非关系”产生关联，因此选择这一时间区间内美国主流媒体的相关报道进行研究具有代表性。

三、研究发现及讨论

（一）美国主流报纸有关“中非关系”报道的特点与变化

1. 美国三大主流媒体有关“中非关系”报道的时间和数量分布

在本文研究的时间跨度内，所选的三家报纸中，《华尔街日报》上有关“中非关系”的报道最多，共有16篇，占样本总数的一半；其次为《纽约时报》和《华盛顿邮报》，分别是9篇和7篇。

横向上看，《华尔街日报》对“中非关系”的报道数量最多，占全部样本报道的一半；纵向上看，除2013年各报的报道偏少以外（占总报道数的6%），其他年份报道数量相差不大。其中2014年《华尔街日报》对“中非关系”的报道明显高于其他年份与其他报纸。通过分析该报2014年的报道，笔者发现，这些报道的主题大部分集中在中非经济合作发生的变化上，主要包括“中国对非投资趋于谨慎”“中国通过非洲发展银行/非洲发展基金等国际机构来展开中非合作”等表述。结合2014年中国经济增长放缓的背

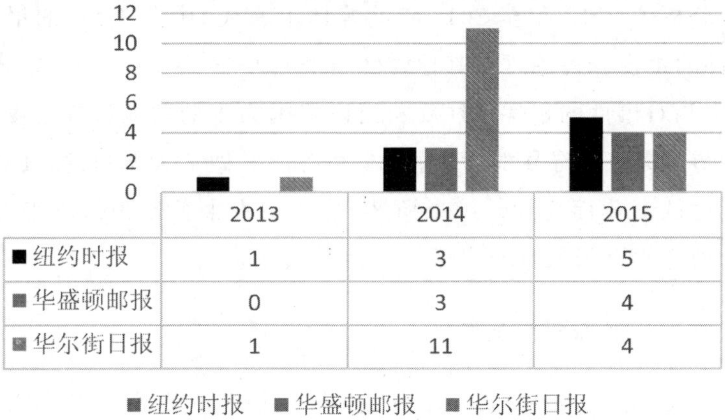

	2013	2014	2015
■纽约时报	1	3	5
■华盛顿邮报	0	3	4
■华尔街日报	1	11	4

图1　三大主流报纸2013—2015年间报道数目分布

景，不难发现，外媒对中非经济合作出现的新方式（通过国际组织）与新趋势（投资更加谨慎）表现出高度关注。

2.美国三大主流媒体“中非关系”报道的主题分布

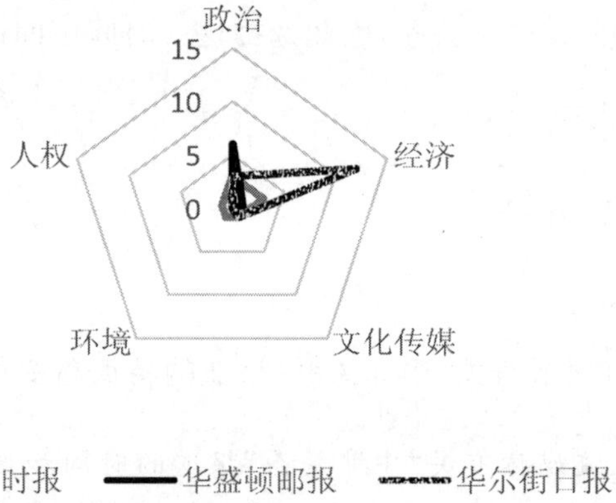

图2　美国三大主流媒体“中非关系”报道的主题分布(1)

根据样本分析结果，三大主流报纸对“中非关系”的报道主题分布呈现出较为明显的差异：《华尔街日报》的绝大部分报道主题为经济，占该报样本的75%，其他诸如人权、环境等主题则没有涉及；《华盛顿邮报》的报道主题以政治为主，占该报样本的85%；而《纽约时报》的报道则在5个测量维度中均有涉及，以经济、政治为主题的报道最多。这与美国三大报纸的定位有关：《华尔街日报》为财经类报纸，以经济报道见长，在该报样本中，多数文章对中非经济合作进行了深入报道；《华盛顿邮报》擅长报道美国的政治动态，该报的样本中有多篇文章涉及“中国威胁论”等美国国内热议的政治话

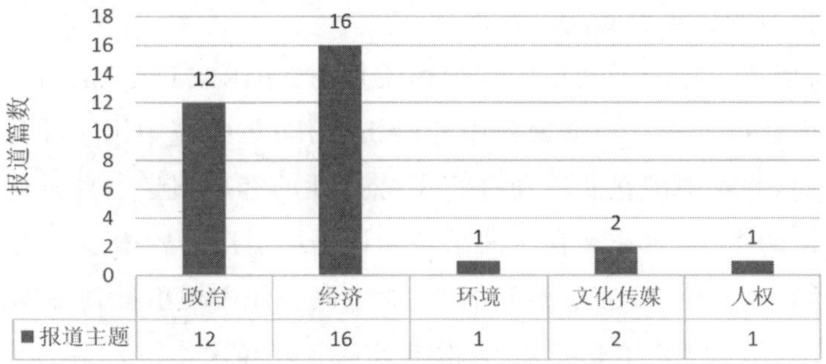

图 3　美国三大主流媒体“中非关系”报道的主题分布(2)

题;而《纽约时报》则因为自身综合性报纸的定位,覆盖了国际社会各个方面,体现在对“中非关系”的报道上则如图 3 所示。分析图 3 还可得出,近年来美国主流媒体对“中非关系”报道的主题以政治、经济居多。

3. 美国三大主流媒体“中非关系”报道的倾向性

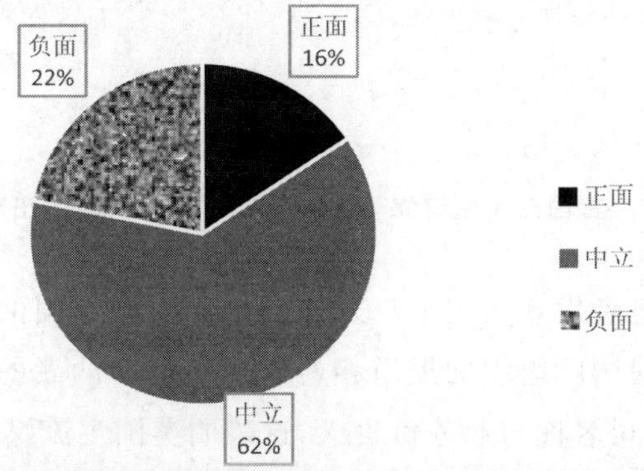

图 4　美国三大主流媒体“中非关系”报道的倾向性

倾向性是最能反映新闻报道观点的测量维度。笔者将本研究样本按照正面报道、中立报道和负面报道划分,分析美国三大主流媒体对“中非关系”媒体形象的建构。其中,对三种报道倾向性的定义如下。

正面:报道对中非合作的事实予以肯定,或对以往“中非关系”中的负面形象进行修补,总体呈积极评价;

中立:报道客观陈述各方面事实,其中夹杂肯定与批评语气,但无明显倾向性;

负面:报道中表现出明显的反对立场。

从数据分析来看,三大主流报纸基本坚持了客观报道的原则。其中值得注意的是,对“中非关系”的客观中立报道达到 62%,已经超过样本总数的一半,正面报道、中立报道和负面报道的比重大致为 8∶31∶11。

其中，正面报道中有若干文章用数据和说理对“中国威胁论”进行回应，并对中国对非援助表现出认可。中立报道聚焦中非经济合作，集中在中国对非政策的变化、援助的金额等方面，并对中国在非活动进行了陈述性的客观报道。此外，这些报道中还出现了非洲方面的声音，对非洲官员的采访和话语的引用开始增多。负面报道则沿用“漠视工人权益”“新殖民主义”等新闻框架，对中非合作表现出批判态度。

4.美国三大主流媒体“中非关系”报道对象的出现频次

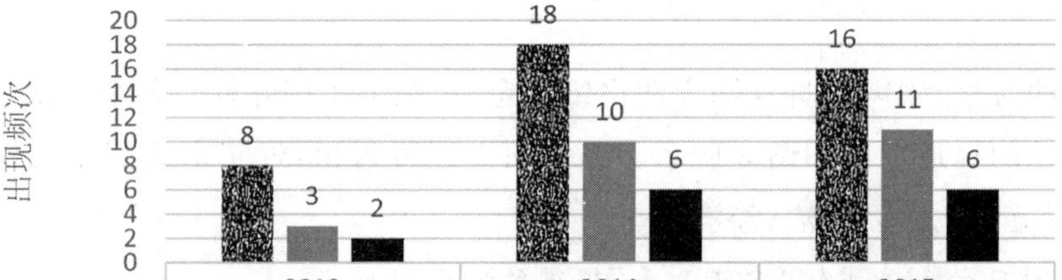

	2013	2014	2015
官方政府	8	18	16
民间企业	3	10	11
国际组织	2	6	6

官方政府 民间企业 国际组织

图 5 美国三大主流媒体“中非关系”报道对象的出现频次

通过数据分析，笔者发现美国主流媒体对中国官方层面的活动报道最多，其次为中非民间企业，而针对国际组织的报道相对较少。但后两者的出现频次在稳步增长，并且细化到具体的公司名称与业务负责人，这表明美国主流媒体对“中非关系”的报道开始趋于细致化。“中非关系”参与主体的结构在发生变化，民间企业与国际组织越来越多地参与到“中非关系”中。

5.美国三大主流媒体“中非关系”报道中主要涉及的非洲国家

从图 6 中可以看出，美国三大主流媒体对“中非关系”的报道主要集中在津巴布韦、南非等国家，而这些国家的共同点是矿产或石油资源丰富，可以推测，美国媒体侧重展现中国对非洲自然资源的需求。在报道中国与非洲国家的经济合作时，除了当事国，美国媒体常顺带提到其他域内国家。例如这些报道经常将津巴布韦、安哥拉与尼日利亚等国一同报道，暗指中国为攫取资源而忽视这些国家的环境与人权状况，制造了不利于中国国家形象建构的舆论环境。但同时埃塞俄比亚成为西方媒体报道较多的非洲国家，笔者发现，外媒主要使用“援助”“基础设施”等较为中立的新闻框架关注中国对非洲国家的援助情况，而不是一味指责中国。

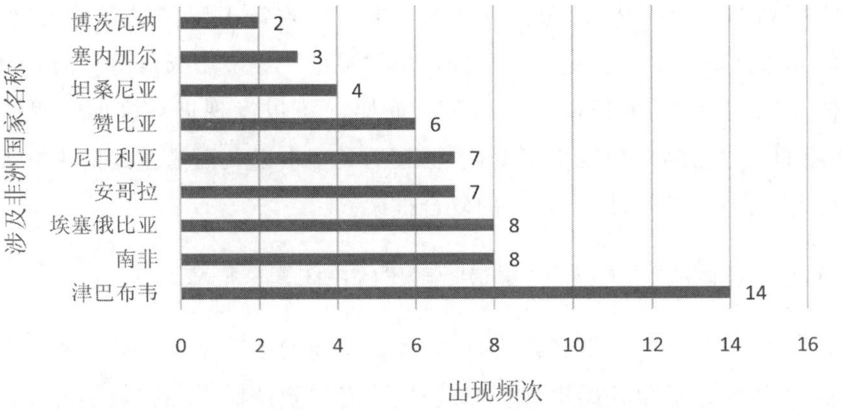

图6 美国三大主流媒体“中非关系”报道中主要涉及的非洲国家

(二)“中非关系”报道的新闻框架

新闻框架是记者在处理信息和意义时必有的整体性的思考基模,或中心意义的组构方式。[①] 新闻框架引导着读者对某一事件的关注和价值判断。

通过内容分析,笔者发现美国媒体在“中非关系”报道中呈现的新闻框架背后有深层次的政治、经济、文化和意识形态的考量。表1列出了若干美国媒体在报道“中非关系”时所使用的新闻框架。

表1 有关“中非关系”的新闻框架

新闻框架	框架内涵	出现频次
投资金额	中国对非投资额度巨大,远超欧美国家,中非合作主要是出于经济利益	12
基础设施	中国在非洲投资建设基础设施,换取非洲方面较为低廉的资源	8
援助	中国与非洲有传统友谊,进行无偿援助,帮助非洲人民脱离贫困	5
中国经济增长放缓	中国经济出现低谷,对非投资与援助将减少	7
第二大陆	中国通过经济合作、文化传媒渗透等手段对非洲进行殖民	3
血汗工厂	中国为了获取经济利益,忽视劳工工作环境	3
民主与人权	中国为了获取经济利益支持独裁政权,阻碍当地民主进程与人权发展	4

① 夏倩芳,张明新.新闻框架与固定成见:1979—2005年中国大陆主流报纸新闻中的党员形象与精英形象[J].新闻与传播研究,2007(2):29-41.

表1所列的新闻框架，部分呈现负面色彩，如“血汗工厂”“民主与人权”“第二大陆”等，但大部分呈现中立色彩，如“基础设施”“援助”“经济增长放缓”等。考虑到此前西方媒体对“中非关系”的报道多使用负面框架，[①]可以发现近年来西方媒体对“中非关系”使用的主导新闻框架发生了变化，框架的类型由以负面为主趋向中立，对中国深入非洲呈现出一种“既欢迎又担忧”的复合框架。

（三）西方媒体的“中非合作”报道折射出的中国国家形象

根据内容分析的结果，笔者认为，西方媒体构建的中国国家形象具有两面性，但从总体来看，中国在非形象开始出现从“资源攫取者”“新殖民者”到“竞争者”“合作者”的转变趋势。

（四）影响“中非关系”媒介形象变化的可能因素

首先，在政治方面，在本研究选取的时间跨度（2013－2015年）区间内，欧洲议会与美国政府对“中非关系”的研判出现了改变，两者均在2013年提出加强与中国在非洲事务方面的合作，并较为客观地评价了中国在非洲的作用。这一态度的转变对“中非关系”的研究取向有所影响，也标志着国际学界关于“中非关系”的话语呈现出日渐多元化的趋势。[②]

其次，在经济方面，中国经济在2013年出现较为明显的增长放缓趋势，一方面受到世界宏观经济情况的影响，另一方面，由于中国进入深化改革阶段，经济增长方式开始转变。这对以经济合作为主体的“中非关系”产生了较大影响，也符合西方媒体对“中非关系”报道以投资为主要手段的议程设置。

再次，在文化方面，中国近年来的软实力建设取得了较为显著的成果。中国政府采用包括推出非洲定制电视剧等公共外交手段努力进行国家形象的“自塑”，既维护了中国在当地的形象，也影响了非洲相关人员对中国持有的态度，进而在西方媒体的采访中，借非洲人员之口进行了国家形象的“他塑”。

最后，非洲大陆的发展状况也是改变西方媒体报道倾向的重要因素。随着非洲各国基础设施的完善和经济发展的稳定，西方媒体中逐渐出现了援引事实为中国在非活动做出解释的文章和报道，这一现状的改变使得许多报道中的框架选择也发生了变化，中国的媒介形象趋于中立甚至正面。

---

① 潘叶英.西方媒体对中非关系报道的批判话语分析——以《英国卫报》和《纽约时报》为例[D].金华：浙江师范大学，2011.

② 李安山.中非关系研究中国际话语的演变[J].世界经济与政治，2014(2)：19-47.

四、研究结论与思考

本文通过对2013年到2015年间美国三家主流报纸上有关“中非关系”的新闻报道的内容进行分析，对提出的若干研究问题进行了探讨。研究发现：(1)美国媒体上有关“中非关系”的报道以中立居多，报道的主题主要与经济、政治相关；(2)有关“中非关系”的报道中包含负面与中立的新闻框架，对中国深入非洲呈现“既欢迎又担忧”的复合框架；(3)美国媒体“中非关系”报道中所呈现的中国形象开始出现从“资源攫取者”“新殖民者”到“竞争者”“合作者”的转变趋势，其转变受到中国经济发展状况、非洲发展状况、中美关系及大众传媒等因素的影响。

本文涉及的“中非关系”媒介形象研究对我国公共外交及国家形象传播有以下两点启示。

(一)提升危机传播与新闻发布能力

如前文所分析，西方媒体对华报道存在特定新闻框架，导致中国政企面对信任危机，如何提升危机传播能力已成为重要议题。同时，突发性事件可以给执政者带来形象塑造和形象修复的机会，也是社会知情民主的发展机遇。①

《华尔街日报》2014年5月15日刊登的《中国公司将工厂车间搬至非洲大陆》便体现了相关新闻框架，该报道的结尾部分如下：

> 当中国方面的高管们想要提高生产目标时，非洲工厂里的工人虽口中嘟囔不满，但又无奈，必须加快生产进度，因为公司停业是工厂里任何一个人都不愿意去想的。
>
> “你只管做你的工作，完成你分内的任务。”雅各布说。她去年刚来到海信公司，在那之前她所在的电视机制造厂倒闭了，“你要做事，而不是站着消磨时间”。

这篇报道对中国在非工厂的工作情况进行了负面描写，但没有涉及中方的回应，很容易让受众产生中国在非建立“血汗工厂”的印象。对此，相关信息发布机构需要遵循“第一时间”“行动信息”“简明扼要”“真实可靠”和“前后一致”这20字的原则进行处

① 周庆安.政治传播年代的舆论安全和知情民主——读《危机传播与新闻发布》[J].对外传播，2005(4):45-46.

理,这也要求相关人员必须深谙危机处理过程中公众的心理特点。[①]

无论是中国政府还是中国在非企业,都应该构建信息发布平台,批驳不实报道,在重大、突发事件上向外界提供完善的信息,表明中方态度。提升危机公关与新闻发布能力,面对重大潜在危机传播事件主动设置议题,这将有助于维护中国在非的国家和企业形象。

(二)加强媒体的舆论影响力

中国主流媒体正处于深度介入国际传播格局的调整过程中,如何对非洲和世界讲好"中国故事",掌握国际话语权,构建舆论影响力,是一个重要的课题。由于深受民主价值观念的影响,西方媒体及其受众已经形成了一种以新闻专业主义为基础的固定思维模式,即只有挖掘事实真相、独立于党派和权威之外的报道才是有价值的,这一观念也已发展成国际传播的一项基本原则。这与中国媒体的官方性质和"正面报道为主"的特点相异,削弱了中国媒体在对外传播中的话语权。考虑到非洲民众对中国的初步认识主要来自西方媒体(西方媒体视角下的中非经贸关系与中国国家形象塑造),西方媒体报道中对中国的"新殖民主义者""资源掠夺者"等描述对非洲民众的舆论影响可想而知。

对此,中国媒体应顺应"全球、全民、全媒"传播新格局的模式,[②]与非洲民间和当地社区增加互动。在战略层面上,中国媒体需要从传播视角全球化、策略当地化、方式柔性化、渠道多元化和内容包容化五个角度进行改变和调整。[③] 近期"复兴之路工作室"在国际社交媒体平台上推出的《中国共产党与你一起在路上》《十三五之歌》等视频内容便是传播视角全球化、渠道多元化和内容包容化的有益尝试。

(作者系清华大学新闻与传播学院硕士研究生,xbshen@hotmail.com)

---

① 史安斌.危机传播与新闻发布[M].北京:清华大学出版社,2013:76.

② 王曦,史安斌.新形势下中国媒体中非关系传播的现状与策略[J].中国记者,2013(10).

③ 高宪春.对外传播讲好中国故事的"五化"原则[J].中国记者,2015(6).

中国企业"走出去":财经新闻报道标题的叙事建构

◇ 朴经纬

一、中国企业"走出去"的背景解析

"走出去"战略始于2000年,为了推进"有能力的中国企业参与国际资源分配,提高中国企业的竞争力"(UNCTAD,2006),政府制定了相关的政策和法律法规,鼓励企业向境外投资。本节从两个方面对事件背景进行梳理,以保证在选取分析材料时,研究变量间相互独立。

境外上市(IPO),指一个公司向境外投资者发行和交易其普通股(Wójcik& Burger, 2010: 276)。作为主要的增加境外资本的方法,这种成长机会无法由国内投资所代替(Doidge,et al,2004),同时也能增加股票发行者的额外或间接利润,比如金融市场的发展、机构的完善、管理能力的提升,以及长期的经济宏观调控(Kose et al., 2006&2007)。中国证券交易监督管理委员会建立后,青岛啤酒在1993年成为第一个成功实现境外上市的公司。截止到2004年,已经有84家红筹股在香港上市,总融资额已经达到一千亿美元。融资排名前三的公司分别是中国移动140亿(红筹),中国联通56亿(红筹)和中国石油化工集团公司34亿(H股)(Chow,2003; Fok,2003)。

对外直接投资(ODI),指将国内公司的业务拓展到国外的商业战略,涵盖了绿地投资、跨国企业并购,以及海外设施的扩建等(Schüller& Turner, 2005; Sarala & Sumelius, 2005)。其中,中国的跨国并购虽然在总投资量中只占一小部分,但却是对外投资的主要指标(MOFCOM/NBS-Report, 2004),亦是媒体聚焦的话题。其原因有三:(1)收购知名外国企业是作为强势海外资产买家的身份象征(Schüller & Turner, 2005);(2)能源类国有企业主导了对外投资项目,然而企业并购更好地反映了国有和私有两个领域的活动(Salidjanova, 2011:18;MOFCOM,2009:12;Yuel, 2012);(3)由于非贸易性资产移动和迂回避税,对外投资整体无法提供系统全面的数据。相对而言,并购能够提供的数据更为公开透明(Hong & Sun,2006)。

"走出去"战略提供了有力的制度保障,协助中国企业构建国际竞争力。体制层面的建设与重建具体指复杂的政策性建设,比如放松外汇管制、信用额度融资、低息国有银行贷款等。在中国经济全球化的进程中,"走出去"战略在实质上加速了中国的腾飞,增强了中国区域的和全球的影响力(Luo, Xue & Han,2010:69)。在公司层面上,境外上市和对外投资也具有强相关性。

一方面,境外上市和对外投资是国有企业进行改革和战略性重组的综合策略。面向发达国家的公开募股行动为随后的收购、并购提高了硬通货上的资本量,有助于企业适应国际标准的管理机制,最终树立良好的国际形象(Luedi,2008:80;Hong & Sun,2006:627)。例如20世纪90年代的煤矿石油领域,由于对大规模外资收购的管制,大型国企纷纷在主要海外证券交易所上市(Hong & Sun,2006:630)。中国石油天然气股份有限公司(中石油)与中国石油天然气集团公司(CNPC)重组后的子公司在香港和纽约的全球首次公开募投,就是通过首次募股而进行重组的成功范例。

另一方面,银行业改革的范畴包括境外上市和对外投资两个方面。中国加入世贸组织之后,金融领域的多边框架正式开启,银行开始主动进行海外扩张。截止到2001年,中国的银行已经建立了452家海外金融机构,共有资产1 510亿美元。为了提高公司管理水平,银行业改革的关键在于股份持有的改革,因此很多中国资产管理公司和中外合资银行都在抛售大量不良资产(Laurance,2005),改组为部分外资控股,以利于经营业绩的提升。

二、财经媒体在经济全球化下的再情境化

本文聚焦财经媒体,是因为其在经济系统和政治系统之间扮演着特殊的调节者角色(Parsons,1989)。在经济话语已被归纳入政治和社会话语体系(Cheney,1998:31)的预设研究框架下,针对精英阶层的财经媒体,目标受众本身的决策直接或间接影响着市场和政府运行(Gavin, 1998; Schuster, 2006; Mair & Keeble, 2009; Thompson, 2010)。因此,媒体建构的财经叙事,反映了人们是如何理解经济和政治语境下的经济活动的。然而财经媒体在传播信息、传递价值观,以及建立商业与政治间的链接等方面作为调节者的功能,在对市场和政府的相关研究中没有深入的分析探讨。

追溯历史,财经媒体一直是全球资本扩张中不可或缺的部分(Storey,1951;Roush,2006;Piao,2015)。16世纪中期以来,财经媒体成为欧洲主要港口向外扩张市场的有效手段。工业革命之后,财经媒体在欧洲和北美经历了重要转型——从单纯的信息发布者转变成更加精通经济金融而形成新思想的工具。《经济学人》就是这种转型后重铸思想的代表。19世纪早期,财经媒体开始对经济与政治的议程设置产生深刻影响。经济学家们在公共讨论的平台上变身媒体名人,例如支持经济放任主义的亚当·斯密、影响英国政治决策的约翰·梅娜德·凯恩斯,以及提倡货币主义的弥尔顿·弗里德曼。

从新闻生产的角度来说,作为新闻体裁的一个分支,财经新闻生产周期更为紧缩,生产者和消费者之间的界限趋于模糊(Clark et al,2004:304),演变成一种精英间的互动(Parker,1997;William,1998;Sherman,2002)。在与政府和市场的互动中,财经媒体将商业经济活动及其和其他社会活动之间的关系合法化(Schuster,2006:ix),成为市场定价系统和政治系统中的重要中介(Parson,1989)。除了对公司行业的个案报道,财经媒体的宏观话语通过对经济言论的传播来重塑经济理论(Cheney,1998),通过对市场基本因素的再描述,培育商业精英,营造共识,培养了新的市场文化(Thrift,2001:415)。

中国改革开放以来,《财经》杂志以一种无所畏惧的报道风格关注腐败、污染、公共健康恐慌以及其他敏感性问题(Lin,2006;Olesen,2009),并善于挖掘事件背后的深层次原因(Chen,2009)。胡舒立离职前的《财经》已成为推动中国经济改革的先锋,敢于挑战政府和市场审查制度的灰色区域(Lin,2006;Lin,2008;Chen,2009)。《经济学人》由伦敦商人詹姆斯·威尔逊于1843年创立。从其最初的名字——《经济学人:政治、商业和自由贸易杂志》可窥见其创刊150多年以来一直坚守的“自由贸易、放任政策,个人责任感,以及基于事实的理性分析”(Alfredo,2000;Edward,1993)。

研究样本的选取基于两点:(1)目标受众均定位为具有国际化视野的精英读者;(2)均通过形成舆论来合法化和强化资本权力结构(Piao,2015)。两者都集中体现了财经媒体所代表的“有限而狭窄的精英群体,而非大众民意”(Parsons, 1989: 3)。它们本质上都在进行符号的生产,对知识和信念的制造有直接或间接的掌控(Krippendorff,2004),是直接反映精英舆论的非官方机构。两个案例的跨国比较提供了一个全球性视角,用以理解在世界秩序的变更中,在英美主导的西方国家和作为新兴经济实体代表的中国的媒体分别是如何建构并维护主导精英阶层的权利的。

三、研究方法

本文采用框架分析的方法，使用文化视角下批判范式的叙事建构进行分析。框架指通过主观结构，扩展问题的定义、事件肇因的阐释、道德的评估，以及针对提出问题的解决方案(Entman,1993:52)。在批判主义范式中，框架是记者在发布各种议题和事件时进行的对日常新闻素材的收集，以及所呈现的成果(D'Angelo,2002:806)。新闻机构有目的性地筛选信息，促使当下某种单一观点的形成(Reese & Buckalew,1995;Entman,1991)。而标题是读者脑海中对某一概念的语义进行分析的显著线索，它也是框架化语法结构的最有力工具(Pan & Kosicki,1993:59)。标题的主要功能在于它对于认知、文本和情感性语言的描述(Bowker,2008::170)。

本文采用米克·巴尔的叙述建构作为解构标题语义特征的指标。因为巴尔的文化分析研究路径注重研究对象本身(即文本)而非文化过程，本文将叙述建构内嵌在框架分析之中。结合叙述学的众多理论工具，本文选择了某些概念作为解析标题叙述结构的衡量依据。第一层叙述结构素材(fabula)中，行为者(actor)注重人与人之间的关系以及人与世界的关系，涵盖了心理范畴的关系和意识形态的对立。在以某种方式描述素材的第二层结构故事(story)中，聚焦(focalisation)是指对信息的选择和限定、对某个视点(point of view)下事件发展的感知、对聚焦中的代理人(focalizing agent)的凸显及对聚焦者(focaliser)带有形容性质的讽刺观点的创造(Herman,et al.,2005)。在第三层文本(text)结构中，隐喻(metaphor)的应用更多出现在议论性的文本描述中，用以表达和推广媒体观点。隐喻在标题中越是显著于后设性的散漫(meta-discursively)，标题下的文章就越容易激起读者的阅读兴趣，同时会说服读者进入设计好的阅读视角(Bowker,2008:171)。

标题的框架编码是基于对标题及其他相关焦点(focal point)，如副标题、图表、图片和图片说明等的收集分析。这些焦点形成了标题内容形式的有机整体，可作为标题文本分析的有机整体。每一个标题框架化的计数包含三个维度的比较:媒体和事件的共享特征，同一媒体对不同事件报道的差异，同一事件在不同媒体中的呈现。三个比较维度在“功能过程”(functional process)(Jahn,1996)或筛选过程(filter)(Genette,1980)中，通过每个叙事结构的计数反映出标题是如何表达和理解相关信息或想法的。

四、调查结果与讨论

表1总结了两份杂志在对中国企业首次境外公开募股(IPO)和直接对外投资

(ODI)两个事件的报道中所展示出的三个叙述要素的数量分布。两家杂志都较少使用直接对行为者进行描述的方式。相较而言,聚焦的叙述方式在《财经》中占据了更大的篇幅。隐喻作为一种形象化的修辞语言,在《经济学人》中略超其他两种方式。本文拟从三个叙述要素出发,引申出媒体标题所呈现的三种框架。

表 1 《经济学人》和《财经》标题的三个叙述要素数量分布

事件		行为者	聚焦	隐喻
《经济学人》	IPO	9	8	12
	ODI	15	18	18
	总数	24	26	30
《财经》	IPO	3	114	40
	ODI	5	40	16
	总数	8	154	56

(一)素材中的行为者中心框架

行为者中心(actor-centred)式标题倾向于阐释主体 X 和其目标(或客体 Y)之间的互动。赋权主体时,标题着重描述素材的发展过程,即主体与行动元[①](actant)之间的功能性关系及其可能对主体达成目的所产生的影响。作为事件的经历者,行为者选择和建构行动元的目的是呈现它们和“它们所引起或经历”的目标之间的特定联系(Bal,1994:25),而非描述事件的全貌。因此,这个框架试图创造一种意义的不连贯(meaning gap),即伪造标题与正文之间的语义联系。针对事件发展中的特定情节或行为者之间的某些功能性关系,处于媒体所构建的这个世界以外的读者是难以理解的。因而这个只有熟悉相关语境的读者才能够理解的语义联系,加强了读者的身份认同感(Bowker,2008:172)。

行为者中心框架中的标题,在两份杂志中体现出相似的叙述架构。此处列举对行为者能力和行动元与主体间功能性关系的描述和分类。能力(competence),指衡量主体在素材建构过程中使计划得以实施的先决条件,细分为三个类型主体:决心/意志、权利/可能性、知识/技能——体现主体实施行动成功与否的三层可能性。两个媒体都缺少第一类型,但其他两个类型大抵相同。

在标题 a 中,王雪冰作为中国银行高管,因身陷海外 IPO 腐败丑闻,被突出强调;类似话题 A 直接描述了对中航油总裁陈久霖投资失败的调查。两个例子的行为者均因国有机构被政府赋予的市场权利,而出现自我对增强国际竞争力的野心膨胀的问题。行动元的突出是为了影射其身份所代表的权利及可能产生的负面后果;同时包含

① 指行为者的类别,例如帮助者(helper)、对抗者(opponent)和反主体(anti-subject),等等。

《经济学人》	《财经》
权力/可能性	
a. Something rotten in the realm (A Chinese banker investigated)—China has abruptly sacked a top banker (2002.01.17)	A.成败陈久霖 ——中航油(新加坡)被步步推向悬崖，既是因为主事人陈久霖与市场对赌失败，也是因为深植于国有垄断企业的制度错位无从约束，鼓励了与市场对赌的“豪气”(2004.12.13)
知识/技能	
b. China's gas guzzler—Fu Chengyu must balance China's thirst for energy with its desire for corporate respectability (2005.06.23)	B.民营企业走上前：恒安上台 ——上实注资风波在12月份闹得沸沸扬扬，市场对红筹公司的未来充满疑虑。但也并非没有好消息，恒安国际12月8日的首次公开发行为市场带来了新希望。(1999.01.05)

图1　行为者分类比较(举例)

中国国企的特殊企业构架和通用国际标准之间存在差距，例如企业文化、财务透明度等。在另一个话题中，标题b阐述了一个大型国企中的经理人不但要迎合政府需求(中国对能源的渴求)，还要适应海外市场的国际规则(公司尊严)的观点。基于类似观点，B暗示了虽然红筹股表现不佳，但私企仍然力图证明他们能够适应与境外资本角逐的环境。

行为者中心框架同时注重行动元与主体的功能性关系，这样的叙述方式能够引导读者注意素材的发展过程。行动元在不同主体间的结构中只是一个影响因素，独立于第一主体——行动元可能对第一主体有协助或反对作用。此处列举其中两个主体和行动元之间的功能性关系。(1)“帮助者/对抗者”反映了它们在主体追求目标的过程中相对固定的角色。在素材发展的过程中，每一个帮助者/对抗者的行为都是一个必要不充分的变量，且持有不同于主体目标的或支持、或反对的立场。(2)“成对模式”中，行动元作为反主体的行为者，与主体有不同的目标。然而，从读者的角度出发，如果主体不能与读者形成同理心(sympathy)，读者的同理心将与主体的立场对立，行动元在不同主体间的结构中也遵循相同的模式(Bal:31)。

《经济学人》	《财经》
帮助者/对抗者	
c. Last rights (MG Rover)—The Chinese have already got what they wanted (2005.04.14)	C."宝洁"的中国问题——2000年不仅仅是中国意义的"龙年"。世界上最大的日用品生产商美国宝洁公司也加入了"龙"的行列，但这却是沾满火药味的新一轮大家行动的序曲(2000.09.05)
成对模式（主体/反主体）	
d. I spy spies (Fear of China)—American politicians are attacking IBM's Chinese deal (2005.02.03)	*N/A*

图 2　行动元与不同主体的关系分类

标题 c 和 C 的语境中,同理心即为行动者和读者共同的经济利益和政治意识形态。中国汽车制造商——上海汽车工业集团(简称上汽,SAIC)参与竞标英国罗孚汽车伯明翰长桥厂区,当地工人抗议交易后可能引发的失业问题。事实上,上汽此次收购主要是为了收购部分罗孚车型的知识产权,并不直接涉及裁员问题。然而 c 仍明显表达了对帮助者,即当地工人的同情,意在表明正在崛起的上汽可能与《经济学人》的读者,即西方汽车制造商形成潜在竞争关系。在阐述外国公司与中国仿冒品生产的斗争时,C 将宝洁公司定位成一个帮助者,而将中国的造假商们定位为对抗者,旨在强调对知识产权保护的重要性在于,不仅可以为外商营造健康的市场环境,更能保证本国企业的正常商业发展。

在标题 d 中,"反主体"联想公司与"主体"IBM 公司的对立是一个偶然事件,为了暗示部分美国政客的惧华情绪,体现了这场收购本身反映出的"中国威胁论"心态。这种对立的偶然性体现为反主体在主线和副线的情节发展中并不相对固定的关系模式。因此,标题的叙述只是整个案例在大语境下的一个瞬间(moment)。当收购成功结束时,这种偶发的对立立场在媒体的描述中消失。这种主体和反主体之间的矛盾折射出的仅仅是中美精英内部的经济利益纷争。

(二)聚焦中的意识形态框架

在故事的叙述结构层面,聚焦不仅是视角的限定,也是基于叙述者(narrator)感官、想象力、知识或视点的信息获取。叙述者指针对事件的心理和意识形态取向进行写作或表达观点的人。聚焦下的框架创造了一个"窗口"(window)(Jahn,1996),或过滤器——通过限定对事实的叙述,规定、引导和操纵读者的想法。因此在这一框架中,标题文本和上下文之间没有意义上的不连贯,语言的严肃性与正文的语义紧密相连。聚焦的叙述方式体现了比行动者中心标题更加鲜明的意见表达,展示出意识形态的媒体框架。文本围绕"聚焦者"或编辑的观点展开,着重体现了对现实的重构,避免了行为者中心框架中标题与正文间的互文性,确保了文章整体严肃而统一的语言风格。

通过对于同一个事件报道的横向比较,可以清楚地发现两家媒体使用意识形态框架的异同。以下列举的两组报道均针对必和必拓收购力拓矿业这一系列事件的发展。在这场全球钢铁产业最大的并购案中,中国所扮演的角色在两方面显得特殊而重要。其一,中国对金属(尤其是铝)的需求量急速增长,提升了大公司股价,因而得以以更小的代价买断竞争对手的股票,带动了世界范围的并购风潮。其二,尽管没有直接参与并购,中国具有期待交易失败的动机。因为作为主要的金属消费国,中国并不希望这场交易成功而带动生产成本提高。

《经济学人》	《财经》
外在式聚焦	
e. Gimme smelter (Aluminium)—Are more big deals ahead? (2007.07.19)	E.谁主矿业沉浮 ——全球公司并购史上第二大交易的构想揭盅,资源矿产业的一次裂变启幕,中国最真切地感受到了撞击的力度(2007.12.05)
f. Financial prospecting (BHP Billiton and Rio Tinto)—Mining companies have figured out how to boost reserves (2008.11.15)	F.中铝的突袭 ——涉足世界上最大宗矿业公司收购案,中侣入股力拓后有三种可能选择:阻止必和必拓收购力拓;在未来必和必拓收购力拓后处置资产时参与瓜分;完全控制力拓(2007.12.05)
g. The sun sets on BHP's bid (Mining)—An audacious attempt by BHP Billiton to get control of Rio Tinto has fallen apart (2008.11.25)	

图 3 外在式聚焦举例

标题 e、f 和 E 均以必和必拓一力拓收购案为大背景。g 和 F 标题聚焦事件发展的转向:交易虽已失败,但是中国铝业公司已经成功收购力拓矿业伦敦上市公司 12% 的股份,这是当时中国最大的海外投资案。标题 g 和 F 惊人相似的一点是,都化用了一个投资概念——"黎明突袭"(dawn raid),指于市场开始交易后不久,在短时间内大量购买某公司股票的行为。《经济学人》用"黄昏"(sun set)取代"黎明",意指事后对本次交易主要参与者得失的预测。《财经》在 F 的副标题中暗示,中国公司最后一刻的介入即是"黄昏突袭"(sunset raid),策略上为了保证中国能够维持在钢铁生产的供应链上游的位置。

然而,两家媒体通过标题框架引导读者关注事件的不同方面。《经济学人》的叙述从国际范畴表达跨国交易的商业逻辑;《财经》更突出了中国在这个过程中的角色,强调了中国钢铁制造产业如何从这份交易中获利。两家媒体在自由市场价值观传递中都遵循了追求利益最大化的逻辑。《经济学人》以纯粹商业的逻辑,从参与者的成本与利润的角度为英美读者分析事件的起承转合。《财经》则站在中国读者的立场上重点阐述了中国企业的影响。

(三)隐喻中的改革框架

作为语言中象征性的修辞手法,隐喻相比于实践性和指示性的论述,能更好地吸引受众注意(Al-Sharafi,2004)。隐喻的论述功能可以说是前两个框架功能的结合,一方面,隐喻表意模糊,为正文中的描述、解释和议论增添了一丝神秘感(Bowker,2008:171);另一方面,隐喻式框架试图将读者置于与文章相同的视角(ibid),聚焦中的意识形态框架有类似功用。隐喻所呈现的是一种倡导、推动改革的媒体框架。尽管两家媒体在标题中较少使用隐喻叙述方式,但他们以极其相似的手段和分类方式进行隐喻式表述。

(1)固定语(fixed expression and saying)包括熟语(idiomaticity)、词位元层面的一词多义(polysemy)以及固定短语和成语(idiom),还包括大量的社会文化知识和某些特定经验。为了更好地理解固定语所传达的意思,读者需要熟练地掌握复杂的语法和语义系统。

固定语	
《经济学人》	《财经》
h. Never give a sucker an even break (China and Unocal)—A good motto for American capitalism, especially if the buyer is owned by Chinese state (2005.06.30)	H.跳槽!跳槽! ——2006年中国股市由"熊"转"牛"的一大景象是,和中国业务有关的投行机构,其人事流动日趋活跃(2007.01.24)

图 4 隐喻中的固定语举例

标题h讲述了中国海洋石油有限公司竞标美国第八大油企优尼科石油公司。“永远不要和傻瓜打成平手”(never give a sucker an even break)在英文语境里通常指骗子利用一切机会骗人钱财,这一标题中特指美国政客在此项收购中表现出的惧华态度(Sinophobia)。《财经》的标题H运用了许多文学作品中的惯用表达,比如“北京,北京”和“南京,南京”。这一格式通常用于对一些现象级重要事件的描述,传达了知识分子相互参照的人文精神。

(2)对话体(dialogical technique)采用日常对话形式,而非正式的写作文体。这种口语式的表达方式是记者假借主人公的语气,用直接引语的形式来吸引读者的注意。这个带入过程涉及有言语行为(speech act)和言内行为[①]功能(illocutionary function)的命令、警告或者承诺等。

对话式方法	
《经济学人》	《财经》
i. Go east, my son (Management in China)—Jobs at Chinese companies are starting to appeal to foreign managers (2006.08.10)	I.告别红色资本家——广信关了,直接内涵是承认窗口模式的惨败,深层含义则是结束由地方政府透过窗口到海外融资的历史。不管我们愿不愿,在海外融资意义上的“红色资本家”时代结束了。(1998.11.01)

图5 隐喻中的评论模式举例

标题i《往东走,我的儿子》(*Go east, my son*)来源于一本关于美国西进运动的书中的名句:“去西部吧,年轻人,和国家一起成长。”[②]对话式的标题增加了读者对于中国发展带来的巨大机遇和激烈竞争的关注,亦暗示了遇到困难的可能性。在标题I的广信事件中,《财经》在介绍地方政府通过窗口模式进行海外融资失败时,利用对话体直接将读者当作事件的参与者。融入读者参与感的告别语句更加生动地强调了海外融资私有化改革的重要性。

---

① 马海良.言语行为理论[J].国外理论动态,2006(12):61-62.这篇论文将“speech act theory”直接翻译为言语行为理论,而且将“illocutionary act”译为“以言行事”。王健,高红.特定情景语境下的习语翻译——言外行为功能对等的可行性分析[J].西北工业大学学报(社会科学版),2006(2):64-66.本文将“illocutionary function”翻译为言外行为功能。黄华新,吴恩锋.言语行为理论熟语汉译版本的标准化探讨[J].产品安全与召回,2005(3):25-28.本文对这些术语的翻译进行分析后认为“言内行为”比较恰当。

② 此处原文为“Go West, young man, and grow up with the country.”

(3)评估模式(evaluative format)混合了对事件的直接描述和明确评价(evaluation)。这里的评价包含了对文章中事件主人公和执笔者的评价成分。评估模式在描述事件和表达意见上比前几种更加直接。

评估模式	
《经济学人》	《财经》
j. China Corruption Bank (A bank scandal in China)—The latest bank scandal suggests that China is too hasty to float its big lenders (2005.03.17)	J.建行IPO：阳光与阴影 ——上市并不意味着“脱胎换骨”的过程结束(2005.10.17)
k. Spreading their wings (Chinese firms abroad) - While all eyes are on foreign investment in China, the country's companies are busily buying up assets overseas (2003.09.04)	K.联想豪赌 ——收购总资产四倍于己的IBM个人电脑业务，对联想是令人垂涎的机会，还是困难重重的险途？(2004.12.11)

图6 转喻式隐喻举例

标题j中的“China Corruption Bank”(中国腐败银行)在英文拼写中是一个双关语,直指中国建设银行的行长因贪污受贿而被撤职的事件。在中国银行筹备海外上市之际,英文双关语的幽默强调了这桩丑闻在全球范围内的负面影响。而同样是国有银行,关于建行的首次公开募股事件,《财经》的标题J用“阳光与阴影”分别指代正面和负面影响,以两者之间的博弈暗指结构性改革才是首次公开募股的终极目标。然而,《经济学人》的叙述也不是完全负面的,k标题用“伸展的翅膀”这一美好的隐喻来指代中国公司的海外扩张,这个隐喻本意指第一次以自己的能力做全新而令人振奋的事情。同样的风格也出现在《财经》中,K标题同时从正负面来评价联想竞标IBM的PC业务,标题中的“豪赌”表达了公司扩张的不确定性。

(4)转喻式隐喻(metonymic metaphor)用类似关系的成分构成连贯的描述。其主要形式是,重复使用连续的类比,使之形成一个有规律性的语义联系。这种叙述方式模糊而难以形容。两家媒体中最常见的转喻如图7所示。

转喻式隐喻	
《经济学人》	《财经》
"冠军(Champion)" **l. Consumer champion**—China's leaders want their own technology titans. But China's true national champion is the big market (2007.11.08) **m. We are the champions** (Business in China)—China's state-owned enterprises want to make their mark on the world stage. They will struggle. (2004.03.10) **n. The new champion** (Globalisation)—Emerging markets are producing examples of capitalism at its best (2008.09.18) **'龙（猛兽）（dragon/monster）'** **o. Is the wakening giant a monster (China's economy)**—Fear of China's growing industrial might is widespread. But not entirely rational (2003.02.15) **p. A dragon stirs (China's biggest bank)**—investors flock to the world's largest-ever listing, but ICBC reflects China's murkier side as well as its promise (2006.10.12) **q. The dragon tucks in (Chinese companies abroad)**—Chinese companies are becoming aggressive buyers of overseas assets. It will take longer for them to become smarter ones (2005.06.30)	"罗曼史" L.IPO诱惑(2004.01.20) M.网通与电盈试婚将近 ——网通收购电讯盈科固话业务的谈判历时一年，一波三折，终于进入读秒阶段，但这仅仅是第一步而已(2004.12.27) "战斗/竞技" N.中石化结束冲刺 ——在中国石油天然气股份有限公司之后，中国石化股份有限公司成功在海外上市，中国石油石化一年来全行业海外融资大计由此定局(2000.11.05) O.中石油兵败俄罗斯 ——流年不利。作为中国最大和资格最老的石油公司，在国内霸气十足的中国石油天然气集团公司最近在俄罗斯的一系列扩张行动却颇为不顺(2003.11.05) "起航" P.中国石油：国企旗舰艰难下水 ——被推迟已久的中国石油天然气股份有限公司路演团上路了(2000.05.05) Q."中国钱"出海 ——庞大的境内资金终于获得了期待已久的海外投资机会，QDII在境内外市场之间打通了一条目前略显逼仄但前景无限的道路(2006.05.01)

图 7　隐喻中的体裁错置举例

《经济学人》的标题中,大多使用了"冠军"和"龙/猛兽"等字眼来形容中国庞大的经济和国有企业。标题 l 和 m 中的"冠军"是指中国国内市场的巨大需求,而非代指中国企业在全球市场中的国际竞争力;而标题 n 中的"冠军"用一种比较积极的方式特指中国企业的海外扩张。区别于中国传统意义上"龙"所代表的权势、高贵和尊荣,西方语境中的"龙"有负面含义,此处特指西方世界中的惧华情绪。标题 o、p、q 用转喻来描述中国经济以及某一大型中国公司在资本扩张中的攻击性。《财经》用"罗曼史"的类比,从理想主义视角描绘中国在海外的首次公开募投和跨国并购,表达了一种充满期待、希望得到关注的情感。"战斗/竞技"类隐喻在标题 N 和 O 中主要用来说明中国公司融合海外市场的困境。与此类似的"起航"是另一个常用的隐喻,描述了中国公司的海外发展虽然起步困难,但未来或可期待。

(5)体裁错置(dislocation of genre)将不同的文本世界并列起来,提取出社会文化意义更深层次的参考和典故(Bowker,2008:182)。这种类型通常表意模糊,需要读者具备大量的文化背景知识。这种隐喻所特有的互文性为读者提供了解读世界复杂事件的另类观察角度。两家媒体使用体裁错置的程度不同,但是它们的标题为其读者创造出一个知性且受过良好教育的群体形象。

体裁错置	
《经济学人》	《财经》
r. The real great leap forwards—If reforms continue, China's economy could sprint ahead for many more years (2004.10.02)	R.中信的石油长征 ——中信进入石油勘探开发,获得了第一个大交易,但前途仍然多艰(2006.11.28)

图 8 体裁错置举例

《经济学人》喜欢在当代中国的语境下化用旧的政治口号。例如在 r 标题中,"真正的(real)'大跃进'"对"大跃进"这一曾经的社会运动进行反讽,强调了当下中国经济改革建设公正有效的自由市场的正确性。R 标题中的"长征"描绘出中信集团第一次石油勘探开发海外交易取得成功的艰难。相比"大跃进","长征"有着更加积极的含义,它意味着政权合法性道路上成功的第一步。与此同时,标题也蕴涵对公司未来进一步扩大全球市场份额的不确定态度。

五、结语

中国经济的腾飞对于全球市场来说，意义越来越重要，因此，中国企业“走出去”亦成为媒体热衷报道的话题。本文着眼于全球化视域，初步探索媒体对构建全球化进程中的经济事件的报道特点，尤其通过跨国比较，聚焦中国积极向海外进行经济融合的媒体呈现。自由市场(或新自由主义)的媒介话语建构，中国的经济全球化以及全球化的精英主义，是三个紧密联系并相互作用的领域，但学术界却较少涉及，缺乏深入研究。本文力求通过对英美和中国语境中较有代表性的两个媒体的比较研究，打破媒介在公共领域的研究范式，深入全球化的精英领域，带入中国在世界经济舞台上愈加重要的影响，为西方学界“资本扩张—财经媒体—新自由主义的意识形态”这一研究思路注入新的元素。

行为者中心框架将读者的注意力引导到素材的发展过程上。两家财经媒体对素材行动元的结构性定位相对固定，因为行为者的定位直接关系到媒体是否能够传达给读者相同或不同的物质利益讯息，以及是否能够引发读者的想象。但与此同时，标题与正文之间就会产生意义的不连贯(meaning gap)，即互文性。因此，对于不熟悉行为者或不属于行为者圈子的读者来说，这种互文性的标题就会显得难以理解。老牌财经评论性杂志《经济学人》运用行为者中心框架的情况相对来说较多，这加强了目标读者对自己全球化精英身份的认同感。《财经》更倾向于使用聚焦式叙述，其框架具有强烈的意识形态取向。意识形态框架容易引起读者对那些明显有意制造的舆论的关注。记者或者叙述者(聚焦人物)等舆论制造者在某种程度上成为解释事件的权威。在如何塑造行动元及其在叙述中的定位的问题上，两家媒体在自由市场价值观传递中都遵循了追求利益最大化的逻辑。标题使用聚焦叙事结构后，尽管阐释观点的角度有所不同，但意识形态框架为读者提供了更加强烈和统一的意见表达。

从表1的数值比较来看，对于前两个框架，《经济学人》更多使用行为者中心，《财经》更多使用聚焦的意识形态框架。回溯两家媒体的历史，创刊伊始，《经济学人》就已确立了为小部分全球精英读者推行自由贸易和放任主义的立场。因此，其标题更倾向于将话题解构为容易理解的细节部分，这相当于告知熟悉语境的读者“你们是自己人”，对读者的应邀即为身份的确认(Rogerson-Revell，2007)。相比《经济学人》，1998年创刊的《财经》成立较晚，因此更需要统一各个细节的风格，以便培养目标读者群接受其观点融入事实的报道风格。和《经济学人》创刊的背景相似，《财经》扮演了一个教育者(educator)的角色，培养着中国新兴金融阶层的集体身份认同，甚至是一种普遍共识。为了让文章对这一理性逐利的人群具有说服力，严肃的语言风格在这一初始阶段成了更好的叙述方式。

虽然隐喻的应用在数量上不及前两种叙述手法，但它不仅综合了前两者创造互文性的读者身份认同障碍，以及更加直接的对意识形态的传达，更重要的是，它集中体现了中国亟须推进经济（有时甚至包括政治）改革的诉求。这几种手法从不同视角引导读者在文本中主动加入自己的理解，或者直接传达编辑立场来加强媒体的“新自由主义经济话语”（neoliberal economic discourse）（Fairclough，2006）。两家媒体在类似的隐喻应用中的改革框架明显体现了内容生产者在叙述中对自由市场和自由贸易思想的构建。在对各个叙事因素的重复和发展进行解构的过程中，文本体现出来的思维模式、建构语境是全球化而非本地化的。

简言之，拥有国际视野的财经媒体更倾向于使用“全球化的元叙事”，并试图为短期的、局域的冲突及论争提供最终解决方法。多数以市场可以自动恢复平衡的思想为主导的新闻框架认为：市场的自行运转能够解决大多数经济和政治问题并建构我们的价值观。因此，在“全球化的元叙事”框架下，各国经济活动的参与者积极寻求相互依赖的长期合作，通过精英财经媒体建构全球化议程（global agenda）。

参考文献

ACFB.Almanac of China's finance and banking[M].Beijing:People's China Publishing House,2002.

ALFREDO M. The economist[M]//TUNGATE M. (eds.) Media monoliths: how great media brands thrive and survive. London, Sterling VA: Kogan Page,2004.

BAL M.The point of narratology[J]. Peotics today, 1990,11(4):727-753.

BAL M. Narratology: introduction to the theory of narrative (2nd edition)[M]. Toronto, Buffalo, London: University of Toronto Press,1994.

BAL M. Travelling concepts in the humanities: a rough guide[M]. Toronto: University of Toronto Press,2001.

BOWKER J.Lightening "the dismal science": the dialogical language game in the headlines of the economist magazine[J]. Texus-English studies in Italy,2008,21:167-186.

CHAN Y.Introduction: the journalism traditions[M]//BANDURSKI D, HALA M, CHEN Y. (eds.) Investigative journalism in China: eight cases in Chinese watchdog journalism. Hong Kong: Hong Kong University Press,2010.

陈永苗.《财经》杂志的精神分裂[J].上海国资,2009,12:72.

CHENEY G.It's the economy, stupid! [J].Australian journal of communication.1998,25(3): 25-43.

CHENG L K,MA Z.China's outward foreign direct investment[EB/OL]. Paper Presented at India Statistical Institute.(2008-12-12)[2016-07-21]. http://www.isid.ac.in/～pu/se,omar/12_12_2008_Paper.doc.

CHOW P. 2004 and beyond－HKEx's perspective[C].HKEx's chief executive's presentation at economic Summit 2004, 2003.

CLARK G L,THRIFT N,TICKELL A. Performing finance:the industry, the media and its image[J]. Review of international political economy,2004,11(2):289-310.

DOIDGE C,KAROLYI G A,STULZ R M.Why are foreign firms that are listed in the US worth more? [J].Journal of financial economics,2004,71:205-238.

CORCORAN F,FAHY D.Exploring the european elite sphere[J].Journalism studies,2009,10(1):100-113.

D'ANGELO P.News framing as a multiparadigmatic research program:a response to entman [J].Journal of communication, 2002(12):870-880.

EDWARDS R D.The pursuit of reason:the economist 1843－1993[M].Boston, Massachusetts: Harvard Business School Press,1993.

ENTMAN R.Framing US coverage of international news:contrasts in narratives of the KAL and Iran air incidents.[J].Journal of communication,1991,41(4):6-27.

ENTMAN R. Framing: toward clarification of a fractured paradigm [J]. Journal of communication,1993,43(4):51-58.

FAIRCLOUGH N.Language and globalisation[M]. USA and Canada: Routledges,2006.

FOK L.Views on the financial sector-opportunities in China via Hong Kong, presented at Hong Kong trade development council conference "Hong Kong: your expressway to China"[EB/OL].(2003-09-12)[2013-01-07].http://www.hkex.com.hk.

GAVIN N T. Introduction [M]//GAVIN N T. (eds.) The economy, media and public knowledge.London: Leicester University Press,1998:1-8.

GENETTE G.Narrative discourse[M]. LEWIN J E,trans. Oxford:Blackwell,1980.

HERMAN D,JAHN M,RYAN M L(eds.).Routledge encycloaedia of narrative theory[M]. London and New York: Routledge,2005.

HONG E, SUN L. Dynamics of Internationalization and outward Investment: Chinese corporations strategies[J].The China quarterly, 2006,187:610-634.

HUNTER F.Community power structure:a study of decision-makers[M].Chapel Hill: University of North Carolina Press,1953.

JAHN M. Windows of focalisation:deconstructing and reconstructing a aarratological Concept [J]. Style,1996,30(2):241-267.

KOSE M, PRASAD E, ROGOFF K, etc. Financial globalisation: a feappraisal [R]. IMF

Working Paper (WP/06/189),2006.

KOSE M, PRASAD E, ROGOFF K,etc.Financial globalisation beyond the blame game:a new way of looking at financial globalisation reexamines its costs and benefits [J]. Finance and development.2007,44(1):9-13.

KRIPPENDORFF K. Content analysis: an introduction to its methodology [M]. California: SAGE,2004.

林北方.胡舒立和新闻专业主义[J].南方人物周刊,2008-07-01: 32-33.

孔琳.《财经》震荡:一本杂志的战争[J].国际关系,2006,6:16-17.

LUEDI T. China's track record in M&A[EB/OL]. (2008-06-01)[2013-06-30].http://www.mckinseychina.com/2008/06/01/china%E2%80%99sLtrackLrecordLinLma.

LUO Y, XUE Q, HAN B. How emergeng market governments promote outward FDI: experience from China[J].Journal of world business,2010,45: 68-79.

MAIR J,KEEBLE R L. (eds.)Playing footse with the FTSE? The great crash of 2008 and the crisis in journalism[M]. Suffolk: Abramis Academic,2009.

MILLS C W.The power elite[M].New York: Oxford University Press,1956.

OLESEN A.Future of top China magazine in doubt after exodus[EB/OL].(2009-10-13)[2011-01-19]. http://www. cbsnews. com/stories/2009/10/13/ap/asia/main5381994. shtml? tag = contentMa in;contentBody.

PAN Z,KOSICKI G M.Framing analysis:an approach to news discourse[J].Political communciation,1993,10:59-79.

PARKER R.The public, the press, and economic news[J]. Harvard international journal of press/politics,1997,2(2):127-131.

PARSONS W.The power of financial press:journalism and economic opinion in Britain and America[M]. Aldershot:Edward Elgar,1989.

PIAO J.Financial media,globalisation, and China's economic integration—comparing narrative construction of the economist and caijing[D].London:University of Westminster,2015.

REESE SD,BUCKALEW B.The militarism of local television:the routine framing of the persian gulf war[J].Critical studies in mass communication,1995,12:40-61.

ROGERSON-REVELL P.Humour in business:a double-edged wword. a study of humor and style shifting intercultural business meetings[J].Journal of pragmatics,2007,39:4-28.

ROUSH C.Profit and losses:business journalism and its role in society[M].Oak Park: Marion Street Press,2006.

SALIDJANOVA N.Going out:an overview of China's outward foreign direct investment[EB/OL](2011-03-30)[2016-08-12].http://www.uscc.gov/Research/goingLoutLoverviewLchina%E2%80%99sL outwardLforeignLdirectLinvestment.

SCHÜLLER M,TURNER A.Global ambitions:Chinese companies spread their wings[J].China actually— journal of current Chinese affairs,2005,34(4):3-14 .

SCHUSTER T.The markets and the media:business news and stock market movements[M]. Oxford,UK:Lexington Books,2006.

SHERMAN S.Enron[J]. Columbia journalism review,2002,40(6):22-28..

SHEUFELE D.Framing as a theory of media effects[J].Journal of communication,1999,49(1): 103-122.

SPARKS C.The popular press and political democracy[M]//SCANNEL P,SCHLESINGER O, SPARKS C.(eds.) Culture and power:a media,culture and society reader. London:SAGE,1992.

STOREY G.Reuters century, 1851—1951[M].London: Max Parrish,1951.

THOMPSON P A.Worlds apart? — the political economy of communication,information and institutional investor media usage in global financial markets[D].Australia:RMIT University,2010.

THRIFT N. It's the romance not the finance, that makes the business worth pursuing: disclosing a new market culture[J].Economy and society.2001,30(4):412-432 .

TUCHMAN G. Objectivity as strategic ritual: an examination of newsmen's notions of objectivity[J].American journal of sociology,1972,77:110-131 .

WILLIAMS J.Reporting the economy[M]//GAVIN N T.(ed.) The economy,media and public knowledge.London: Leicester University Press,1998.

WÓJCIK D,BURGER C.Listing BRICs:stock issuers from Brazil, Russia, India and China in New York, London, and Luxembourg[J]. Economic geography,2010,86(3): 275-296.

ZHANG C X,KING T D.The decision to list abroad:the case of ADRs and foreign IPOs by Chinese companies[J].Journal of multinational financial management,2010,20:71-92.

UNCTAD. World investment report 2006:FDI from developing and transition cconomies, implications for development (Geneva and New York: United Nations)[R].[S.l.]:[s.n.],2006.

(作者系英国威斯敏斯特大学新闻传播学博士,1405247989@qq.com)

文化帝国主义视角下的国际文化产品与中国元素

——以动画电影《功夫熊猫》为例

◇ 孙彦然

当下，全球化浪潮来袭，文化全球化步伐加快，文化产业的兴盛成为文化全球化的标志之一。同时，随着中国国际地位的提升，文化产品中也出现了“中国热”浪潮，国际文化产品中越发频繁地出现中国元素与中国故事。围绕这些文化产品的讨论大量涌现，褒贬不一：它们究竟是对中华传统文化的发扬，还是西方国家的又一次文化侵略？笔者认为，只有认清其作为文化产品的本质，才能够深刻地分析这个问题。因此，本文将以《功夫熊猫》为案例，在文化帝国主义理论视角下，分析国际文化产品中的中国叙述，并以此探究未来中国文化国际传播的机遇所在。

一、研究背景：《功夫熊猫》影片故事与学术争论

《功夫熊猫》是由美国梦工厂电影公司制作发行的系列动画电影，迄今为止共上映了三部，本文的研究对象是电影的第一部。电影的主角是一个叫作“阿宝”的大熊猫，它虽然是面馆老板的儿子，但却梦想成为功夫大师。此时，恰逢和平谷中的大恶人“大龙”越狱，和平谷要甄选一位“神龙战士”来保护村落。阿宝在阴差阳错下被和平谷的最高领袖乌龟大师指定为人选。克服了重重困难，阿宝终于成了武功高手。之后，乌龟大师把真正的武功秘籍传给了他，然而秘籍里面竟然是空白的。由于无法读懂秘籍就不能成为真正的“神龙战士”，阿宝只能带领村民逃亡。途中，阿宝的父亲告诉他，家里祖传的面汤其实没有秘方，味道好的秘诀是面本身。阿宝顿悟：空白的秘籍在暗示武功的最高境界是习武者自己。带着这份觉悟，阿宝战胜了大龙。

《功夫熊猫》的全球票房有着不俗的成绩，在中国内地更是创下了 10 天票房过亿的记录。但学界对这部影片却看法不一。通过对这部影片进行符号学、文化转换、文

化误读和文化消解等方面的诠释，很多研究者都提出，这部影片是“美国风格”的延续。① 持积极观点的研究者认为，这部影片对中国文化的国际传播有一定贡献，②，体现了“中国的文化审美标准已经被逐渐纳入世界‘现代性’的范畴之内”③，是中西文化融合的成功案例④。在全球化浪潮下，中国应当抓住机遇向西方学习这种传播优势。⑤ 另外一部分研究者的观点则更加严厉，认为《功夫熊猫》的“中国风”只是一种表象，是用来取悦东方观众的元素，可能会使年轻人对自己民族的文化产生误解，⑥甚至是带来“文化侵略”，因此，当下强调“文化固本”就有其必要性。⑦

二、研究问题与理论框架

本文将运用文化帝国主义理论，对《功夫熊猫》及其相关报道进行文本分析，从文化产品的精神性和社会性两个角度阐释其核心价值，进而剖析这部作品作为资本主义文化产品的本质。从《功夫熊猫》出发，笔者也希望能够浅谈当下文化全球化浪潮里中国文化的国际传播机遇。

丹尼尔·贝尔在《资本主义文化矛盾》中将“文化”定义为“想对生存环境提供一系列内在一致的应对的努力”，即“在绘画、诗歌……的宗教形式内，以一些想象形式，试图解释或表达人类存在意义的努力”。⑧ 根据这个定义，陈庆德与马翀伟将“文化产品”定义为“以提供精神性和社会性为主要功能的各种物质的或观念的、有形的或无形的产品”，并认为文化产品最根本的社会功能是传达“意义”。⑨ 本文的研究对象《功夫熊猫》就是文化产业中一分子——梦工厂公司所生产的文化产品之一。

随着资本主义的发展和全球化进程的推进，文化产业的兴起与运作让文化产品的传播成为全球范围的商业活动，即现代社会中文化以文化产品的形式出现，并且这种产品的生产与服务已经成为一个普遍的经济事实，⑩这就给文化帝国主义的扩张创造了土壤。

文化帝国主义是西方学者汤林森、萨义德等人在法兰克福学派的消费文化、文化

① 梁晶.《功夫熊猫》文化人类学初探[J].现代视听，2012(1)：52-54.

② 周苏萍.从《功夫熊猫》看中国传统文化的国际传播[J].怀化学院学报，2008(12)：69-71.

③ 路培培.异域文化视野下的中国想象——评《功夫熊猫》[J].电影文学，2008(20)：72.

④ 黄海燕.“功夫熊猫”：中国人熟悉的陌生人——论西方文化对中国文化的同化[J].江汉大学学报(人文科学版)，2010(6)：63-67.

⑤ 陈爽.从《花木兰》到《功夫熊猫》——解析文化全球化背景下文化转换现象[J].新疆教育学院学报，2010，26(3)：90-93.

⑥ 全胜男.《功夫熊猫》中的非“中国元素”[J].现代语文(文学研究版)，2008(11)：137-138.

⑦ 宋昕睿.从《功夫熊猫》谈文化固本的重要性[J].新闻爱好者，2012(9)：52-53.

⑧ 贝尔.资本主义文化矛盾[M].严蓓文，译.南京：江苏人民出版社，2012：12.

⑨⑩ 陈庆德，马翀伟.文化经济学[M].北京：中国社会科学出版社，2007：9.

工业概念与理论基础上，针对西方发达国家与发展中国家的文化关系问题提出的论断。文化帝国主义的基本内涵可概括为"一种文化对另一种文化有目的的侵略，目的在于把一种'优越的'文化灌输给另一个国家的人民，使他们自愿服从这种文化的统治"[①]。文化帝国主义具有三大特征：第一，它基于强大的经济基础，主要通过资本主义市场进行扩张；第二，这种扩张的核心内容是文化价值，它通过"含有文化价值的产品或商品的销售而实现全球性的文化支配"；第三，文化价值传播的载体是媒介产品。[②]

文化产品拥有精神性和社会性的双重属性，其中，精神性在于它们要回答"我是谁""我从哪里来""我向哪里去"等涉及人生本质的问题，[③]这体现着追问的无限性；而在现代社会中，文化产品的社会性则体现在其消费环节：受众的消费是对文化产品理解的表达，广受欢迎的文化产品必然是符合社会主导文化价值体系的，其内容必然具有"普遍性"。这也说明文化产品受到现实的局限，具有有限性。

因此，在下文中，笔者也将从这两个角度出发，剖析《功夫熊猫》这部动画电影精神性和社会性的体现。

三、精神性：《功夫熊猫》的艺术表现与主题

不可否认，《功夫熊猫》本身是一部充满了中国元素的文化产品。从其标题就可看出，它结合了"功夫"与"熊猫"两个代表中国的文化符号。在电影的"外包装"——艺术表现上，电影的人物设计、场景、服饰等，无一不是采用中国元素，比如，人物设计完全采用中文名称，"阿宝(Po)"、"师傅(Shifu)"、"大龙(Tai lung)"(又译"泰狼")等；猴、虎、仙鹤、蛇和螳螂五名武功高手则来源于中国传统拳法招数；影片的主要场景——和平谷、寺庙和翡翠宫则全部采用传统的中式建筑造型，周围山水缭绕的背景也参考了中国水墨画。影片急于表明自己的"中国背景"，甚至在故事台词中时常出现"中国(China)"一词。虽然和平谷不过是个架空的场景，但人物经常会说出"这是全中国最……"这样的言辞，无时无刻不在提醒观众这个故事的发生地就在中国。除此之外，为了加深自己的"中国底蕴"，影片还借鉴了一部分中国古代哲学思想，乌龟大师的言辞中经常会透露出一些道家哲学的气息，比如"逆天行命，反促因果""物外皆有因""信则

---

① 洪晓楠，邱金英.文化帝国主义理论研究评述[J].理论参考，2003(4)：73-76.

② 邱金英，洪晓楠.文化帝国主义理论的特征、实质与内在矛盾[J].大连理工大学学报(社会科学版)，2005，26(1)：58-63.

③ 陈庆德，马翀伟.文化经济学[M].北京：中国社会科学出版社，2007：18.

有，不信则无"等。[①] 但值得注意的是，这个看似发生在中国的故事，却是用完全"美国化"的喜剧手法来演绎的：在搞笑情节中，人物台词、动作和音效全部是美国式的，在梦工厂公司的其他动画电影中我们可以经常看到类似的表现手法。甚至是阿宝的面部表情，也借鉴了美国配音演员杰克·布莱克的表情，展示了美国人夸张的喜剧表演风格。

如果说在影片的"外包装"——艺术表现中，《功夫熊猫》的风格"中美各半"，那么这部影片的内核——所要表现的主题，则是典型的"美国式"英雄故事：阿宝最初只是一个名不见经传的面馆帮工，对未来最辉煌的设想也不过是继承面馆，做一个小老板，但是阿宝却终日"做梦"，幻想自己成为一名武林高手。在阿宝的"白日梦"背后，我们甚至可以看到一点"美国梦"的影子——向往自由发展、个人成就，拒绝陈旧规则的束缚。

笔者认为，可以把乌龟大师选择阿宝做"神龙战士"到阿宝入住高山寺院习武看作是对西方人最初到达北美大陆的某种映射。在寺院中，阿宝摆脱了山下旧生活的束缚，可以自由地追逐梦想，寺院所代表的正是美国这块"希望之地"，对于美国民众来说，他们这种努力拼搏和自我实现的"美国梦"已经印在了民族记忆中。或许阿宝到达寺院（正如"五月花"号到达北美大陆一般）是凭借着神明（乌龟大师）的指引，甚至只是一点点运气，但是阿宝和其代表的美国人却通过不断努力，挖掘出了自己的潜能，在这块原本陌生的土地上干出了一番事业。从这个角度来看，空无一字的"武林秘籍"并不是中国哲学的"无招胜有招"，而是在告诉电影内外的人们，寺院和翡翠宫，也就是"希望之地"，本身没有任何"终极秘籍"，最终成就"神龙战士"的只能是习武者自己。

四、社会性：消费时代中《功夫熊猫》的价值分析

文化产品的社会性是借助商业性来表达的，这要求文化产品满足一定地位群体和普通大众的需要。因此，其角色定位之一就是某一特定的社会口味的服从者、迎合者和安排者。[②] 约翰·费斯克曾指出，文化产品是"意义和快感的促发者。意义/快感的生产最终是消费者的责任，只能按消费者的利益履行"[③]。

综合上述两个观点可以得出，文化产品的价值在于消费者的选择，而消费者选择的依据则是文化产品对社会群体需要的迎合程度，即其社会性。因此，要分析文化产

① 张世蓉，杨帆.从电影《功夫熊猫》看文化全球化中的文化转换现象[J].绥化学院学报，2010，30(6)：142-144.

② 陈庆德，马翀伟.文化经济学[M].北京：中国社会科学出版社，2007：18.

③ 费斯克.大众文化的政治经济学[M].陈永国，译.//罗刚，刘象愚.文化研究读本.中国社会科学出版社，2000：236.

品的价值，就必须观察消费者对其的解读。

据报道，《功夫熊猫》在全球的票房收入约为6.3亿美元，无疑是全球较成功的动画电影之一。① 关于这部影片的核心文化价值，在宣传和消费这两个环节有着不同的说法。

美国的制作团队和影评人在宣传这部影片时，多强调其中"原汁原味"的中国元素。例如，美国平和润文化交流有限公司总裁森德·约翰逊曾说："这只熊猫无论外形还是精神，都大大吸收了中国元素，因此它成功了。"梦工厂公司的总裁卡森伯格在采访中甚至将该片比喻为"给中国的一封情书"，以示美国文化产业对中国元素的好感。影片宣传也将真实的"中国风"场景作为该片主要的看点之一，据称，"美术指导很早就开始做研究，希望片中的一切，包括艺术品、风景和建筑物，都能符合中国文化"②。另外，片中的武术部分也追求"片中的一招一式必须是写实的，力求传统功夫片的真实和力度"③。影片的导演鲁道夫在总结这部影片的看点时说："我希望观众能首先看到那文化中的正直，美丽的建筑和风光，还有功夫的美。"

纵观这部影片的宣传与推广，似乎可以得出这样的结论：《功夫熊猫》的成功，其价值大部分体现在中国文化上。然而，这部影片最终让消费者认同的价值或许并不是逼真的"中国风"。该片的导演将制作影片的目的总结为"享受快乐"，将核心精神总结为"成为你自己的英雄"，这揭示了影片的两个重要的核心价值："快乐"，即资本主义文化产品促发的快感；故事主题"美国梦"，即文化产品的意义。而"中国风"则不在其中。即使在中国，这部影片的价值也不完全体现在"中国风"上。《京华时报》等多家媒体的报道评论都集中在喜剧风格上，丝毫没有提到"中国风"。④

总结各方对于观众观影的报道，在前文归纳的三大元素——"美国梦"主题、美国式的喜剧情节以及"中国风"的背景设定中，得到消费者认同的主要元素，即该片的核心价值所在，首先是喜剧情节，其次是"美国梦"主题，最后才是"外包装"——中国风格。

五、结语

综上所述，在当下文化全球化的浪潮中，以美国文化为首的西方文化占据着文化

① 《功夫熊猫3》前挪档期至2015年底[EB/OL].(2013-09-04)[2016-05-28].http://www.xwwb.com/web/wb2008/wb2008news.php? db=3&thisid=131992.

② 中国宫殿建筑：《功夫熊猫》中的"玉皇宫"(图)[EB/OL].(2008-07-01)[2016-05-28].http://www.china.com.cn/info/txt/2008－07/01/content_15916260.htm.

③ 《功夫熊猫》揭秘 东方禅意点缀美式思路[EB/OL].(2008-07-07)[2016-05-28].http://www.chinaxwcb.com/index/2008－07/07/content_131256.htm.

④ 《功夫熊猫》首映火爆 全球票房超1.5亿美元！[EB/OL].(2008-06-19)[2016-05-28].http://news.xinhuanet.com/ent/2008－06/19/content_8397452.htm.

价值和话语权的统治地位，并深刻地渗透到国际文化产品之中。随着国际文化市场的发展，这种西方文化产品被越来越多的受众所消费，其中的文化话语与价值观也逐渐成为世界范围内认同度较高的“主流”文化。

从较为激进的角度而言，这种由日益畅销的资本主义文化产品、无限扩张的文化市场所带来的潜移默化的文化认同，对于美国以外的其他国家与异文化个体来说，可以称作一种“侵略”：它消解了多元文化价值观，并将其融合到单一的“主流”文化话语之中，这也正是文化帝国主义的一种典型表征。

在文化帝国主义体系之下，中国元素在国际文化市场与文化产品的运用中仅仅作为一种“装饰性”元素出现，被用来描述“主流”的故事。通过消费这些文化产品，世界范围内的受众，甚至包括中国本土受众，都产生了一种“中国故事与美国故事相同”的观感。一方面，未曾对中国文化有过深入接触的其他国家受众将会对中国文化产生误读，由此形成先入为主的观念；另一方面，也是更加值得注意的是，中国本土受众也将受到文化产品的深刻影响，对西方文化产生认同，而对本土文化的认识出现偏差，甚至在文化上自我边缘化。

处于“装饰品”地位的中国文化实质上已经失去了主体性，完全成为“被言说”的客体，成为“主流”话语中的一个组成部分。因此可以说，通过对中国文化符号化、定型化的叙述，一方面，西方文化产品将中国文化置于被动地位，不允许中国文化在这种产品中表达自我，从而消解了中国文化的主体性；另一方面，西方国家利用其他民族、国家的文化元素来叙述本国文化，在文化产品中描绘了一种“虚假的认同”，这种认同将其文化提升至世界范围的“普适”地位，从而增强了其主体性。

因此，国际文化市场的发展和文化产品消费水平的提升、消费范围的扩大，使西方文化产品广泛传播，也就让真实的中国故事离国际文化市场的核心和主要受众群体越来越远。国际文化产品中有这样一个悖论：在中国元素频繁出现在西方“主流”话语中的同时，中国文化却被更加深刻地边缘化了。

从这一角度来说，借由西方文化产品来推广中国故事、中国文化价值观的思路或许值得反思。笔者认为，未来，在国际文化市场上掌握传播话语权才是提高各国人民对中国文化的认知度与好感度的途径。因此，建设中国自己的文化产业，提升自主权和话语权，必须成为我国当下和未来一段时期内重要的社会任务。

（作者系中国社会科学院研究生院新闻学与传播学系博士研究生，sunyr25@163.com）

A Cross-Cultural Comparison of Ethnocentrism among Chinese and Pakistani University Students

◈ **Muhammad Yousaf**

1. Introduction

Ethnocentrism is a global phenomenon and influences social interactions (Lewis, 1985; Lusting & Koester, 1999) and it has the source of ethnic tensions in different countries like South Africa, Lebanon etc. (Neuliep, Chaudoir & McCroskey, 2001). Most of the ethnocentric researches compare American respondents with other countries(Neuliep, Chaudoir et al.,2001; Lin, Rancer et al.,2003; Lin, Rancer et al., 2005; Lu & Hsu,2008).Furthermore,Nicholson, Lee et al.(1993) found that people from collectivistic cultures were more ethnocentric than people from individualistic cultures. This suggests that collectivistic cultures like China may have higher ethnocentrism (Lu & Hsu,2008), but this idea has not been consistently supported. Korean students (Lin, Rancer et al.,2003) and Chinese students(Butcher & Haggard, 2008) were reported lower level of ethnocentrism than United States students, whereas, Japanese students were reported higher level of ethnocentrism(Neuliep, Chaudoir & McCroskey, 2001).

However, there is little literature which has compared ethnocentrism and intercultural willingness to communicate in the collectivistic cultures like China and Pakistan. In this context, this study aims to explore the phenomenon of ethnocentrism and intercultural willingness to communicate between Pakistani and Chinese university students. As Justen (2009)said that besides other places of interaction, university life offers unique opportunities for students around the world to interact with others, therefore, exploring ethnocentrism and intercultural willingness to communicate among university students seems interesting.

1.1 Ethnocentrism

Ethnocentrism is a key concept to understand social interaction among individuals in different cultures. Sumner (1906) introduced the term ethnocentrism to social sciences literature. He defined it as "the technical name for this view of things in which one's own group is the center of everything, and all others are scaled and rated with reference to it" (p.13). Similarly, Ting-Toomey (2012) maintained that ethnocentrism "is our defensive attitudinal tendency to view the values and norms of our culture as superior to other cultures, and we perceive our cultural ways of living as the most reasonable and proper ways to conduct our lives" (p. 157). Similarly, Ferraro(2008) proposes contemporary definition of ethnocentrism: "Ethnocentrism is the belief that one's own culture is superior to all others. In other words, it means viewing the rest of the world through the narrow lens of one's own culture." (p.183) The same view is shared by Lewis (1985), Gudykunst and Nishida (1994), Gudykunst and Kim(1997), Lustig and Koester(1999), Samovar and Porter(2000) who argues that ethnocentrism exists in every culture and everyone is ethnocentric to some extent. In other words, it is a phenomenon where societies or individuals place their own group in the center and interpret and evaluate rest of the groups according to their own frame of reference (LeVine and Campbell, 1972; Lin, Rancer et al., 2003; Booth, 2014).

Furthermore, ethnocentrism has been largely used to study in-group and out-group attitudes and intergroup conflicts (Brewer & Campbell, 1976; Grant, 1991; Grant, 1993). Based on the previous review of research, Neuliep, Chaudoir and McCroskey (2001) identified several attitudinal and behavioral characteristics of ethnocentric individuals. According to them, attitudinally, these individuals treat in-group individuals "strong and superior" compared to out-groups who were considered "inferior and weak" (p.138). Behaviorally, ethnocentric individuals develop good relations with in-groups members but also have a sense of competition with out-groups members (Neuliep, Chaudoir et al., 2001).

1.2 Ethnocentrism and Intercultural Communicate

Communication is the heart of human interaction and plays a key role not only in understanding other individuals but also in cultural variations. Today, we live in a more globalized and more interdependent world, where the role of intercultural communication has increased manyfold. Communication is a basic human instinct. As Buhrig and Thije(2006), Samovar, Porter et al.(2010) mentioned that intercultural communication involves interaction among people from different cultures and managing differences between them. This view is also shared by Samovar, Porter et al. (2012), who argues that intercultural communication is "respect for diversity" and entering into dialogue with others and working for "harmony without uniformity" (p.76).

McCroskey and Richmond (1987) stated that willingness to communicate is an "individual's attitude" when engaging in communication with others. However, ethnocentrism affects intercultural willingness to communicate. Ethnocentrism influences intercultural communication (Neuliep, Chaudoir, & McCroskey, 2001; Neuliep & McCroskey, 1997). The more ethnocentric individuals are less willing to start intercultural communication. Interestingly, researchers have found that ethnocentrism affects intercultural communication. The more ethnocentric an individual is, the less willing he is to engage in intercultural communication (Wrench, Corrigan et al., 2006; Arasaratnam & Banerjee, 2007). Likewise, Wiseman, Hammer et al.(1989) explored that ethnocentrism influences individuals' understanding of other cultures and fosters love for their own culture.

In fact, in intercultural communication, ethnocentric people judge every other culture from their own cultural standard. So, sometimes, high ethnocentrism leads towards misconception of individuals about other cultures. Their study of Japanese and American participants found that more ethnocentric participants have less empathetic understanding of the other cultures. In other words, ethnocentrism affects how people interact with others from different cultures. Smith and Bond (1993) asserted that ethnocentrism is different in different countries, and culture is the main factor which mediates it (Neuliep, Chaudoir & McCroskey, 2001, p.40).

Although Chinese culture and Pakistani culture are similar like Japanese and Korean because both fall under category of collectivistic cultures, both Korean and Japanese participants vary in their degree of ethnocentrism. Similarly, it is assumed that although Chinese culture and Pakistani culture are collectivistic, yet, there will be different levels of ethnocentrism between the participants of the two countries. Despite of collectivistic cultures, Pakistan and China have many dissimilarities ranging from their media systems, political systems to cultural norms. Though both Pakistani and Chinese societies are in transition process from traditional to modern, yet, it is assumed that Pakistani society is more open than Chinese. The Chinese society is more traditional and collectivistic in nature. Therefore, after reviewing the previous literature, the hypothesis is: Pakistani students will have significantly higher scores on ethnocentrism than Chinese students.

2. Method

The quantitative methodology vis-ǎ-vis survey method was used to explore the cross-cultural comparison of ethnocentrism among Pakistani and Chinese students. Two samples were purposively chosen from the University of the Punjab, Lahore-Pakistan and Communication University of China, Beijing-China. 205 students filled the survey questionnaire. Pakistani sample consisted of 112 students, among which 59 were males and 53 were females. The survey was in English language. Chinese sample comprised of 193 students, among which 42 were males and 151 were females.

The participants were administrated with Neuliep's (2002) 22-item revised Generalized Ethnocentrism scale (GENE) to measure ethnocentrism score among them. Out of 22-item, 15 are scored to measure the ethnocentric score. For Chinese students, the English version of the revised Generalized Ethnocentrism scale was translated into Chinese by two native doctoral students enrolled in communication program. The discrepancies in the translation were discussed and resolved. Neuliep (2002) found that the reliability of the scale ranges from 0.80 to 0.90 in most of the cases. For instance, the reliability for the 15-item scale used to study American and Romanian participants was 0.90 and 0.81 respectively. For this study, the reliability for 15-item scale for Chinese participants was 0.64 and for Pakistani participants was 0.40.

3. Results

22-item revised Generalized Ethnocentrism scale (GENE) to measure ethnocentrism score among them. Out of 22-item, 15 are scored to measure the ethnocentric score. An independent samples t-test indicated that there was significant differences in the ethnocentrism scores for both males 39(5.5075) and females 37(5. 6668); t(289) = 2. 864, p=0.004. This shows that males are more ethnocentric than females (table 1).

Table 1 Impact of Demographic Variables on Ethnocentrism

Variables	Freq. (%)	Ethnocentrism Mean (S.D)
Gender		
Male	95(33)	39(5.5075)
Female	196(67)	37(5.6668), t = 2.864, p-value=0.004
Residence		
Rural	67(23)	37(6.0182)
Urban	224(77)	38(5.5902), t=-0.626, p-value=0.532
Interaction with foreigners		
Yes	226(80)	37(4.7377)
No	56(20)	41(7.9142), t = −3.443*, p-value=0.001
Nationality		
Pakistani	100(34)	40(6.6009)
Chinese	191(66)	37(4.6676), t = 5.046**, p-value=0.000
Travel Abroad		
Yes	86(28)	37(4.7105)
No	196(72)	38.(5.9652), t=1.226, p-value=0.221

Furthermore, an independent sample t-test indicated that there was significant differences in the ethnocentrism scores for those who had interacted with foreigners 37(4.7377) and those who didn't interact with foreigners 41(7.9142), t(280)= -3. 443*, p=0.001, hence those who didn't interact with foreigners are more ethnocentric and vice versa (table 1).

An independent sample t-test indicated that there was significant differences in the ethnocentrism scores for Pakistani 40(6.6009) and Chinese students 37(4.6676); t (289) = 5.046, p = 0.000. Pakistani students were significantly more ethnocentric than Chinese (table1).

On the other hand, t-statistics showed that there was no significant difference in the ethnocentrism scores for rural 37(6.0182) and urban 38(5.5902), t (289) =-0.626, p=0.53 participants as well as for those who travelled abroad 37(4.7105) or did not travel 38 (5.9652), t (280) =1.226, p=0.221.

Table 2 Mean Ethnocentrism Scores for Pakistani and Chinese Students by Gender

Gender	Country	
	Pakistan	China
Males	39.62(4.99)	36.59(4.35)
Females	40.83(6.35)	35.57(4.57)

The analysis of Pakistani and Chinese students according to gender indicated that Pakistani females were more ethnocentric 40.83(6.35) than males 39.62(4.99); whereas, Chinese males 36.59(4.35) were more ethnocentric than females 35.57(4.57).

4. Discussion

Hypothesis predicted that Pakistani students will have significant higher scores on ethnocentrism than Chinese students. The results of this study have supported this hypothesis. The Pakistani students have significantly higher score on ethnocentrism scale than Chinese students. This finding is different from the findings of previous studies which compared cultural dimensions i.e., individualistic/collectivistic, low and high communication context. Like Neuliep et al. (2001) found that Japanese students are more ethnocentric than American students. But Lin, Rancer and Lim (2003) suggested that Korean students are less ethnocentric than American students. This finding is somewhat different from the findings of Neuliep et al. (2001). It was expected that both Japanese and Korean students will show similar pattern on ethnocentrism because both countries belong to collectivistic culture. But they showed different pattern on ethnocentrism. Similarly, Pakistan and China also belong to collectivistic category of the cultural dimensions. Yet, like Korean and Japanese students, Pakistani and Chinese students also show significantly different ethnocentric score. Pakistani students are more ethnocentric than Chinese students. One possible explanation can be that Chinese universities have more international students now as compared to Pakistan where Chinese students have more opportunities to communicate; consequently, they are less ethnocentric than Pakistani students. Furthermore, within respective cultures there was a difference in the ethnocentrism scores with regard to gender. Pakistani female students have significant higher ethnocentric score than male students. On the other hand, Chinese male students scored significantly higher than female students on the ethnocentric scale.

References

ARASARATNAM L A, BANERJEE S C. Ethnocentrism and sensation seeking as variables that influence intercultural contact-seeking behavior: a path analysis[J]. Communication research reports, 2007, 24(4): 303-310.

BOOTH K. Strategy and ethnocentrism[M]. New York: Routledge, 2014.

BREWER M B, CAMPBELL D T. Ethnocentrism and intergroup attitudes: east african evidence [M]. New York: John Wiley & Sons, 1976.

BUHRIG K, THIJE J D T, Eds. Beyond misunderstanding: linguistic analyses of intercultural communication[M]. Amsterdam: John Benjamins Publishing Company, 2006.

BUTCHER M M, HAGGARD C R. The social impact of ethnocentrism: a cross cultural comparison of China and United States [M]. Montreal: International communication association, 2008.

FERRARO G. Cultural anthropology: an applied perspective[M]. Belmont, CA: Thomson Wadsworth, 2008.

GRANT P R. Ethnocentrism between groups of unequal power under threat in intergroup competition[J]. The journal of social psychology, 1991, 131(1): 21-28.

GRANT P R. Ethnocentrism in response to a threat to social identity[M]. Journal of social behavior and personality, 1993, 8(6): 143-154.

GUDYKUNST W B, KIM Y Y. Communicating with strangers: an approach to intercultural communication[M]. New York: McGraw-Hill, 1997.

GUDYKUNST W B, NISHIDA T. Bridging Japanese/North American differences [M]. Thousand Oaks, CA: SAGE Publications, 1994.

JUSTEN J R. Ethnocentrism, intercultural interaction and US college students' intercultural communicative behaviors: an exploration of relationships [D]. Knoxville: University of Tennessee,2009.

KASSING J W.Development of the intercultural willingness to communicate scale[J].Communication research reports,1997,14(4):399-407.

LEVINE R A,CAMPBELL D T.Ethnocentrism:theories of conflict,ethnic attitudes,and group behavior[M].New York:John Wiley & Sons,1972.

LEWIS I M. Social anthropology in perspective [M]. Cambridge: Cambridge University Press,1985.

LIN Y,RANCER A,et al..Ethnocentrism and intercultural willingness to communicate:a cross-cultural comparison between Korean and American college students[J].Journal of intercultural communication research,2003,32(2):117-128.

LIN Y, RANCER A, et al.. Ethnocentrism and intercultural willingness to communicate: a cross-cultural comparison between Romanian and US American college students[J].Journal of intercultural communication,2005,34(2):138-151.

LU Y,HSU C F. Willingness to communicate in intercultural interactions between Chinese and Americans[J].Journal of intercultural communication research,2008,37(2):75-88.

LUSTIG M W,KOESTER J.Intercultural competence:interpersonal communication across cultures[M]. New York:Harper Collins,1999.

MCCROSKEY J C,Richmond V P.Willingness to communicate. In J. C. McCroskey and J. A. Daly (Eds.)[J].Personality and interpersonal communication,1987:129-156.

NEULIEP J W,CHAUDOIR M, et al.. A cross-cultural comparison of ethnocentrism among Japanese and United States college students[J]. Communication research reports, 2001, 18(2): 137-146.

NICHOLSON J,LEE A,et al..Attitudes towards socioeconomic values:a cross-sectional study of Venezuela, Chile, and the United States[J]. International journal of management, 1993, 10: 470-480.

SAMOVAR L A,PORTER R E, et al..Communication between cultures[M]. Boston: Wadsworth,2010.

SAMOVAR L A,PORTER R E, et al.. Intercultural communication: a reader[M].Belmont, CA:Wadsworth Publishing Company,2012.

SMITH P B,BOND M H. Social psychology across cultures[M].Boston:Allyn and Bacon,1993.

SUMNER W G. Folkways[M]. Boston:Ginn,1906.

TING-TOOMEY S.Communicating across cultures[M]. New York:Guilford Press,2012.

WISEMAN R L,HAMMER M R, et al..Predictors of intercultural communication competence [J]. International journal of intercultural relations, 1989,13(3):349-370.

WRENCH J S, CORRIGAN M W, et al. Religious fundamentalism and intercultural communication: the relationships among ethnocentrism, intercultural communication apprehension, religious fundamentalism, homonegativity, and tolerance for religious disagreements [J]. Journal of intercultural communication research, 2006, 35(1): 23-44.

Author Note

Muhammad Yousaf, doctoral student, Institute of Communication Studies, Communication University of China, Beijing.

I am grateful to Dr. Ji Deqiang, PhD and Associate Professor, from The National Centre for Radio and Television Studies, Communication University of China, Beijing, for his encouragement and helping. Data collection is from Communication University of China.

I'm also thankful to my friend Muhammad Ittefaq for helping to do the data collection from the University of the Punjab.

(Institute of Communication Studies, Communication University of China, Doctoral Student, yousafspeaks@gmail.com)

图书在版编目(CIP)数据

融合·重构·创新：新闻学研究的现实与未来 / 刘昶，赵如涵主编. — 北京：中国传媒大学出版社，2017.6

(传播大视野丛书)

ISBN 978-7-5657-2046-8

Ⅰ. ①融… Ⅱ. ①刘… ②赵… Ⅲ. ①新闻学—研究 Ⅳ. ①G210

中国版本图书馆 CIP 数据核字(2017)第 121837 号

融合·重构·创新——新闻学研究的现实与未来

RONGHE·CHONGGOU·CHUANGXIN——XINWENXUE YANJIU DE XIANSHI YU WEILAI

主　　编　刘　昶　赵如涵

策划编辑　冬　妮

责任编辑　张　玥

特约编辑　沈梦绮　陈　默

封面设计　卡古鸟设计

责任印制　曹　辉

出版发行　中国传媒大学出版社

社　　址　北京市朝阳区定福庄东街 1 号　　邮编：100024

电　　话　010-65450532 或 65450528　　传真：010-65779405

网　　址　http://www.cucp.com.cn

经　　销　全国新华书店

印　　刷　北京玺诚印务有限公司

开　　本　710mm×1000mm　1/16

印　　张　13.5

字　　数　264 千字

版　　次　2017 年 11 月第 1 版　2017 年 11 月第 1 次印刷

书　　号　ISBN 978-7-5657-2046-8/G·2046　　定　价　59.00 元